信仰の中世武士団

湯浅一族と明恵

高橋　修

清文堂

信仰の中世武士団

湯浅一族と明恵

目次

信仰の中世武士団

湯浅一族と明恵

序論　信仰の中世武士団

はじめに

本書は、紀伊の有力武士・湯浅氏と、一族出身の高僧明恵を取り上げ、明恵の存在そのものと彼が故郷に残した遺跡が、湯浅氏の地域支配とその武士団結合にいかなる意義をもったのかを、政治史的に考察しようとするものである。

まず次に掲げた古文書をみていただきたい。これは、施無畏寺に所蔵される寛喜三年（一二三一）四月日付湯浅景基寄進状（置文）である。湯浅氏の始祖宗重の孫で湯浅荘栖原村地頭となっていた景基が、若き明恵が結庵した遺跡でもある白上峰の麓に一寺を建立して京都栂尾高山寺に寄進し、境内の四至を定めて一門とともに殺生禁断を誓った文書である。景基は明恵に外題と継ぎ目の裏花押を求め、さらに「郡内一家」すなわち武士団「湯浅党」の面々四九名の連署を得て、これを破ったものに対する「放氏」まで規定している。ほぼ同じ内容の文書が、高山寺にも伝来していた（現在は大谷大学図書館所蔵）[1]。一通は、明恵に託され、京の栂尾高山寺にもたらされていたのであろう。

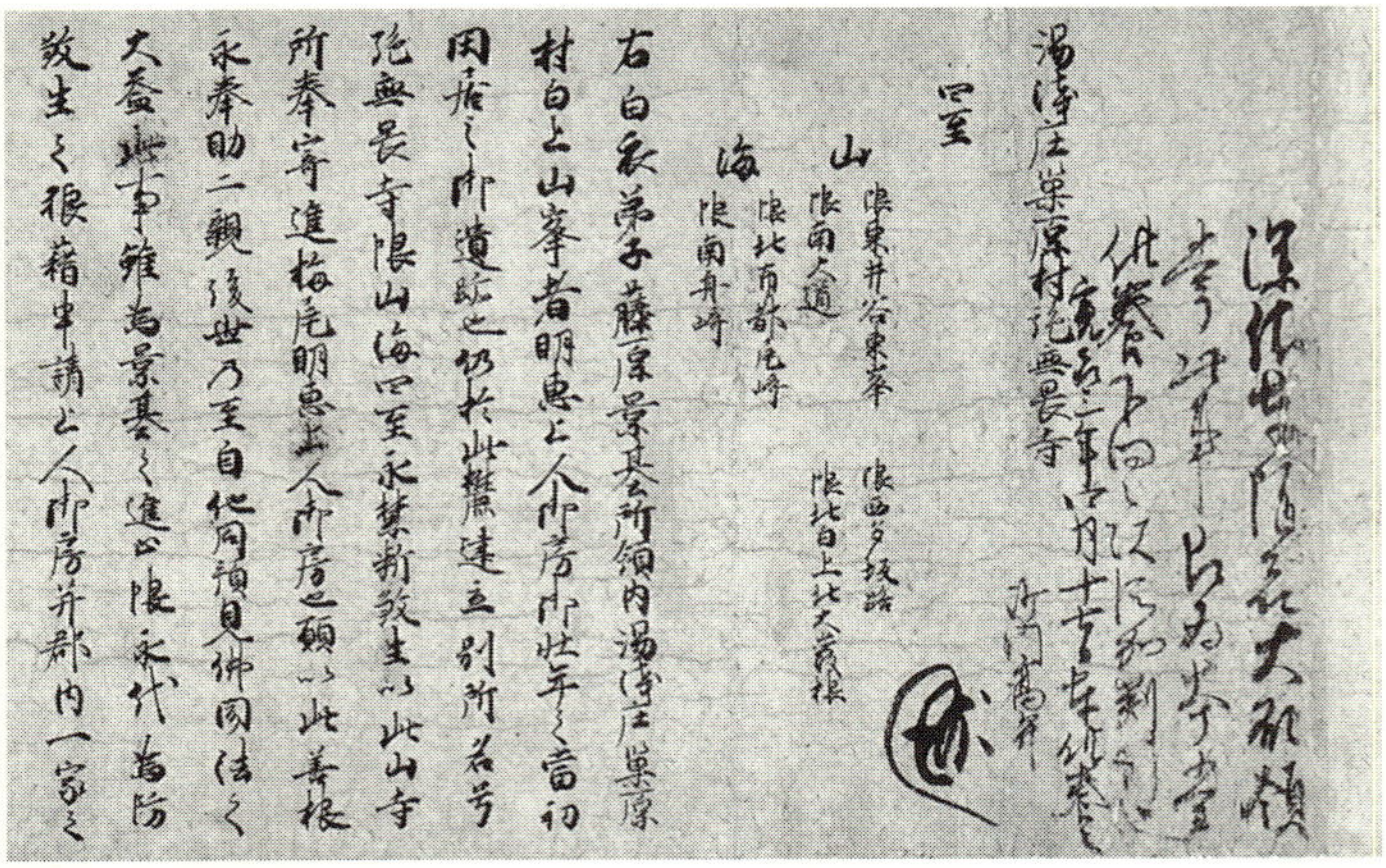

図１　湯浅景基寄進状　（施無畏寺蔵、写真提供 和歌山県立博物館）

（明恵外題）
「深依奉随喜大願、領
掌此事、即為本堂
供養下向之次、所加判行也、
寛喜三年四月十七日　奉供養之、
沙門高弁
（花押）」

（湯浅景基寄進状）
「湯浅庄巣原村施無畏寺
四至
山　限東井谷東峯、　限西多坂路、
　　限南大道、　　　限北白上北大巌根、
海　限北布都尾崎、
　　限南舟崎、
右白衣弟子藤原景基所領内湯浅庄巣原
村白上山峯者、明恵上人御房御壮年之当初、
閑居之御遺跡也、仍於此麓建立別所、名号
施無畏寺、限山海四至、永禁断殺生、以此山寺、
所奉寄進梅（栂）尾明恵上人御房也、願以此善根、
永奉助二親後世、乃至自他同預見仏聞法之
大益、此事雖為景基之進止、限永代、為防
殺生之狼藉、申請上人御房并郡内一家之

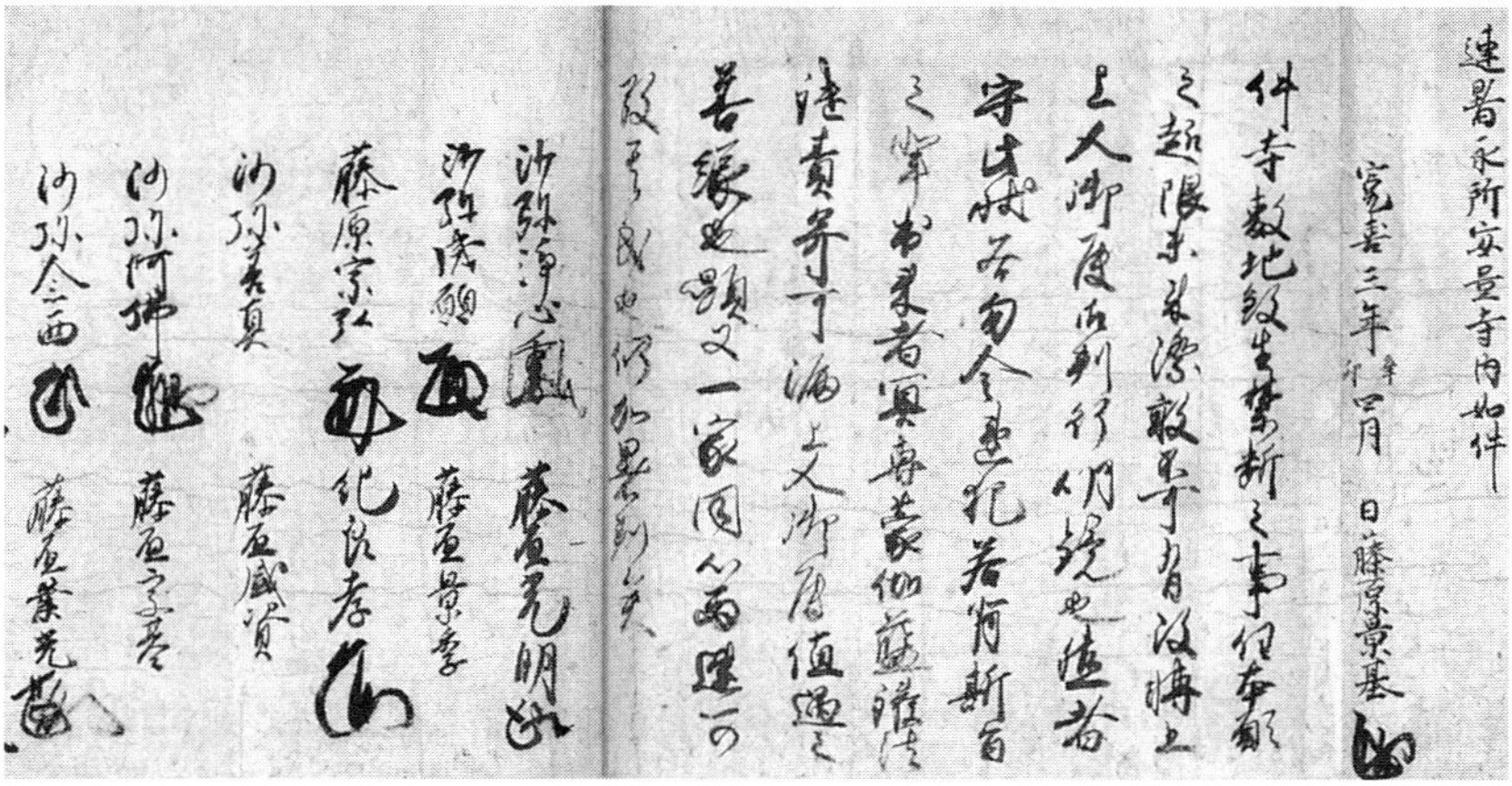

連署（署）、永所安置寺内、如件、
　寛喜三年辛卯四月　日　藤原「（自署）景基」（花押）」
　　（継目裏花押（明恵））
「（一族連署）件寺敷地殺生禁断之事、任本願
之趣、限未来際、敢不可有改転、且
上人御房御判行明鏡也、然者
守此状、各勿令違犯、若背斯旨
之輩出来者、冥専蒙伽藍護法
譴責、并可漏上人御房値遇之
善縁也、顕又一家同心、而速可
放其氏也、仍加署判矣、
　　（継目裏花押（明恵））
沙弥浄心（花押）　藤原光明（花押）
沙弥成願（花押）　藤原景季
藤原宗弘（花押）　紀良孝（花押）
沙弥善真　藤原盛資
沙弥阿仏（花押）　藤原宗基
沙弥念西（花押）　藤原業光（花押）

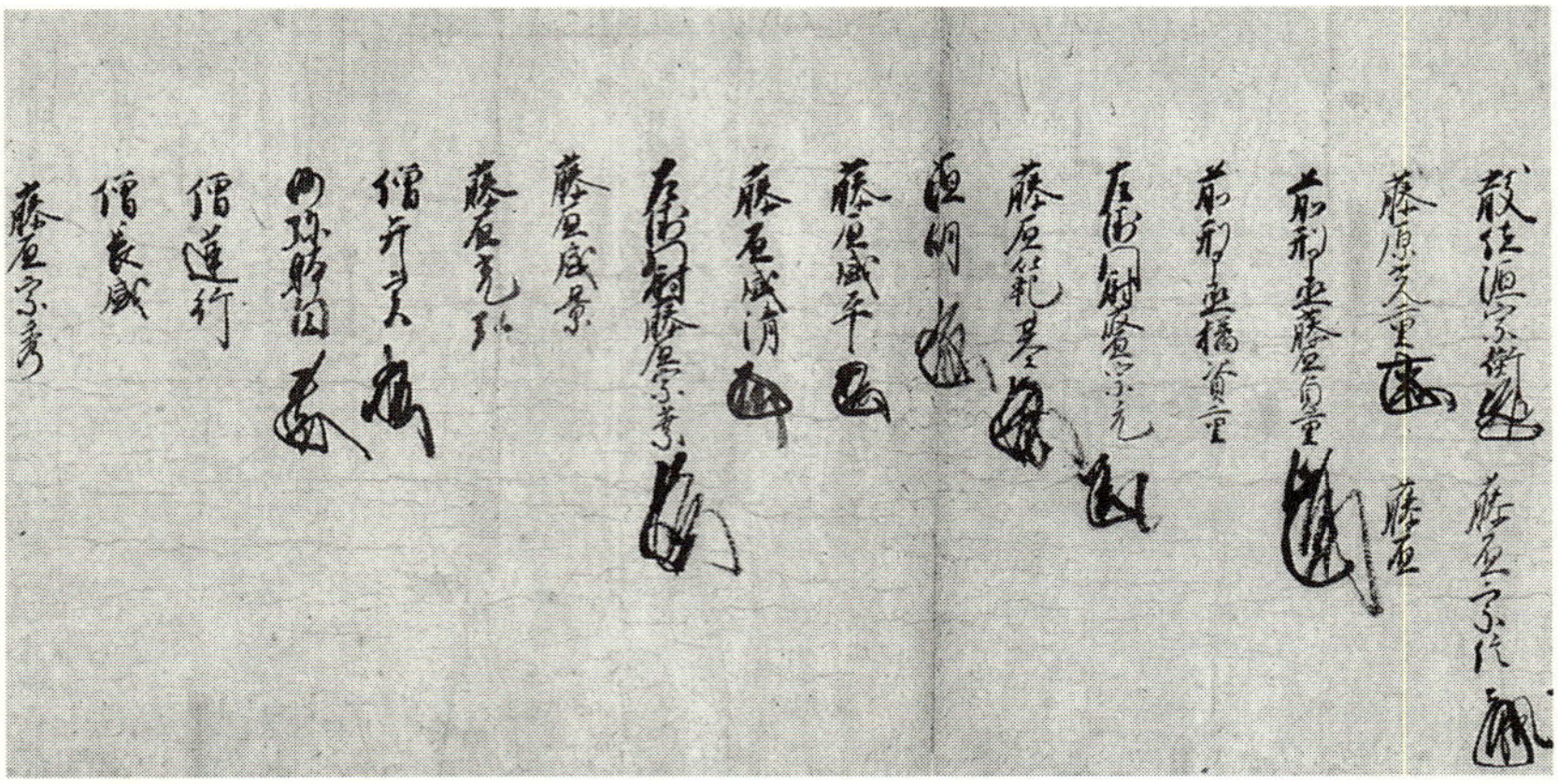

散位源宗衡（花押）　藤原宗信（花押）
藤原光重（花押）　藤原
前刑部丞藤原貞重（花押）
前刑部丞橘資重
左衛門尉藤原宗元（花押）
藤原範基（花押）
源明（花押）
（継目裏花押（明恵））
藤原盛平（花押）
藤原盛清（花押）
左衛門尉藤原宗業（花押）
藤原盛景
藤原光弘
僧弁実（花押）
沙弥躰円（花押）
僧蓮行
僧長盛
藤原宗秀

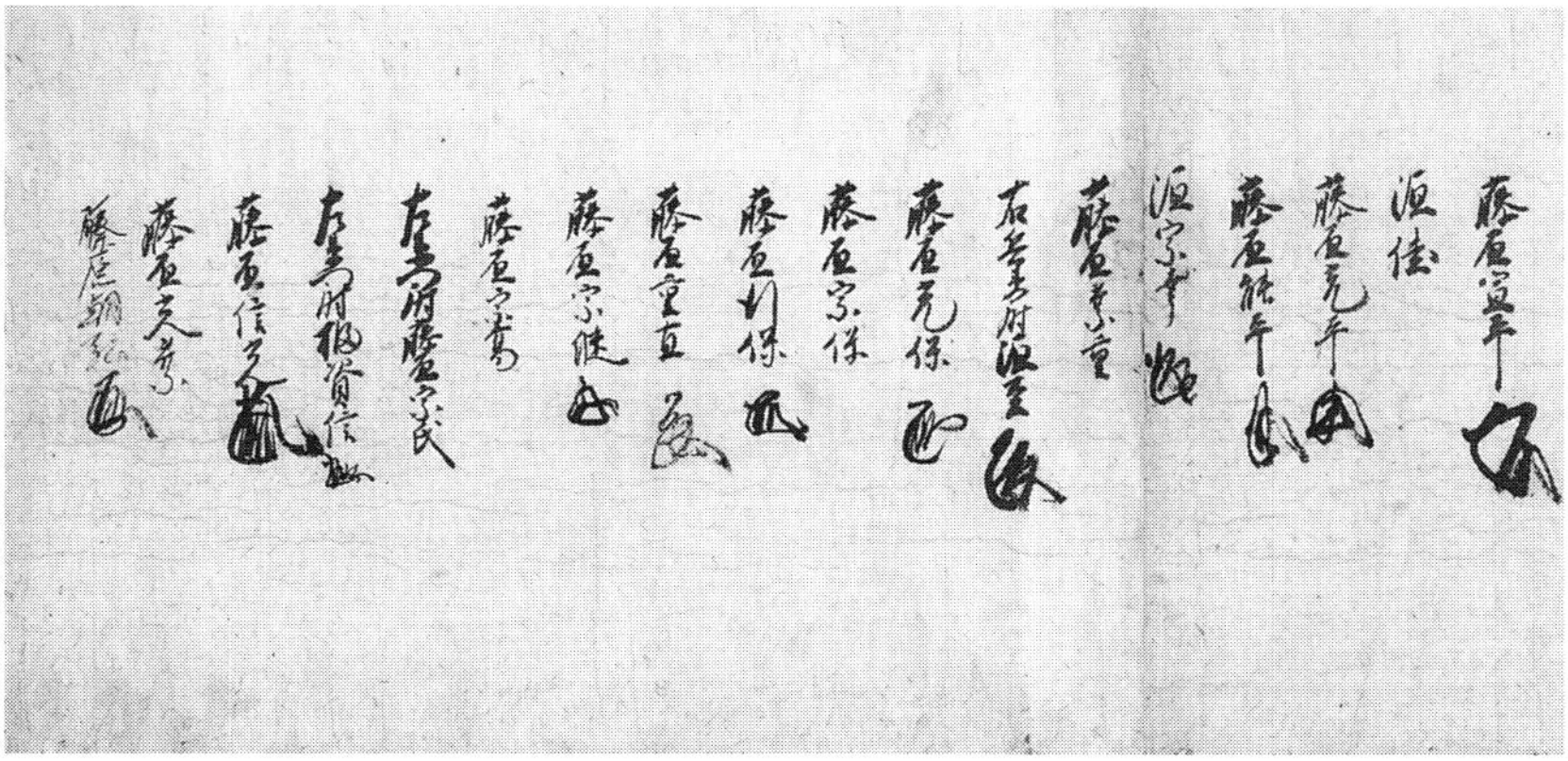

藤原宣平（花押）
源佳
藤原光平（花押）
藤原能平（花押）
源宗幸（花押）
（継目裏花押（明恵））
藤原業重
右兵衛尉源至（花押）
藤原光保（花押）
藤原宗保
藤原行保（花押）
藤原重直（花押）
藤原宗継（花押）
藤原宗高
左衛門尉藤原宗氏
左衛門尉橘資信（花押）
藤原信光（花押）
藤原光業
藤原朝弘（花押）
」

湯浅氏を中核とする武士団、いわゆる「湯浅党」が、これほどの規模で姿を現すのは、実はこれが最初で最後である。かつて安田元久は、この文書の連署にあらわれる四九名について、「在田郡を中心として多数の家々と、したがってそれ相応の所領を以って構成された大なる族的結合を考えることができる」とし、これを「同族的色彩の強い武士団」の全体像ととらえた(2)。

ただしこの寄進状にみられる一族結合は、戦闘のために武士たちが結集した姿を表すものではない。湯浅氏飛躍のきっかけとなった平治の乱や、治承・寿永の内乱においてさえ、「湯浅党」が、これほどの規模で組織的に戦いに臨んだ形跡はない。またここに署判する面々の所領は、有田郡に一定のまとまりをもつが、紀北全域に散在しており、所領の共同支配が主な目的で広範な領主層が結集したものとも考えられない。

彼ら武士たち（在地領主層）を、これだけの規模で擬制血縁的に結びつけたものとは、内乱への軍事的対応の必要性ではない。在地領主としての存在形態が背景にあることは間違いないが、この結合の主たる要因を所領支配と断ずることもできないだろう。この広域にわたる一族結合を成り立たせたのは、信仰の力に他ならない。彼らは、明恵に結縁し、寺院を興隆する目的があったからこそ、これだけ大規模に結集できたのである。確実な史料に立脚してみる限り、武士団「湯浅党」の外枠は、この明恵最後の紀州下向の際に、施無畏寺で「郡内一家」として上人と結縁することによって確定したとみるべきだろう。その意味で、彼らを「信仰の中世武士団」と表現することは、決して誇張ではない。

詳細は本編での論証に譲るが、こうしたイデオロギー的な枠組みをもつ武士団結合は、内部対立を緩和し覆い隠す論理でもあった。承久の乱後、家督としての本宗家を凌ぎ惣領となった保田宗光は、紀伊における明恵の最大の「檀越」となることで、「一門」「他門」に対する政治的立場の優越を主張し、その地位を確立していった。また湯浅一族は、明恵が起こした奇瑞の場面や、涅槃会などの法会に集結したが、そこには郡内の住民諸階層も参集していた。こうした明恵と結縁する宗教的な場は、武士団の枠組みを確認すると同時に、その主催者としての湯浅一族が、地域住民と協調し、そのリーダーシップを彼らから承認される機会でもあった。

明恵円寂の後、武士団結合においても、地域住民との媒介環としても不可欠な存在であった明恵の記憶を永続化する施策が実現されることになる。保田氏のもとで「明恵上人紀州八所遺跡」が選定・保護され、それを包摂する寺院などの宗教施設が興隆され、明恵が関与した場、彼の果たした役割の継承が図られるのである。「崎山家文書」に収められた嘉禎四年（一二三八）京都八条辻固湯浅御家人結番定文や、同じく正応二年（一二八九）一二月日付湯浅宗重跡本在京結番定文にみえるように[3]、こうした紀伊国北部の領主層を広く包摂した武士団の枠組みは鎌倉幕府により承認・涵養され、少なくとも鎌倉時代の末まで維持・利用されている。

そもそも一一世紀後半以降、開発や買得等により私領形成に成功した武士は、その領有権を地主として承認され、荘官に任命されるなどして、荘園制の中に所領を獲得していった。在地領主としての経済基盤を安定させることができた武士が、武芸を継承する家を確立することができたわけである。続く一二世紀の私戦や紛争の時代を経て、鎌倉幕府が成立し、そのもとでそうした武士たちの幅広い連携・統合が加速する。それは個別領主の所領や影響力の及ぶ範囲を越えた、政治的に再編成された惣領制的武士団秩序であった[4]。本書の課題は、この段階に至る武士たち（在地領主層）の、地域社会における結合原理の政治史的解明ということになる。

湯浅一族の、有田郡を核として紀北全域に広がる武士団は、信仰により成立し、それに支えられた惣領制的結合だったのではないか。そしてその前提として、この時代の信仰の持つ力が、地域住民との関係を円滑に保つ上で有効に機能し、彼らの存在意義を担保していたのではないか。本書では、こうした命題について考察を深め、論証を展開しようと思う。

一　湯浅一族と明恵

まず本書の研究対象である湯浅一族と明恵について、その概略を紹介しておこう。また本書が主に依拠し検討する史料についても、整理しておきたい。

湯浅氏は、秀郷流藤原氏を称する一族で、院政期頃より、紀伊国有田郡湯浅荘を起点に勢力を拡大していった。平治元年（一一五九）、平治の乱勃発に際し、熊野詣の途次にあった平清盛を助けた湯浅宗重は、それを契機に平家の家人に名を連ね、後に鎌倉幕府の御家人となって、一族発展の基礎を築いた。宗重は、子息たちに有田郡一帯の所領を分与し、また婚姻などを通じて紀伊国北部の領主層を組織していった。前者とその子孫を「一門」、後者とその子孫を「他門」と呼び、武士団としての湯浅一族は、両者の提携により成り立っていた。

宗重の後、嫡男宗景等を抑え、実質的に一族を統括する立場に立ったのは、七男の保田宗光とその子孫である。宗光は、承久の乱を契機に、幕府にその力量を見せつけ、惣領の地位を認められた。

この湯浅氏は、中世前期の近畿地方の武士団としては希有といえるほど豊かな関連史料を残している。それらは、次の三つの群に分類して把握することが可能であろう。1「高野山文書」に含まれる関連文書、2在地文書、3京都栂尾高山寺所蔵・旧蔵の典籍・文書類に含まれる関連史料。1は、従来から、荘園村落を舞台とした在地領主と荘園領主との葛藤を分析する素材として活用されてきた、著名な文書群である。(5) 2は湯浅本宗家に伝えられた「崎山家文書」や、湯浅一族が造営にかかわった有田郡の寺院に残された文書群である。(6) 1が荘園領主側からみた武士団の姿をあらわしているのに対して、2は、武士団の内側からその実態を語る史料群といえる。(7) 3は、湯浅一族出身の高僧明恵の伝記資料と彼にかかわる典籍・文書類とからなる膨大な史料群である。本書では、特に3の史料群の活用に重点を置く。巻末には「高山寺典籍類奥書の紀州関係記事一覧」（以下、「奥書」と略す）を付した。以下、ここからの引用は、その「収録巻・頁」等で示す。

ところで明恵（高弁）は、湯浅宗重の女が、同じ平家の家人伊藤（平）重国との間にもうけた男子であり、宗光の甥にあたる。彼は、母方において成長し、両親と早くに死別したことにより、宗重の子であり、叔父にあたる上覚を頼って、京都高雄の神護寺に入って僧となった。この頃、宗重と文覚との親密な関係により、神護寺には湯浅一族の子弟が多数送り込まれており、明恵もそのうちの一人であった。僧となった後もたびたび故郷に帰り、一族の庇護のもと、有田郡内各地において修行と学問に励み、足跡を残している。当時においては顕密仏教復興の担い手と目され、京や南都において衆望を集め、やがて栂尾に寺地を得て高山寺を開いた。

3は、武士団出身の僧侶に関する信仰史料とみなすこともでき、このように1・2とは異なる武士団の姿を垣間見せてくれる。しかし高山寺の典籍・文書類は、これまで政治史や地域史の材料として、本格的に分析されることはなかった。ここでは特に明恵に関する伝記を検討し、それが作られていく過程で選定・整備された史跡「明恵上人紀州八所遺跡」の意味について考えることで、課題にアプローチしたいと思う。

なお明恵に関する伝記については、《明恵伝一覧》として整理した。「資料名称」欄に（略称）のある資料は、以下の行論の中では、そこに示した略称を用いることにする。3・4の「高山寺明恵上人行状」については、古態を留めるものの中巻を欠く「仮名行状」、より整序され上中下三巻が完備する「漢文行状」を必要に応じて区別して用い、いずれにも載っている記事を典拠とする場合は、単に「行状」と表記する場合がある。

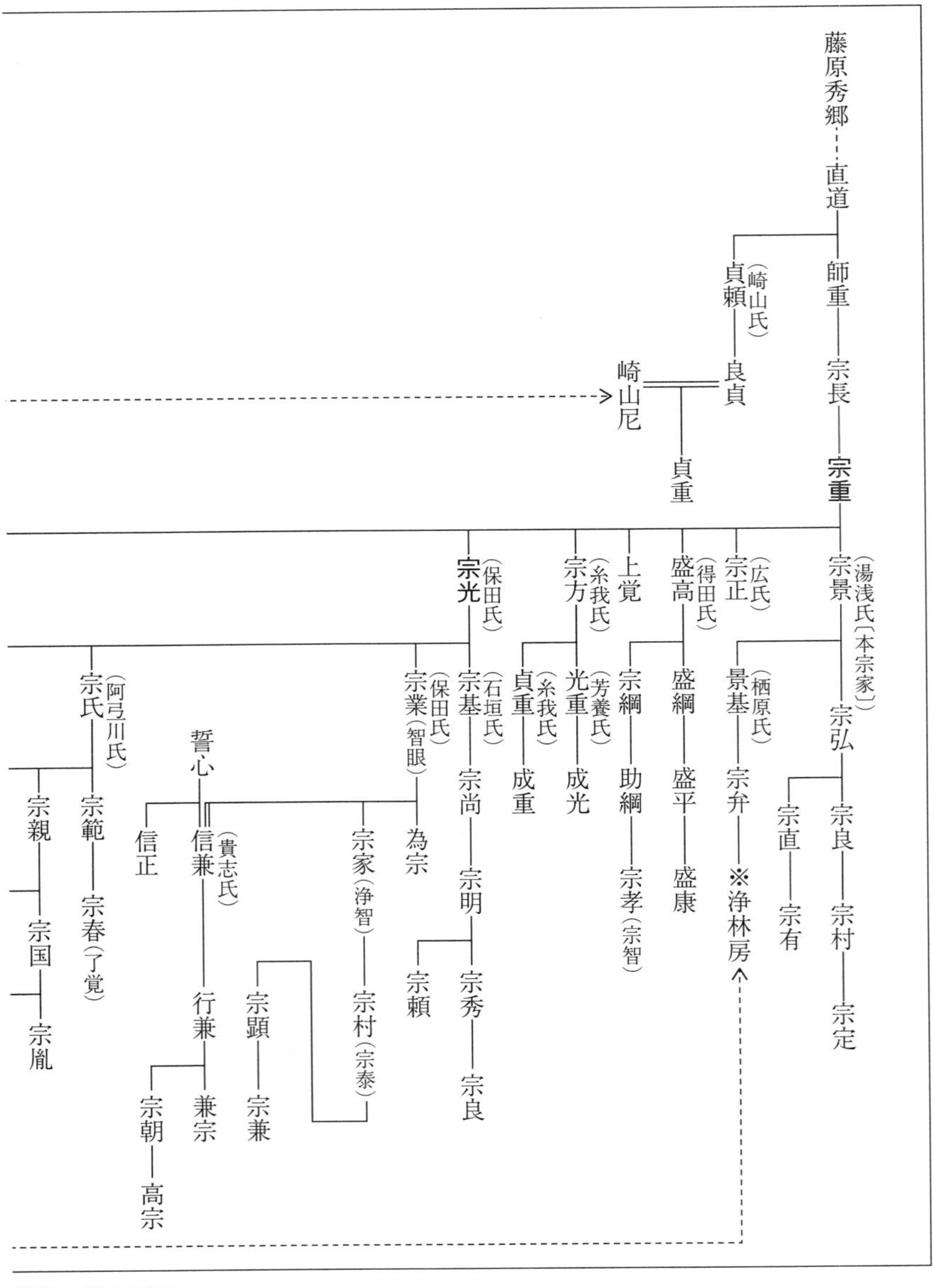
藤原秀郷
直道
師重
貞頼（崎山氏）
良貞
崎山尼
宗長
貞重
宗重
宗景（湯浅氏〔本宗家〕）
宗正（広氏）
盛高（得田氏）
上覚
宗方（糸我氏）
宗光（保田氏）
景基（栖原氏）
宗弘
宗弁
※浄林房
宗直
宗良
宗有
宗村
宗定
盛綱
盛平
盛康
宗綱
助綱
宗孝（宗智）
光重（芳養氏）
成光
貞重（糸我氏）
成重
宗基（石垣氏）
宗尚
宗明
宗秀
宗良
宗頼
宗業（保田氏）（智眼）
為宗
宗家（浄智）
宗村（宗泰）
宗顕
宗兼
誓心
信兼（貴志氏）
信正
行兼
兼宗
宗朝
高宗
宗氏（阿弖川氏）
宗範
宗春（了覚）
宗親
宗国
宗胤

湯浅一族略系図

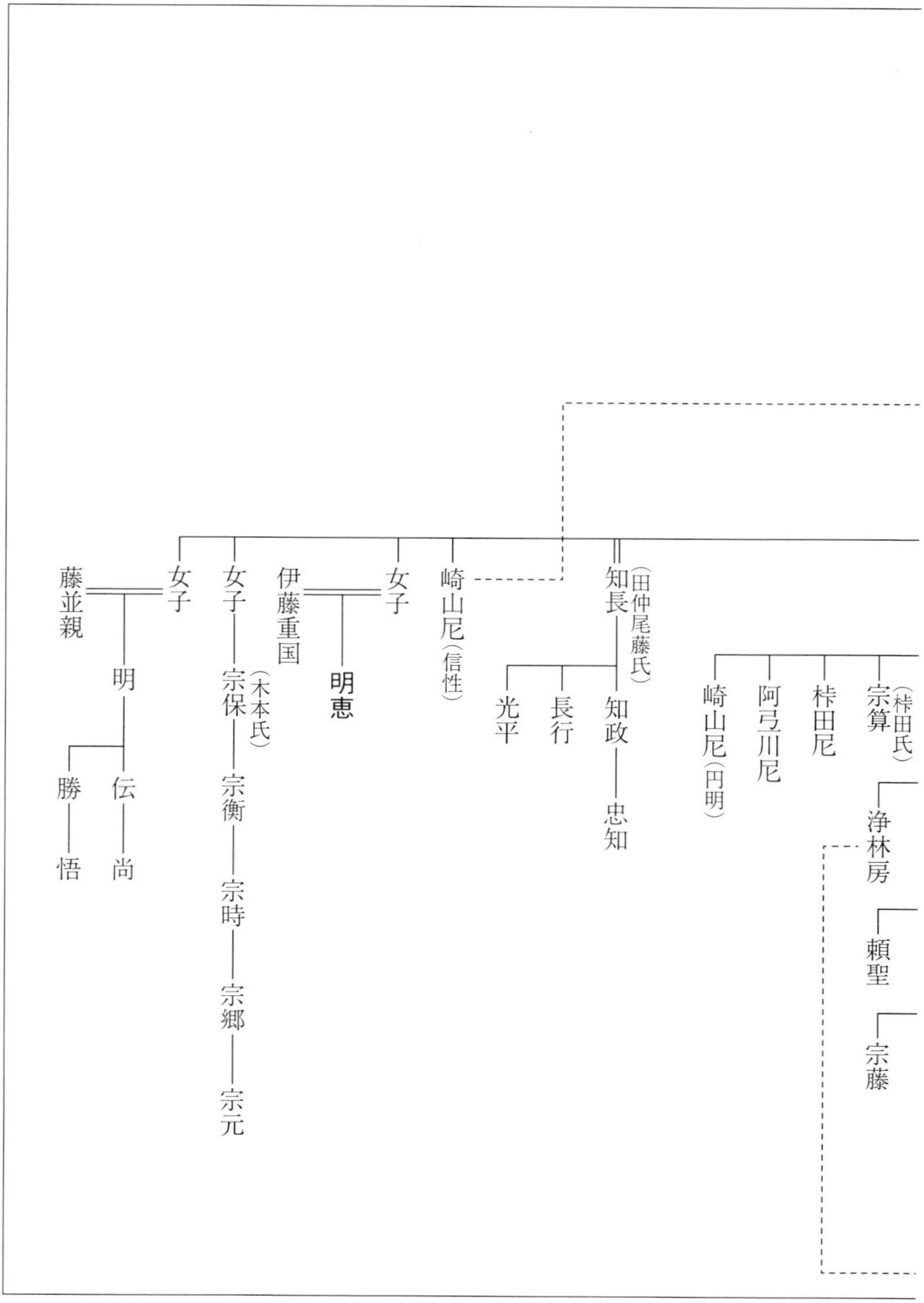

宗算（柞田氏）
浄林房
頼聖
宗藤
柞田尼
阿弖川尼
崎山尼（円明）
知長（田仲尾藤氏）
知政
忠知
長行
光平
崎山尼（信性）
女子
伊藤重国
明恵
女子
宗保（木本氏）
宗衡
宗時
宗郷
宗元
女子
藤並親
明
伝
尚
勝
悟

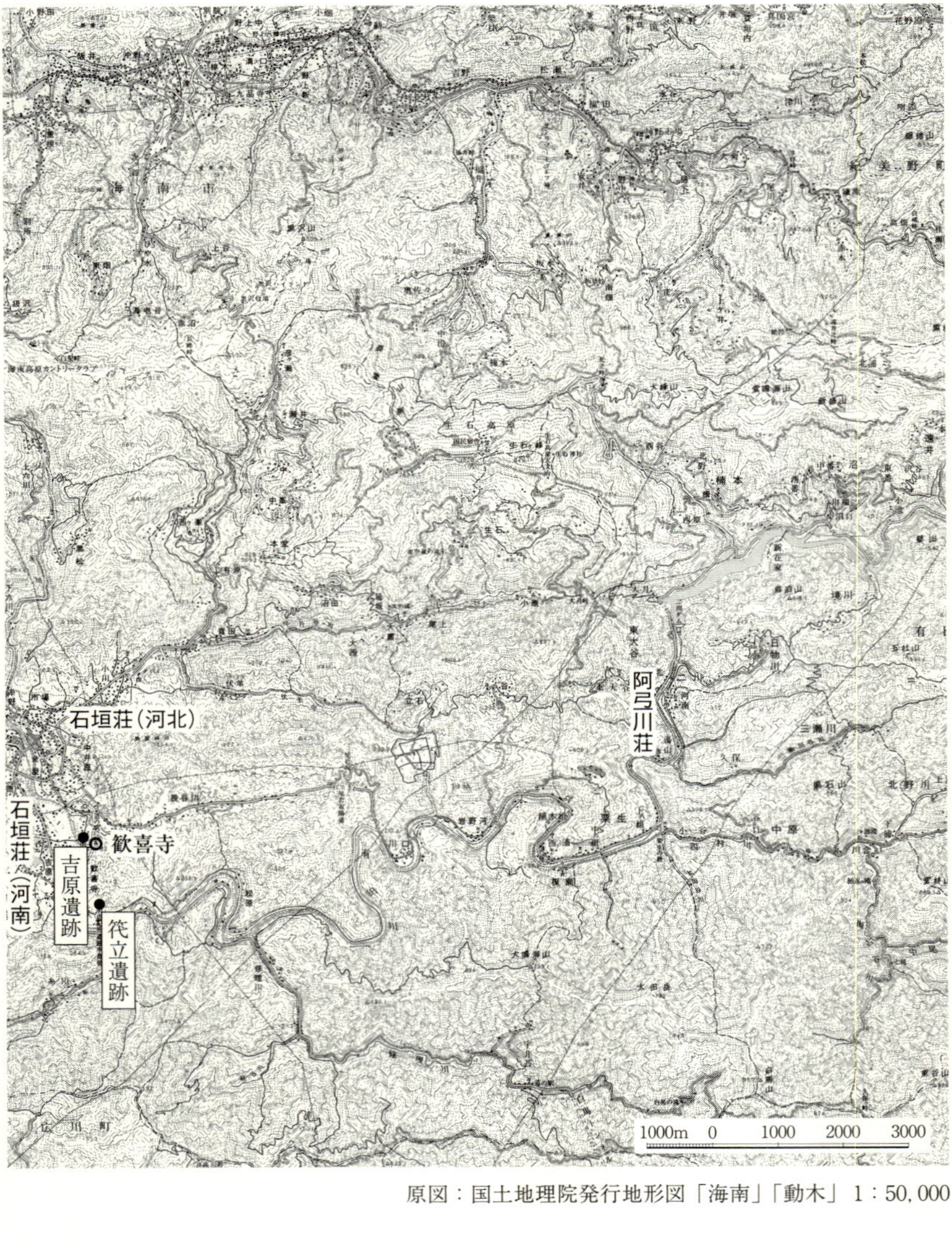

原図：国土地理院発行地形図「海南」「動木」 1：50,000

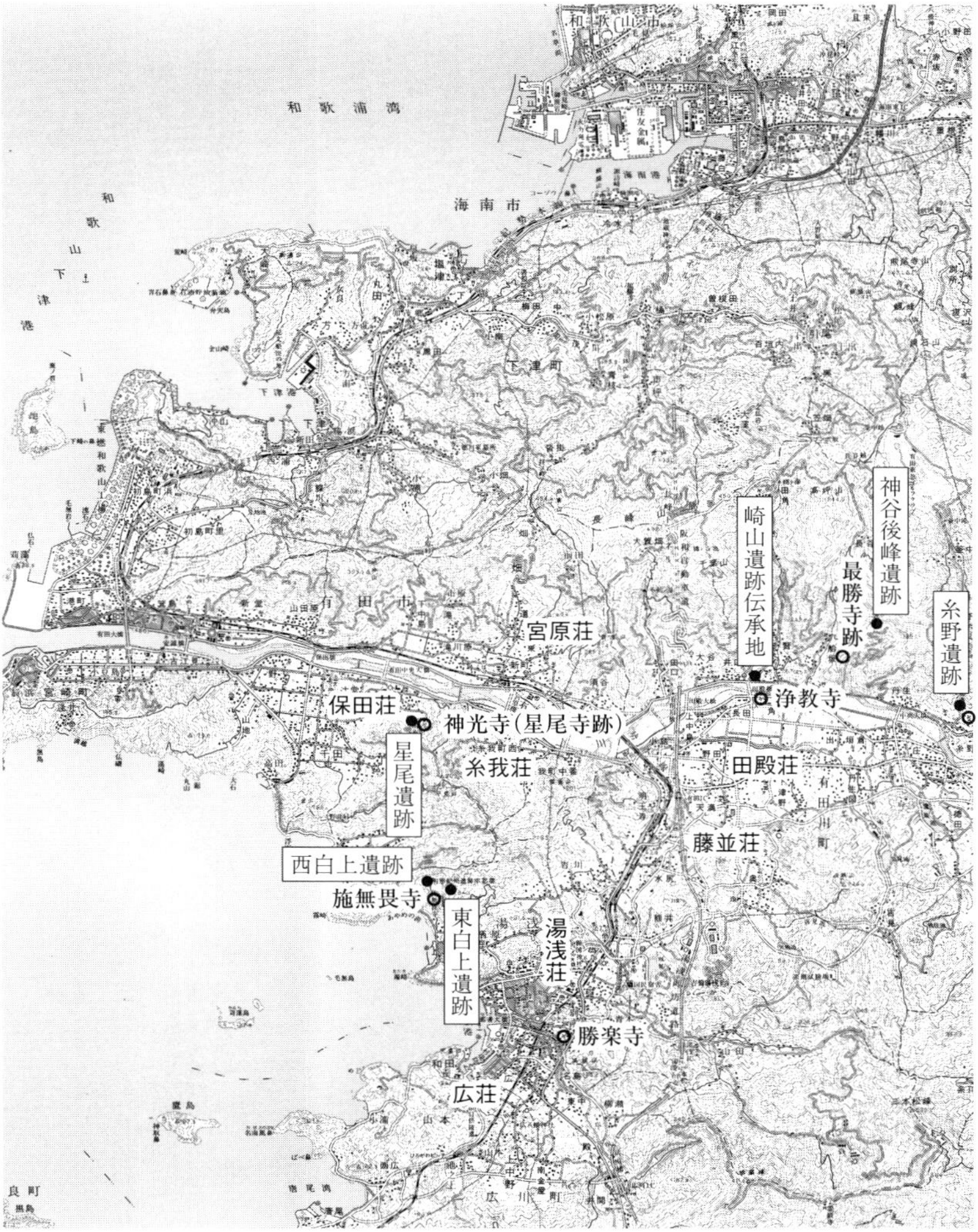

図２　湯浅一族の所領と「明恵上人紀州八所遺跡」

湯浅一族の所領は**湯浅荘**のように示した。
湯浅氏や明恵が関係する寺院を○**勝楽寺**のように示した。
「明恵上人紀州八所遺跡」を●星尾遺跡のように示した。

「明恵伝」一覧

番号	資料名称(略称)	数　量	原本作者	原本成立年代	原本・写本の所有者	備　　考
1	明恵上人夢記(夢記)	16篇・断簡	明　恵	1196年～1230年	高山寺　その他	
2	明恵上人歌集	1　巻	高　信	1248年	東洋文庫	
3	高山寺明恵上人行状(仮名行状)	2　帖	喜　海	13世紀	施無畏寺	中巻欠
4	高山寺明恵上人行状(漢文行状)	3　冊	喜　海	13世紀	上山家　報恩院	
5	明恵上人神現伝記(神現伝記)	1　巻	喜　海	1232年～1233年	上山家　高山寺 施無畏寺　興福寺	
6	栂尾明恵上人伝	2　冊	不　明	14世紀	高山寺(２種) 興福寺	
7	梅尾明恵上人伝記(伝記)	2　冊	喜　海	13世紀	高山寺(２種)	板本として普及
8	最後御所労以後事	1　冊	仁　真	13世紀	高山寺	
9	最後臨終行儀事	1　冊	定　真	1232年	高山寺	
10	明恵上人伝記断簡	1　巻	不　明	不　明	高山寺	
11	上人之事	1　冊	禅浄房	13世紀	高山寺	
12	上人物語類	1　冊	不　明	1445年	高山寺	
13	明恵上人伝拾遺記	1　冊	不　明	不　明	高山寺	
14	喜海四十八歳之記	1　帖	喜　海	13世紀	高山寺	
15	高山寺縁起	1　冊	高　信	1253年	高山寺	他に略本あり
16	上人御坊御物語	2　紙	定　真	1203年	高山寺	

※　明恵自身が自らの事歴を書き留めた部分をもつ典籍、高弟喜海が明恵の生涯についてまとめた伝記、およびそこから派生した諸記録、その他の弟子たちによる聞書等の主要なものを一覧表にした。１は『明恵上人資料』二（高山寺資料叢書）、２は『明恵上人集』（岩波文庫）、３～16は『明恵上人資料』一に収録されている。

なお湯浅一族に関する家系図については、次の三種が主要なものである。

①崎山家旧蔵「湯浅一門系図」〔「崎山系図」〕　施無畏寺蔵

「崎山家文書」の冒頭に収められた系図で、鎌倉末期に発生した藤並氏との相論に際して、湯浅本宗家（崎山家）が作成した、最古の湯浅一族に関する系図である。『和歌山県史』中世史料二に翻刻されている。

②『続群書類従』所収「湯浅系図」〔「続群書系図」〕

内容は①系図に近いが、明らかに①を写し間違えた部分もみられる。ただ湯浅本宗家（崎山氏）に関する記述のみが詳しく、この一族のもとで書写・増補された系図と考えられる。『続群書類従』六上（一四六）に収録されている。

③上山家蔵「湯浅氏系図」〔「上山系図」〕

もとは那賀郡の領主で、宗兼が保田宗業の養子となることにより、湯浅党に加わった貴志氏の子孫から分かれた上山家に伝えられた家系図で、今日に伝来する中ではもっとも完備した湯浅氏の系図である。一族の多くが南朝に味方して没落したのに対し、貴志氏は足利方について生き残り、保田氏らの所帯を安堵されている。貴志氏を除く一族に関する記事が南北朝期で終わり、女子に関する記事も多く拾うなど古態を示し、祖本の成立は南北朝期までは確実に遡るだろう。『金屋町誌』上が翻刻し、高橋『中世武士団と地域社会』(8)にも再録した。

これらの家系図については、以下の論述の中で、しばしば引用することになるが、右の〔　〕内に示した略称で示すことにする。

二　前著『中世武士団と地域社会』から

本書は、二〇〇〇年に出版した拙著『中世武士団と地域社会』（以下、『地域社会』と略記する）の姉妹編である。新稿はもちろん、本書に収めたすべての既発表論文が、『地域社会』刊行後に成稿したものである。まず同書の概要を示しておこう。(9)

武士をその職能に注目し国家的な身分ととらえる研究動向に対して、『地域社会』では、中世前期の地域社会において現実に武力をもつ在地勢力が、いかなる結合を遂げ、政治的・社会的にいかなる役割を果たしていたのか、それは地域住民にとってどのような意味をもったのかという問題を、豊富な史料を残す紀伊国の武士団（在地領主連合）「湯浅党」を事例に論じたものである。地域社会において現実に武力を担う在地勢力の問題は、職能や国家的な身分の議論からだけでは解くことができない。武士的勢力（在地領主）の役割、支配のメカニズム、人脈のあり方など、それぞれの地域の個性に即して研究する必要を感じ、一つの事例検討としてまとめた論文集である。

この本は、三部構成をとるので、以下、各部ごとに内容をまとめておく。第Ⅰ部「地域権力としての武士団」では、まず保田氏を惣領として結集する武士団結合の実態を把握した後、紀北地域における湯浅党の政治的機能を追究した。鎌倉後期の地域紛争に際して、湯浅党諸氏は半ば独占的に六波羅両使に起用されていた。惣領保田宗家は紀伊国上使の地位を与えられ、幕府の地域支配を現実化する主体となっていた。こうした保田氏の地位は、幕府から公認される以前の段階において、独自の論理で地域紛争に介入することを通じて培われたものである。そして鎌倉末期の悪党事件にも積極的にかかわることにより、保田氏を盟主とする武士団湯浅党は在地から生まれてくる小権力を吸収・統合し、この地域における権力体系をそのもとに集中していったのである。

第Ⅱ部「武士団と寺院・寺僧」では、湯浅党と寺院社会とのかかわりを論じた。湯浅氏は神護寺など中央の寺院に一族子弟を次々と送り込み、京における窓口とした。明恵もそのうちの一人であり、彼に深く帰依した惣領・保田宗業は、明恵奇瑞の場所でもある保田荘の星尾屋敷を三宝に寄進し、次第に伽藍を整えていった。宗業一族は、その後も寺内の宿所に住みつづけ、地域住民に対して「仏法興隆」を実現する領主として自らを演出した。

第Ⅲ部「武士団と地域住民」では、在地領主としての支配の特質と民衆の対応とを論じた。湯浅氏は、京との繋がりを背景に、地域の分業・流通構造に立脚した領主支配を展開していた。阿弖川荘の文永・建治相論は、本所円満院における湯浅派と反湯浅派との抗争が荘園現地に波及したものと把握することができる。京への独自交易ルートさえ持っていた荘民は、文永段階では各派と結ぶことで要求の実現を図ったが、建治段階に入り領主各層に協調体制が成立すると、それを打破するため独自の闘争を展開し、その中で片仮名書申状が成立したのである。

以上のような構成をもつ高橋『地域社会』との関係で、本書を位置づけるとすれば、『地域社会』第Ⅱ部の執筆を通じて養った、武士団と寺院・寺僧に関する問題関心を発展させて事例検討を積み重ね、同第Ⅰ部で論じた湯浅氏の政治的機能を可能にした条件を武士団の結合原理から補足し、さらに同第Ⅲ部の問題関心である武士団と地域住民の関係を、後者による公権力としての承認という観点からとらえ直した成果ということになるだろう。

三　奥田真啓『中世武士団と信仰』について

武士団を信仰という切り口から捉えようとする時、奥田真啓の『中世武士団と信仰』から学ぶべき点は多い(10)。同書は、一九四九年、三八歳の若さでこの世を去った中世史家・奥田真啓の遺著・遺稿を編集して、一九八〇年に刊行された論文集である。一九三九年に白楊社の「日本歴史文庫」の一冊として刊行された単著『武士団と神道』に、著者のその他の主要論文を加えて編まれている。

奥田は、荘園制を封建社会の一段階とみなし、中世武士団をそれに立脚した領主ととらえる。その上で、それを貴族的氏神観念をもつ荘園領主級武士と、土俗信仰に拠る荘官級武士とに大別している。平安期においては、両者いずれにおいても、神道思想がその結合に有効に機能することはなく、理性的なものに高められることもなかった。鎌倉時代、八幡神が源氏の祖神として武士の世界観の頂点に据えられるが、武士社会全体においては、族的結合（武士団結合）に意義を発揮するには至らなかった。室町・戦国期、荘園制の崩壊により所領の一円化が進むと、物領権の強化がはかられ、結合の精神的支柱として、氏神（祖先神）が注目されるようになる。最終的に神道が規範的精神として体系化されるのは、徳川将軍を頂点とする武士道の成立を待たなければならないとしている。一方、武士団の氏寺信仰については、氏族が氏寺で共通する祖先を供養することによって、武士団結合意識を促進する機能を果たしたと、結合におけるその意義を高く評価する。所領としての管理、僧職の統制、造営・法会等の主催など、武士団による氏寺への関与の実態を明らかにしている。

奥田の中世武士と宗教との関係をとらえる際の特徴は、神道と仏教とを切り離し、氏神信仰、氏寺経営として別個に論じ、前者により公的・社会的・思想的性格を見出し、後者に私的・氏族的性格を強調する点である。そして神道思想の完成された姿を武士道に求めることに明らかな通り、武士団の信仰が社会から差別化される方向性に高い価値を見出す反面、信仰の持つ社会的機能については、注意を喚起しながらも本格的な分析へは向かわなかった。この点は、時代の制約とはいえ、残念である。本書は、奥田の研究では萌芽にとどまった、武士団の信仰が担った社会的な機能の考察という課題を、引き継ぐことになる。

地域社会における寺社の開創・中興にあたった主体が、武士団を構成する在地領主層と伝えられるケースは多い。また地方には、平安後期あるいは鎌倉期に遡る仏像の造立者として武士の名前が伝承されていることも、珍しくない。少なくともその内のいくつかは歴史的事実であることが確認できる。このように地方の寺社、信仰と武士、武士団（在地領主連合）とが密接な関係にあることは明らかであるが、このテーマに真正面から取り組んだ成果は、奥田の研究の他に数は少ない。その意味で奥田『中世武士団と信仰』は、今日の中世史研究が、十分には俎上に載せることができていない課題にアプローチした古典と評価することができるだろう。

四　武士団と信仰をめぐる新しい研究動向

戦後の在地領主制論においても、在地領主（武士）の信仰とのかかわりが本格的に分析されることはなかった。奥田の研究等をうけて、武士団（領主連合）に氏寺・氏神の意義に触れられることはあっても、その信仰が社会的に、あるいは政治的にどのような意味があり、領主支配の実現とどういった関係をもったのか、切り込む成果はなかった。

当然のことながら、権門体制論や荘園制論では、地域社会の寺社について、中央権門による編成やイデオロギー統制等の分析対象とはなっても、武士団や在地領主層による住民支配の問題に考察を進めた研究は、ほとんどない。また村落共同体論においては、武士団（在地領主）に相対する農民の結集・抵抗の場としての荘園・村落の寺社が注目されることはあっても、在地領主のそこでの役割やそれへの働きかけが検討される機会は限られていたのである。

私が本書の原形となる論文を発表し始めた頃より、武士団と信仰の問題を、単なる領主一族の祖先供養の機会、あるいは領主結合の契機としてだけではなく、地域社会に対する武士団の公共的な機能として考察しようとする意欲的な研究がみられるようになった。特に本書に収めた論文執筆段階において、影響を受けた研究、参考となった研究の中から、主要なものを以下に紹介しておこう。

まず齋藤慎一『中世武士の城』を取り上げたい(11)。今日まで、考古学的な成果を前提として、武士居館と寺社等の宗教施設との密接な関係はしばしば指摘されてきた。齋藤は、多くの具体例を検討することにより、武士の本拠地に不可欠な要素として阿弥陀堂等の極楽浄土を再現する場を見出し、それが領主一族を越えて地域民衆に開かれていた可能性を示唆している。武士の拠点に宗教施設が不可欠の要素として含みこまれているとする本書と共通する観点を持ち、こうした具体的な遺跡についての検討が、今後、一層進展することが期待される。

嘉禎二年（一二三六）、それと密接にかかわる明恵所縁の場所が「明恵上人紀州八所遺跡」に選定され、卒塔婆が後世に伝えられたため、湯浅氏の屋敷や館の立地は、今日でもほぼ正確に認識することができる。中世前期の武士居館と考えられる遺構は全国各地に数多く残るが、その構築主体の性格とともに具体的に把握できる事例は決して多くはない。本書で齋藤の所説を検討できるわけではないが、当該期の武士（在地領主）の本拠を論ずる際に不可欠な事例を提示できたと考える。なお本書では湯浅氏が居住し地域支配の拠点となった施設を、「屋敷」（「崎山屋敷」「保田屋敷」等）、「宿所」（「保田宿所」等）、「館」（「糸野館」等）など、可能な限り史料の中で使われている名称で表すことを原則とした。

苅米一志『荘園社会における宗教構造』は、荘園史研究においては、在地の寺社を通じて荘園領主による強固なイデオロギー支配が強調されてきた点を相対化し、民衆の側の力量や欲求を評価すべきことを提起している[12]。本書の関心からいえば、そこに在地の武士（領主）の存在意義を検討する視角を開いたことが重要である。陸奥国好島荘の事例では、地頭御家人が中央大寺社と接触することにより、在地の末寺にもたらす宗教的影響力、館に備わる氏神の機能により、地頭御家人が、長者＝神主として開発・農耕に宗教的次元でかかわっているという。地頭御家人が荘鎮守に集落を代表して参加することにより独自の宗教的紐帯が形成されたこと、氏寺などの在地領主の寺院が、民衆の宗教的欲求を充足させる場として機能し、地域の新たな宗教的な拠点になっていたこと等、本書の結論とも通じる問題提起といえる。

山本隆志『東国における武士勢力の成立と展開』は、東国武士が主催する寺社で執り行われる法会や祭礼を復元しその執行が地域の秩序を保つ機能を担ったことを指摘する[13]。たとえば樺崎寺の足利義兼遠忌を継承した鑁阿寺は、足利氏の支援によりこれを一切経会に発展させ、これに諸階層が参加することにより、武士が地域社会において公的な存在となる契機となったという見通しを示す。信仰という要素を武士が「社会権力」たりうる不可欠な要素と位置付ける点には共感がもてる。

小此木輝之『中世寺院と関東武士』は、寺院ではなく寺僧を単位に展開する中世仏教の特質に着目し、聖教等これまで活用されてこなかった史料を用いて、関東武士とのかかわりから中世寺院を個別に検討した成果といえよう[14]。東国において、武士と寺院の関係を示す多くの事例が検討されており、参考になる部分が多かった。

佐藤弘夫の『霊場の思想』や『死者のゆくえ』で示された、地域における宗教的な場をとらえる視角も有効である[15]。佐藤は、彼岸浄土の観念が肥大化した中世において、極楽浄土への往生が人々の究極の目標となり、彼岸の仏の垂迹である聖人にかかわる霊場は、彼岸への回路としての聖地とされ、人々はそれへの結縁を求めたという。こうした佐藤の分析方法は、明恵の遺跡を分析する際にも、応用可能と考える。
その他にも、本書所収論文が参考にしている先行研究は多いが、個別的な問題・事例にかかわるものは、本文中において改めて触れることにしたい。

五　本書の構成について

以下、本書には、九本の既発表論文と、長短合わせて七本の新稿とを収めた。既発表論文は、その時々の私自身の問題関心や、編者や発行元の依頼内容に応じて執筆したものであるが、その中に本書の趣旨に通じる執筆目的はいずれの場合も含まれていたので、原形に大きな改変を加えることなく収録した。

第一章「湯浅荘における「町場」の成立と湯浅氏の石崎屋敷」・第二章「湯浅荘別所勝楽寺考」は、湯浅氏発祥の地であり、本宗家の所領として継承された湯浅荘における、湯浅氏による地域支配のための基盤形成の過程と特質を、町場やそこに設営された宗教施設に注目して解明しようとした論考である。「八所遺跡」として語られることのなかった本宗家の本領における明恵の活動の痕を掘り起こした問題提起は、第八章の論旨にも関連する。付論には、湯浅荘内に湯浅氏の城として築城されたと伝えられる湯浅城跡にかかわる史料を整理した「幻の「湯浅城合戦」」を収めた。

第三章「保田宗光と明恵」とその付論「湯浅本宗家のその後」は、後の論述の前提として、承久の乱を契機として、幕府との関係において湯浅一族の惣領的な立場に立った保田宗光の政治的動向と、彼と明恵とのかかわりを説明し、あわせて家督としての本宗家の立場や同家がたどったその後の歴史をまとめたものである。

第四章「施無畏寺の成立と「施無畏寺伽藍古絵図」の世界―「西白上遺跡」「東白上遺跡」の興隆―」は、保田宗光惣領体制のもと、明恵を招き湯浅景基を開基として白上峰の麓に創建された施無畏寺について、武士団結合におけるその成立意義を論じたものである。本章以降には、おおむね明恵の紀州修行の足跡を年次的に追いながら、地理的関係にも留意しながら、「八所遺跡」のそれぞれを保田氏とのかかわりから政治史的に追究する諸論稿を配列した。第四章の付論には、「「筏立遺跡」について」を収め、明恵が白上峰から庵室を移した筏立の地について、他の「遺跡」と同様に、選定に先行する明恵所縁の寺院の存在を指摘している。

第五章「糸野の明恵と「糸野遺跡」」は、宗光の重要拠点である糸野館・成道寺における明恵の足跡を整理し、そこで明恵が宗光夫妻に対して起こした奇瑞や、明恵が挙行した涅槃会への地域住民の参加について論じ、「明恵の寺」として興隆された往時の成道寺の姿を復元した。付論には、明恵の父伊藤（平）重国に関する誤解を解きつつ、糸野と同様に石垣荘河北に所在した明恵生誕地「吉原遺跡」について、その構造を論じた「明恵の父と「吉原遺跡」」と、保田氏の本領となる保田荘における明恵の「遺跡」の興隆として星尾寺の成立史を整理した「保田宗光・宗業と「星尾遺跡」」を収録した。

第六章「最勝寺と「神谷後峰遺跡」」は、地域の霊場である最勝寺に明恵が関与し、やがてその「遺跡」として興隆されていく過程を復元した。あわせて付論として「最勝寺什物の行方」を収め、近隣の浄教寺に伝わるその什物からも、明恵の時代の最勝寺の姿の復元につとめた。

第七章「崎山屋敷の伽藍化と「崎山遺跡」」は、明恵の養父母崎山良貞夫妻の屋敷が、良貞妻の手で伽藍となり、明恵に寄進される過程を経て、やがて田殿荘地頭職とともに保田宗光の地頭屋敷となる経緯を論じている。良貞妻による伽藍興隆を、「八所遺跡」の原形ととらえた。付論「「崎山遺跡」伝承地の創出」では、後世、「内崎山」と呼ばれる小山が明恵の「崎山遺跡」と誤伝されるようになる経緯をさぐった。

第八章「忘れられた「遺跡」―宮原氏館―」は、明恵が奇瑞を起こした場所であるにもかかわらず、「八所遺跡」からは落選している宮原氏館を取り上げ、その政治史的な要因を追究した論考である。

以上の八章にわたる考察を総括するため、総論「武士団・湯浅一族と「明恵上人紀州八所遺跡」」を末尾に配している。

なおいずれの章・付論においても、「八所遺跡」、関連する「遺跡」、およびその周辺景観を復元的に考察している。この点が、本書の大きな特色ということもできよう。前著『地域社会』において「研究で取り上げた人物や事件を、現実の地域社会の中に落とし込み、遺跡や史料を守ってきた人々に、わかりやすく示し、彼らが実感しうる歴史像として提供すること」の重要性を説きながらも、「星尾遺跡」周辺を除けば、前著においてこの提起は十分には果たすことができていなかった。ようやく本書において、自身の提起した課題に、とりあえずは答えることができたと思う。

〔注〕

（1）上横手雅敬「湯浅氏関係史料三題」（上横手『鎌倉時代政治史研究』吉川弘文館、一九八四年初出）。

（2）安田元久『武士団』（塙書房、一九六四年）。

（3）「崎山文書」一―ヨ・レ（『和歌山県史』中世史料二）。

（4）高橋「武士団と領主支配」（『岩波講座 日本歴史』六、二〇一三年）。

（5）『高野山文書』（大日本古文書）、「高野山正智院文書」（和多昭夫「高野山正智院文書拾遺」『史学雑誌』七〇―七、一九六一年)、「高野山御影堂文書」(『清水町誌』史料編)。

(6)「施無畏寺文書」「神光寺文書」「歓喜寺文書」「崎山家文書」「御前家文書」(すべて『和歌山県史』中世史料二)。

(7)『高山寺資料叢書』として編纂・公刊されている。

(8)清文堂出版、二〇〇〇年。

(9)なお高橋『地域社会』については、宮田敬三(『立命館史学』二一、二〇〇〇年)、野口実(『日本史研究』四七一、二〇〇一年)、小林一岳(『史学雑誌』一一〇―二、二〇〇一年)、川合康(『民衆史研究』六一、二〇〇一年)、生駒孝臣(『和歌山地方史研究』四一、二〇〇一年)、清水亮(『日本歴史』六五三、二〇〇二年)の各氏から書評をいただき、多くを学ばせていただいた。

(10)柏書房、一九八〇年。

(11)吉川弘文館、二〇〇六年。

(12)校倉書房、二〇〇四年。他に苅米「中世前期における地域社会と宗教秩序」(『歴史学研究』八二〇、二〇〇六年)も参照。

(13)思文閣出版、二〇一二年。同書に対する高橋の評価は、「東国武士団論の可能性Ⅱ―山本隆志『東国における武士勢力の成立と展開』を読んで―」(『常総中世史研究』一、二〇一三年)にまとめている。

(14)青史出版、二〇〇二年。

(15)『霊場の思想』は二〇〇三年、吉川弘文館。『死者のゆくえ』は二〇〇八年、岩田書院。

第一章　湯浅荘における「町場」の成立と湯浅氏の石崎屋敷

はじめに

本章では、在地領主としての湯浅氏の成立について、本領となる湯浅荘の「町場」の成立・形成過程を復元し、そこへの関与のあり方を追究することによって、具体的に考察していきたい。湯浅は、近代に至るまで紀伊国有田郡の政治・経済・文化の中心であった。中世から近世・近代にかけて「町場」が形成されたのは、湯浅荘のうち旧湯浅村から旧別所村にかけての空間（現和歌山県湯浅町の市街地とその周辺）である。湯浅荘は、平安末から南北朝期にかけて、始祖宗重以来、少なくとも鎌倉末期までは湯浅本宗家の所領として受け継がれた（1）。

中世前期の地域社会において、町並みをともなうような都市的な場の普遍的な存在を認めることは難しい。むしろ湊や河岸、街道筋といった交通や流通の結節点に、疎槐村的な街村が形成されている景観を想像した方がよいだろう（2）。

中世社会の形成期、こうした街村＝「町場」の開発を進めた主体として、私は、武士団を構成するような在地領主層を想定している。この時期の地域社会においては、農業民、非農業民いずれの場合も、ある程度日常的な交易・交換の場、分業を成り立たせる場として、こうした「町場」のもつ宿の機能（人や物を宿す機能）が必要とされていたはずである。「町場」を開発し興行し管理することは、地域社会に展開する物の流れや人と人との結びつきを掌握する手段というだけではなく、在地領主が公的な権力として承認を受けるための必要条件であった。(3)

ここでは、まず湯浅の都市的繁栄の軌跡を追い、それがいつまでさかのぼれるのかを確認する。次に中世前期の段階において、「町場」の核となった施設を湯浅氏との関係から復元的に考察し、その作業を通じて、地域社会における在地領主の存在の意味を問うことにする。

なお本章は、湯浅町教育委員会の協力のもと、湯浅町の郷土史家垣内貞、和田堅一の研究に導かれながら、(4)これまで進めてきた湯浅荘に関する現地調査に立脚して成稿したものである。調査成果を順次紹介・整理しつつ論を進めていくことにしたい。

一　湯浅荘町の繁栄

近代、主要な物資の輸送体系が海上（船）から陸上（鉄道、自動車）に移り変る以前において、湯浅は紀伊国屈指の都市であった。まず天保一〇年（一八三九）に完成した『紀伊続風土記』の「湯浅荘」の項から抜粋しておこう。

> 此荘区域広からす、村数も少けれとも、湯浅一箇村の戸口の数、尋常の村四五十箇村にも勝るへし、海口川裔砂土を流し出し、又海潮も退縮せし故、四野を開墾し、慶長間湯浅村民家西に移て、今の村居をなし、益海陸輻湊の地となり、（猶湯浅村辺の事は湯浅村の条に詳にす）富戸・豪商軒を並へ町衢皆市廓をなし、四方の諸貨あらさる所なく、遂に

図１　江戸後期の湯浅（方寸峠眺望の図）　（『紀伊名所図会』より）

　　郡中の一都会となれり、其風俗情態都会商売の風
　　にして村中撲実の風絶えてなし、

江戸期における湯浅の都市的繁栄の様子を的確につかんだ情景描写といえよう。続く「湯浅村」の項では、「元和・寛永の頃に至りて、人家千戸に及ひ、商売市街をなし、湯浅荘町の名起る」と記されている。「湯浅荘町」の名は、慶長六年（一六〇一）の検地帳写（北村家蔵）にみえるので、遅くとも近世を迎える段階までは遡る呼称であることが確認できる。『紀伊続風土記』によれば、湯浅村の人口は五五四六人であり、算出されていない和歌山城下、新宮城下を除けば藩領内最大の人口である。湯浅荘町の内部が、道町・島内・鍛治町・中町・浜町・新屋敷・北町・御蔵町・横町・大小路・川端片町・山家町・寺町・川原横町という、一四にも及ぶ「町」により構成されていたことも、同書より判明する。

浦に賦課される加子米の額をみると、慶長一六年には、二二八石（一九〇人分）が湯浅浦の割当てであり、

表1　市街地の寺院

	寺院名	所在地（小字）	現在地での創建 現在地への移転	宗派	備考
①	深専寺	道町	1462年	浄土宗	行基開基の海雲寺を、この年再興したと伝えられる。
②	仙光寺	鍛冶町	1585年以降	浄土真宗	1476年、白土に創建、その後現在地に移転。
③	福蔵寺	中町	1590年	浄土真宗	文明の頃、有田郡宮原に創建された道場が基となる。1568年には日高郡衣奈に移り、さらに湯浅の現在地に移転。
④	本勝寺	中町	1573～91年の間	浄土真宗	現在地に創建。
⑤	真楽寺	中町	1506年以降	浄土真宗	1506年、中の谷に創建、その後現在地に移転。
⑥	宝林寺	道町	1624～43年の間	浄土真宗	湯浅殿屋敷跡の八郎兵衛道場が起源。

和歌山城下の諸浦を除けば、最大の数値を示している。(5) 一八世紀初め頃の段階では、二七〇石と藩領内最大の加子米が賦課されている。(6) こうした海運業・漁業従事者人口から類推しても、江戸期において、湯浅荘町が紀伊国最大規模の港湾都市であったことは間違いない。

江戸期湯浅の都市的景観は、さらに『紀伊名所図会』（一八五一年刊）の挿図「方寸峠眺望の図」（図1）や「湯浅町図屏風」(7) 等の絵画資料によって確認することができるが、こうした町並みをともなう都市的な景観は、いつ頃までさかのぼれるのだろうか。

現湯浅町市街地周辺の地形は、①山地、②青木台地、③山田川の沖積平野、④広川の沖積平野に分類できる。このうち湯浅荘町は大半の範囲が③の上に乗っており、都市的な景観の成立は、『紀伊続風土記』も指摘する通り、この沖積平野の安定にかかわる問題である。(8) 湯浅荘町の形成について論じる場合、こうした地理的条件の変化も考慮しなければならない。

『紀州湯浅の町並み　伝統的建造物群保存対策調査報告書』は、現市街地に所在する寺院の創建・移転年代から、その町並みの成立時期を類推している。(9) 寺院が成立するには、当然それを経済的に支える檀家となるべき町住人の存在が前提となり、そこから町並みの形成時期を推測するわけである。表1は同書が作成した表に若干手直しを加えたものである。まず道町

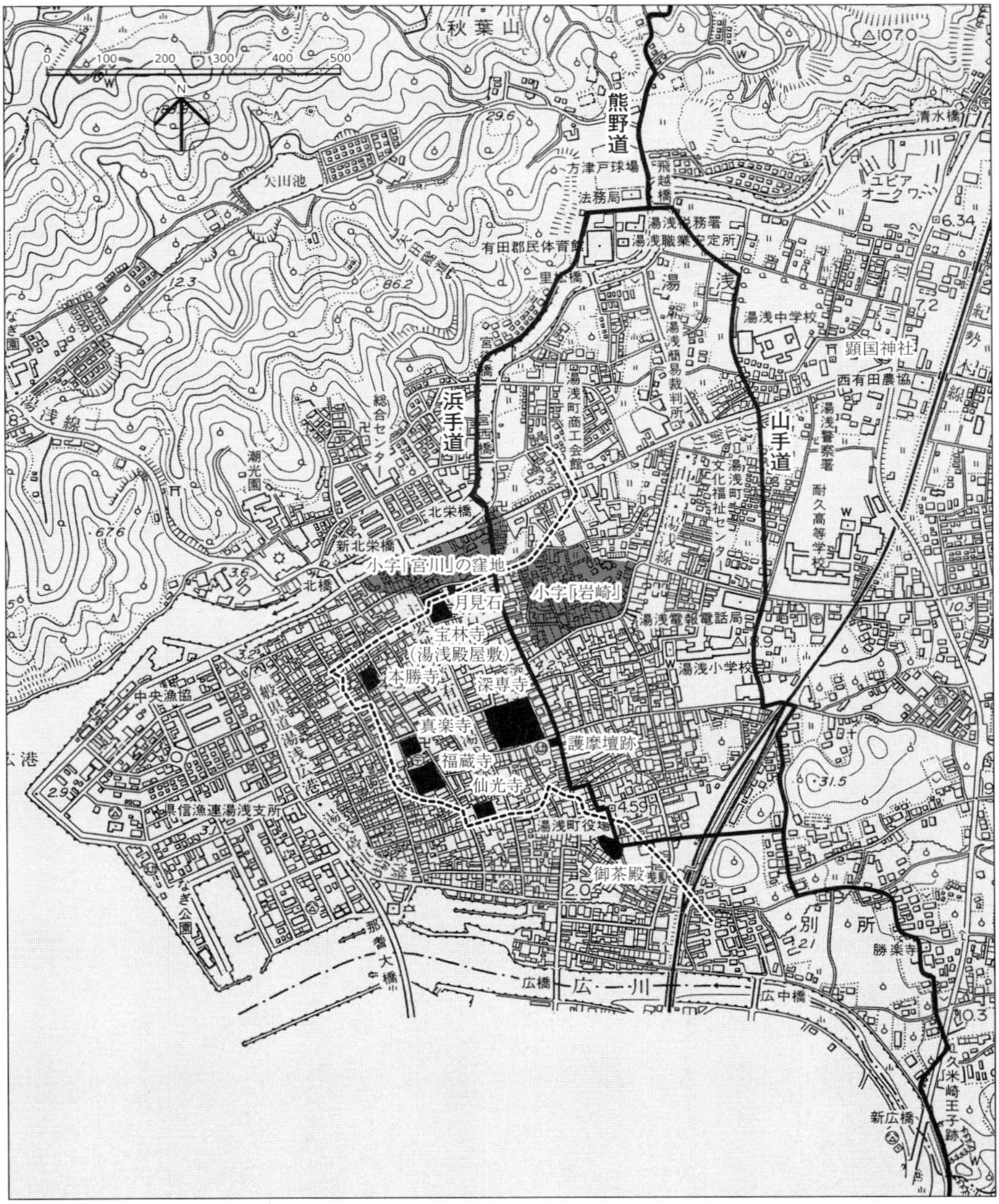

図２　湯浅の「町場」構成図　　原図：湯浅町発行「湯浅町管内図」１：10,000

には一五世紀に湯浅荘町最大の寺院深専寺が再興される。次いで一六世紀にかけて、鍛冶町・中町に四ヶ寺が成立する（図2参照）。こうした状況から、湯浅荘町に町並みが形成された時期を推測すれば、一五世紀頃、まず道町に町並みが形成され、その後、一六世紀にかけて、沖積平野の安定化にともない町並みは鍛冶町・中町へと西に広がっていったのだろう。さらに新屋敷町が寛文元年（一六六一）に建設されていることが判明するので、[10]浜町・北町なども一七世紀に入る頃には成立していたものと考えなければならない（図4参照）。

以上の通り、江戸時代、和歌山城下に次ぐ港湾都市湯浅荘町の景観、すなわち町並みをともなう都市としてのそれは、室町時代にまで遡ることが確認できるのである。『異制庭訓往来』は、都と並ぶ「物具細工」の名手が湯浅にあったことを伝えており、すでにこの時期の町並みに、優れた技術を備えた職人集団が集住していた事実をうかがわせる。[11]

二　湯浅における「町場」の起源

湯浅荘における町並みをともなう都市的な場、すなわち湯浅荘町の起源が室町時代にあるとしても、それは突然形成されたものとは考えられない。中世前期における何らかの条件を引き継いで、その前提の上に成立したはずである。ここではやはり地形的な条件を勘案しながら、湯浅荘町に先行する「町場」段階の湯浅の都市的な場について、見通しを立てたいと思う。

次の和歌は、『明恵上人和歌集』所収の「遺心和歌集」（前欠）冒頭の歌である。[12]詞書を欠き、この歌が詠まれた日時や状況等は明確ではない。

　カテ《糧》タ《絶》ヘテ　ヤマ《山》ノヒカシ《東》ヲ　モト《求》ムトテ　ワマチ《町》ヘユカヌ　コ《事》□《ト》ソカナ《悲》シキ

まず「糧絶えて　山の東を求むとて」は、厳しい山中での修行の過程で食糧が絶え、山を東方へ下り托鉢へ出かけたいところだが、というほどの意味に取れよう。これにもっともふさわしい明恵の山中での修行は、「人間ニマシハル《交》ヘカラス、又我等カ如ノ如来滅後無福ノ身、檀越ノ施ヲ受ヘキニアラサレハ、衣食ハ乞食頭陀ヲサキ《先》トスヘシ」という覚悟のもとに敢行された(13)、建久六年（一一九五）秋から同九年八月にかけての栖原白上峰における若き日の修行をおいて他には考えられない。

次に「わ町へ行かぬ　事ぞ悲しき」の「わ町」とは何か。自らのアイデンティティーの根源である、深い愛情の対象物に寄せる一人称の所有格として、明恵はしばしばこの「わ」を用いている。例えば建久七年に白上峰において右耳を切り落とした際、亡母の面影さえ見出していた本尊・仏眼仏母像に、明恵はその場で次のような和歌を書き付けている(14)。

　モロトモ《諸共》ニ　アハレ《哀》トヲホ《思》セ　ワ仏ヨ　キミ《君》ヨリホカ《他》ニ　シ《知》ル人モ□《ナ》《無》シ

また二度の渡島修行を行い、後年「島殿へ」と宛てた書状まで届けさせることになる苅藻島についても、次の歌がある(15)。

　非相続ノ　法ニモ得ソ　アラセタキ　ワ嶋ヲ我身ニ　成就セムトテ

いずれも慈しい愛情の対称物である仏眼仏母像＝亡母や故郷の苅藻島に対して、「我が仏よ」「我が島よ」と呼びかけるような心情が込められている。「わ町」も同様なニュアンスを含んだ「我が町」という意味合いをもつのだろう。白上峰の東方に所在する「わ町」とは、親族湯浅一族の本貫地であり、そのもとで明恵自身も思想的影響を受けた外祖父湯浅宗重の本拠地であった、湯浅の「町場」の他には考えられない(16)。

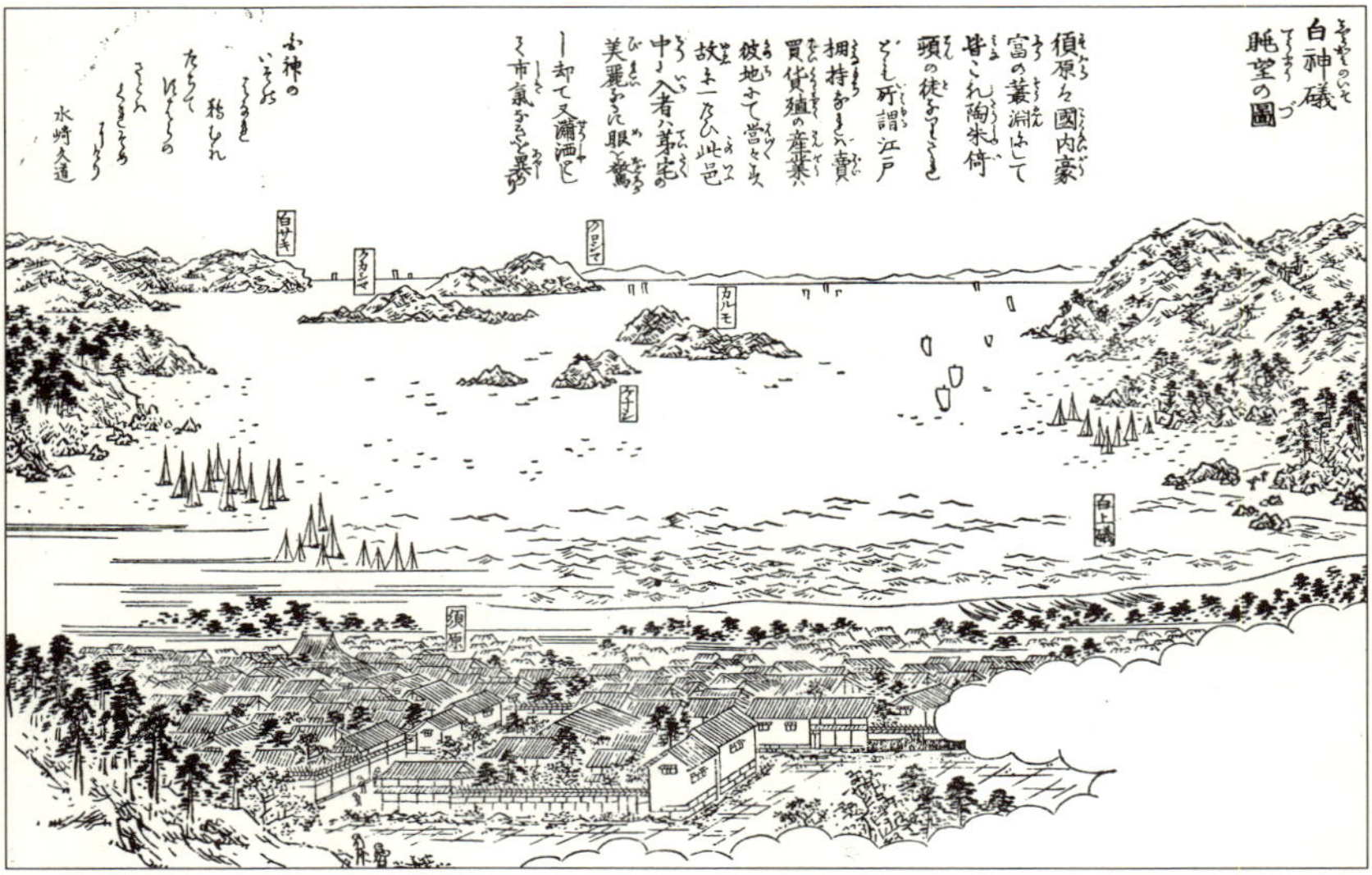

図３　江戸後期の栖原村　（『紀伊名所図会』より）

ではなぜ明恵は「わ町」湯浅には行かない（行けない）のか。「仮名行状」は白上峰での修行の困難を次のように記す。

然間纔ニ帷ノ上ニ紙衣許ヲ著シテ、経袋ニ聖教取入テ首ニ懸テ、里ヲメクリ乞食スルホトニ、知サル人ハ何人ソト尋ヌレトモ、一郡皆家人ナリケル間、見ツケテハイカムソ思ル気アリ、年来ハミナ下人ナルラムトモ知ラサレハ、家々ヲメクリテ乞食シテ見レハ、ミナ見知タル下人共ナリ、乞食ニモ其煩ヒ出来テ、

つまり修行地の周りには親族湯浅氏の「家人」「下人」が多く、その存在が乞食の妨げとなっているのである。先に掲げたような決意のもと、白上峰での修行を続ける明恵には、親族や所縁の者の慈悲を一層期待できる慈しい「わ町」湯浅に向かうことは、決して許されなかったのである。

ともかくこの明恵の和歌は、鎌倉時代の初期、湯浅に「町」と呼ばれる都市的な場が存在したことを物語って

いる。その実態は、町並みをともなうようなものではなく、恐らく疎槐村的な街村であろうが、室町期における湯浅荘町の発展の前提をなすものと評価することはできよう。

ではこの湯浅の「町場」は、どの段階まで遡ることができるのであろうか。官衙や駅屋などを中核とした古代の都市的な場を引き継いだものなのか。

『万葉集』巻九には、大宝元年（七〇一）の文武天皇・持統上皇の白浜行幸の際に詠まれた、湯浅周辺の交通路にかかわる歌が納められている[17]。

紀の国の　昔弓雄の　響矢用ち　鹿獲り靡けし　坂の上にそある

この歌は猟師の武勇伝をモチーフに歌ったものとみられ、熊野道を糸我王子から西に分かれ栖原を目指すルートである鹿打坂は、この伝説に起源する命名と考えられている（図4参照）。八世紀初頭には、このルートが幹線として機能していたことがうかがえる。

由良の崎　潮干にけらし　白神の　磯の浦廻を　敢へて漕ぐなり

行幸に従う一行は、由良に向かうのに、栖原湊から船出して白神磯を廻って由良の湊（現由良町）への海路を進んだのである。栖原湊に至るには、当然鹿打坂を通ったはずである。

つまり糸我から湯浅に至る、後の熊野道は、この段階ではいまだ整備されてはおらず、由良までの間は鹿打坂を経由して栖原湊に進み、ここから海路を往くのが幹線だったのである[18]。この頃の湯浅は、おそらく現市街地の辺りまで海が深く湾入し、陸路の通行に支障があったのであろう。そして集落としても、湊としても、栖原にはるかに劣る規模の存在でしかなく、人々が集まる都市的な場が形成される条件は、当時の湯浅にはなかったものと思われる。

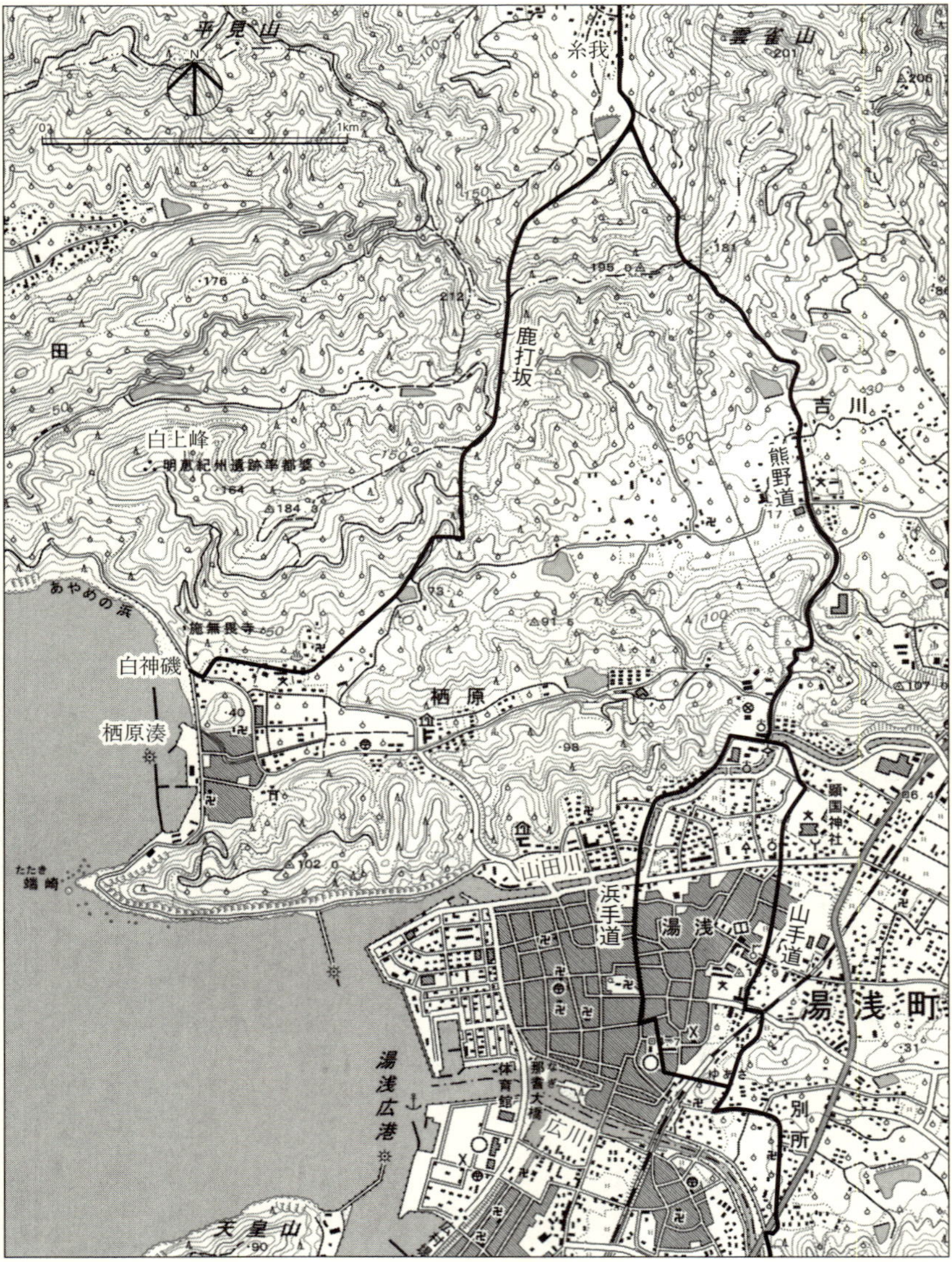

図４　湯浅周辺の地形　　原図：国土地理院発行地形図「湯浅」1：25,000

表2　上皇・皇族・貴族の熊野参詣　有田郡における宿泊地

番号	史料名称（作者）	年	往路宿泊	復路宿泊	備　考
1	大御記（藤原為房）	1081	宮原９/27	宮原10/10	湯浅里通過記事あり
2	中右記（中御門宗忠）	1109	宮原10/17	宮原11/５	
3	熊野詣雑事支配状	1147	湯浅２/15	不明	神護寺文書
4	熊野詣雑事支配状	1148	湯浅２/28頃	不明	神護寺文書
5	吉記（吉田経房）	1174	湯浅９/25	不明	
6	石清水八幡宮寺公文所下文案	1200	湯浅２/29（往復不明）		隅田家文書
7	熊野御幸記（藤原定家）	1201	湯浅10/９	湯浅10/23	
8	修明門院熊野御幸記（藤原頼資）	1210	湯浅４/25	湯浅５/９	
9	頼資卿熊野詣記（藤原頼資）	1216	湯浅３/14	通過	
10	頼資卿熊野詣記（藤原頼資）	1217	湯浅６/25	通過	
11	後鳥羽院修明門院熊野御幸記（藤原頼資）	1217	湯浅10/４	通過	復路は湯浅で「御養」10/23
12	頼資卿熊野詣記（藤原頼資）	1220	湯浅10/30	通過	
13	頼資卿熊野詣記（藤原頼資）	1229	湯浅10/29	湯浅11/10	
14	経俊卿記（吉田経俊）	1254	湯浅８/23	通過	
15	経俊卿記（吉田経俊）	1257	湯浅閏３/24	通過	

その後、湯浅に関する記録は、一一世紀以降の上皇・皇族・貴族による熊野詣の際の参詣記まで待たなければならない。表2には参詣記等にみられる湯浅に関する記事をまとめてある。永保元年（一〇八一）の藤原為房、天仁二年（一一〇九）の中御門宗忠による参詣の際には、往路・復路ともに有田郡においては宮原荘に宿泊し、湯浅を通過している。ところが久安三年（一一四七）の鳥羽院参詣の際の雑事支配状以後は、ほとんどすべての参詣記録において、湯浅への宿泊が確認できるのである。

この事実は、一二世紀に入ると、広川・山田川の沖積平野が安定し、現市街地の辺りに宿泊に適する地形が形成されたことをうかがわせる。湯浅における「町場」の成立を、明恵の和歌でみた鎌倉初期から遡れるとすれば、この一二世紀半ば頃までであろう。

つまり湯浅の「町場」は、一二世紀半ばに、新たな地形的環境のもとで開発された都市的な場とみなすのが適当である。この時期は、平治元年（一一五九）に初めて歴史の表舞台に登場し[19]、承安四年（一一七四）に湯浅荘の主として『吉記』に所見する、湯浅一族の祖湯浅宗重が、支配基盤を形成した時期に相当する[20]。鎌倉初期の段階で一門出身の明恵が「わ町」と呼んでいる事実をも勘案すれば、湯浅の「町場」の開発が、在地領主としての湯浅氏の本拠地構築と不可分の関係で、この時期に推進されたことは確実であろう。

三　石崎屋敷

沖積平野の安定という新たな地形的環境のもと、一二世紀半ば頃、現湯浅町市街地に成立したと思われる湯浅の「町場」は、もちろん町並みをともなうような景観をもつものではなく、何らかの政治的・経済的・文化的施設の周辺に町在家が散在するといった、疎塊村的な街村であったはずである。在地領主湯浅氏の本拠地形成過程の中で成立した湯浅の「町場」とは、いかなる核をもつものであったのか。

次の記事は、「漢文行状」から抜粋した、明恵が考案した「十無尽院舎利講式」にもとづく涅槃会について記したものである。

元久元年（一二〇四）二月十五日、於紀州湯浅石崎〈親類宗景入道宅〉修涅槃会、上人自読舎利講式〈上人製作十无尽院舎利講式是也〉、奉対涅槃像、泣述滅後愁歎、

宗景入道とは、湯浅宗重の嫡男として湯浅荘を相続した湯浅宗景のことである。湯浅氏の拠点が湯浅荘内の石崎なる地に置かれていたことがわかる。涅槃会は、釈迦の命日にその死を悼む儀式である。明恵は後年「四座講式」

を完成し、その規範を示すことになる。湯浅氏の石崎屋敷で涅槃会が挙行され、その場において明恵は、第一段の釈迦を恋慕するくだりで「観喜咲」を含み、第二段においては釈迦の涅槃を悲しみ「心身戦動、悲泣嗚咽、説法声絶出入息止、衆会悉疑取滅、良久蘇息」というあり様であったという。明恵の初期涅槃会のあり方は、非常に特徴的なものであり、その状況は、数年前に執り行われた石垣荘糸野成道寺における涅槃会についての「仮名行状」の記述がより具体的である。

先年上人縁事アルニヨテ、紀州移住ノ比、糸野奥ノ谷成道寺ノ庵室ニ居ヲシメシ時、其庵室ノ傍ニ大樹アリ、彼ノ木ヲモテ丼樹ノ称ヲタテ、、下ニ石ヲカサネ（重）ツミ（積）テ、金剛座ノヨソヲヒ（装）ヲマナヘリ、其傍ニ一丈許ナル卒堵波（塔婆）ヲ立テ、其銘ニ上人自筆ヲモテ、南無摩竭提国伽耶城辺丼樹下成仏宝塔ト書ス、其下ニシテ一群（郡）ノ諸人貴賤長幼道俗男女数百余人、樹ノ下ニ集会シテ、彼西天菩提樹下金剛座上ノ今夜ノ儀式ヲウツス、

成道寺の庵室は、湯浅宗重の子宗光の糸野館とも一体の施設であった。「一群（郡）ノ諸人貴賤長幼道俗男女数百余人」すなわち有田郡内のありとあらゆる階層がこの儀式に参加して、明恵とともに釈迦入滅の日の情景を再現し、その死を歎き悲しんだのである。石崎屋敷での涅槃会も、状況は糸野の場合と同じであろう。明恵が主催し、地域住民が湯浅一族などとともに参加できるイベントとしての法会が、こうした武家居館で挙行されていたことを重視したい[21]。

石崎屋敷は、法会の会場となるだけではなかったようである。湯浅荘四ヶ村の産土神、湯浅大宮（現顕国神社）は、田村の大国主明神（国主大明神社）を湯浅宗重が湯浅村内に勧請したものと伝えられる。そして田村から勧請され現社地に移されるまでの間鎮座したのが「岩崎ノ谷」であったという[22]。湯浅の「町場」を開発した宗重は、その精神的紐帯となるべき産土神（総鎮守）を、早くから開けていた荘内田村から迎え、それを自らの石崎屋敷に勧

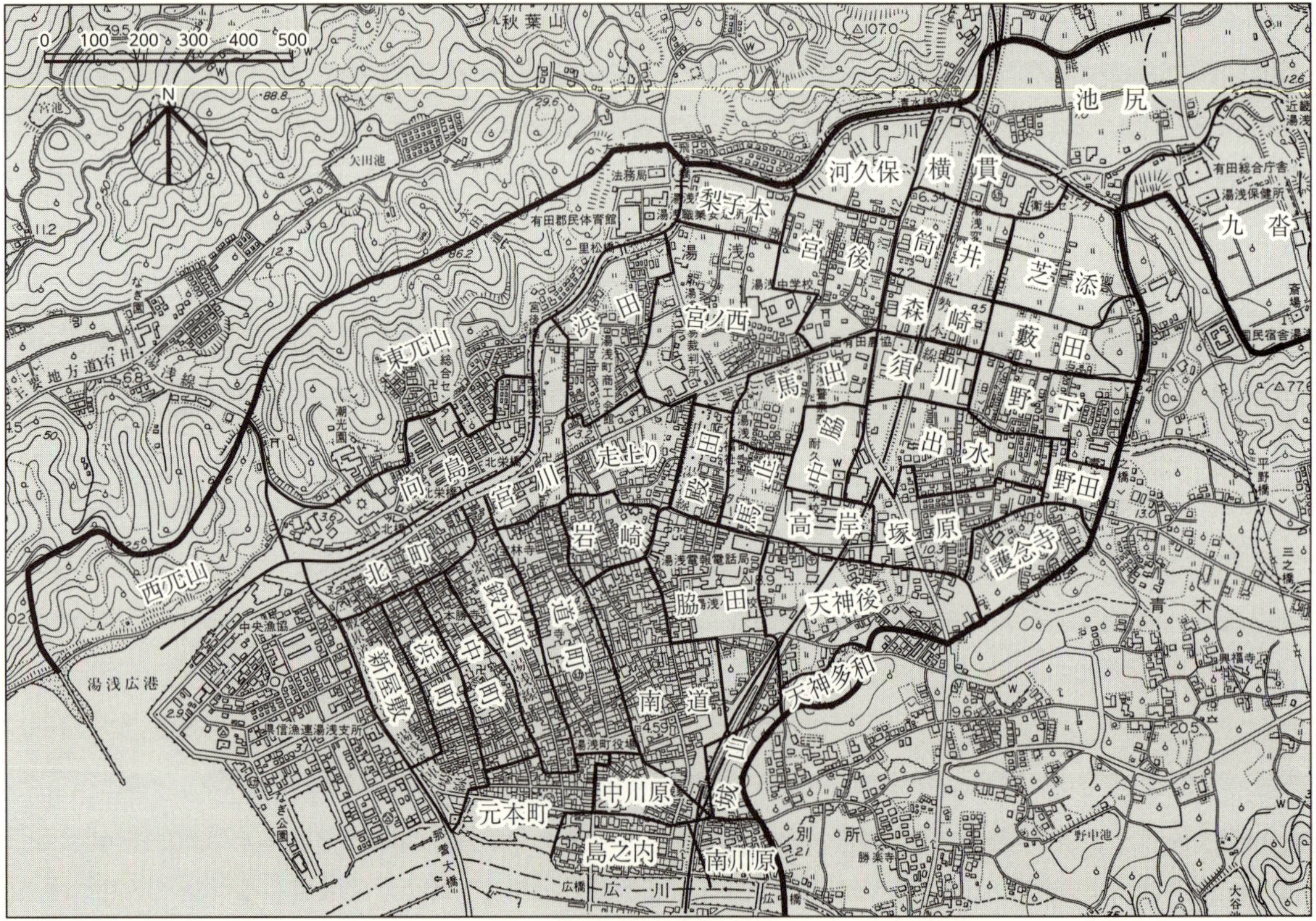

図5　旧湯浅村小字図　　原図：湯浅町発行「湯浅町管内図」 1：10,000

請したことになる。石崎屋敷には、後に湯浅荘四ヶ村の総鎮守となる重要な神格が勧請されていたのであり、住民生活を精神的に支えていたわけである。

　では湯浅氏の居館であり、信仰の場として開放されていた、この石崎屋敷の所在地は何処で、どのような立地条件にあったのか。それは、湯浅町の現在の市街地の中に小字岩崎の地名が残っていることから、現地比定が可能である（図5参照）。南東には殿田の小字名も伝えられる。この場所は、南下する山田川の流れが蛇行して西に流路を変える地点にあたり、北西に字界を接する小字宮川の南部は窪地状の地形を示していたといわれている[23]。山田川河口に近いこの辺りに潟湖（ラグーン）が形成されていたことを想像できる。

　建永元年（一二〇六）六月六日、明恵は、石崎屋敷の夢を見ている[24]。

　　同六日の夜、夢に云はく、石崎入道之家の前に海有り、海中に大きなる魚有り、人云はく、是鰐也、一つの角生ひたり、其の長一丈許り也、頭を貫きて之を繋ぐ、心に思はく、此の魚、死ぬべきこと近しと云々、

明恵が夢に見た情景は、海と直結する現実の石崎屋敷の地形環境を反映しているとみなしてよいだろう。沖積平野が安定したとはいえ、中世前期の段階では、現市街地に海は深く湾入し、山田川は潟湖を過ぎると間もなく湯浅湾に注いでいたのであろう。

『有田郡誌』は、石崎について、以前は「海水此辺まで湾入し、船着場なりしが如し」といい、『今城寺縁起』の「天皇斉明も、かねて勅詔あり、石崎まで御船にてはる〳〵と御幸鉛山温泉よりまし〳〵」なる記述を引き、この潟湖が、湊としての機能を持っていたことを指摘している[25]。石崎屋敷は、湊としての機能を持つ山田川河口の潟湖を押える位置に立地していたのである。

　なお先に取り上げた小字宮川の南に接して宝林寺という寺院がある（図2）。この寺は寛文三年（一六六三）に湯

浅氏の子孫と称する湯浅八郎兵衛なる人物が建立した八郎兵衛道場が発展したもので、寺地は「湯浅殿屋敷」跡と伝承される場所に定められたという[26]。潟湖に接したこの場所には、もともと湯浅氏の何らかの拠点が置かれていた可能性がある。そうした場所を八郎兵衛が再活用したのではないか。そうだとすれば、湊として機能する潟湖の入口を「湯浅殿屋敷」が掌握し、最奥部に石崎屋敷が置かれ、二つの施設によって、これを押えたということになるだろう。

次に陸上交通、すなわち熊野道との関係で、この石崎屋敷を位置付けてみよう。

湯浅において現在も「熊野古道」とみなされている道は、飛越橋から山田川沿いを南下、北栄橋を渡って道町を通過するルートである。当時は海岸線が迫り、すなわち浜手を通る道であったと考えられるので、これを仮に「浜手道」と呼ぶ（図2、図4参照）[27]。

しかしながら湯浅を抜ける熊野道は、これ一本ではなかったようである。『紀伊続風土記』には「熊野の往還、今の道より東にありて、吉川村より逆川に従ひて、山の東の麓より南行して直に別所の村中に出つ今其道の遺跡を小栗街道といふ」と記され、『有田郡誌』にも「小栗街道　大宮の馬場頭を横ぎり、直に南して満願寺山の東に出づる細径あり、最も古き熊野街道の跡にして、御輦街道と称せしを、後世小栗判官の事跡を附会し、小栗街道といふに至れり」の記述がある。この「御輦《オグルマ》街道」「小栗街道」と呼ばれた熊野道は、垣内氏の考証により、地図上に落とすことができる[28]。こちらを「山手道」と呼ぶことにする。

二つの熊野道のうち、湯浅を通過することだけを考えると、「山手道」の方がはるかに機能的である。安定した台地の上を最短距離で湯浅を通り抜けることができる。永保元年（一〇八一）の藤原為房の熊野参詣や、天仁二年（一一〇九）の中御門宗忠の参詣の段階では、この道が専ら用いられたのであろう。その後の参詣においても、日程を急ぐ帰路には、この「山手道」を使って湯浅を通過したのかもしれない。

一方、「浜手道」の方は、沖積平野の中に開かれた道であり、使われるようになるのは「山手道」より後のことであろう。傍らに聖護院門跡の護摩壇跡があり（図2参照）、寛正三年（一四六二）には深専寺も再興されていることから、遅くとも室町期にこの道が機能していたことは間違いない。それより時期を遡る確実な材料はないが、一二世紀半ば、湯浅における宿泊が一般化した段階において、景色や眺望に優れたであろうこの「浜手道」が開削されていたとみなすことは可能であろう。沿道には、院の熊野詣にかかわる「月見石」「御茶殿」などの伝承地も散在する（図2参照）。湯浅の「町場」の成立、宿泊地化と熊野道「浜手道」の成立は、一体のものととらえるべきである。

これら熊野道と石崎屋敷との関係はいかなることになるのか。二道のうち「浜手道」は山田川河口の潟湖の東寄りをかすめ、石崎屋敷のすぐ西側を通過しているのである。潟湖の当時の規模によっては、「浜手道」が現状より早く渡河していた可能性もあるので、そうだとすればこの道は石崎屋敷の内部を通過していたとも考えられる。また「湯浅殿屋敷」（後の宝林寺）の存在をも想定するのであれば、「浜手道」は湊に接した湯浅氏の二つの拠点の間を抜けていたことになる（図2参照）。

建仁元年（一二〇一）一〇月一三日、後鳥羽上皇の参詣に従った藤原定家は、熊野からの帰路、湯浅に宿泊している。その夜、定家は、宿所において、湯浅五郎なる男の「過差」なる接待を受けて感激し、鹿毛馬一匹を彼に授けている(29)。この湯浅五郎とは、石崎屋敷の主湯浅宗景の子五郎景光のことである(30)。すなわち定家が泊まった宿所とは石崎屋敷である可能性が高い。石崎屋敷は、湯浅に参詣者を呼びこむ「浜手道」に接し、上皇や貴族の宿所となり一行を歓待する施設にもなったのである。在地領主湯浅氏と中央政界とを結ぶ結節点でもあったわけである。

以上みてきたように、石崎屋敷は、山田川河口部の潟湖に形成された湊を「湯浅殿屋敷」とともに押える立地条件を持っていた。石崎湊の整備と石崎屋敷の構築とは不可分の関係にあるだろう。湯浅氏は熊野道「浜手道」を通じて、上皇や貴族を湯浅での宿泊に誘い、石崎屋敷において歓待した。一二世紀半ば、沖積平野の安定を背景に、このルートを開いた主体も、湯浅氏をおいて他には考えがたい。石崎屋敷は、水陸交通の結節点に位置しており、その内外に形成された「町場」こそ、明恵が「わ町」と呼んだ都市的な場の実態であろう。また明恵が法会を行い、産土神が勧請されている、開かれた宗教施設としての石崎屋敷の一側面は、商人・流通業者に加え、参詣人・地域住民を、その周囲に恒常的に集める上で、不可欠の要素であった。そこは、市の立つ場、恒常的な交易・交換の場ともなりえたはずである。

おわりに

以上、一二世紀、宗重登場の背景にあった、その勢力基盤としての湯浅の「町場」のあり方をみてきた。

中世前期の段階において、こうした都市的な場、すなわち「町場」は、地域社会に広汎に存在していたであろう。それは荘園制的な分業流通の展開に対応する事態であった。「町場」の主要な開発主体の一つが、武士団を構成する在地領主層であり、新たな地形環境をとらえて都市的な場の開発に取り組むことは、領主化の重要な契機であったものと考える。湊や道といった水陸交通を掌握できる立地に構築された居館が、「町場」において、その興行の前線基地となり、宗教施設を備え、分業・流通にかかわる不可欠な環として開放されることによって、在地領主は、地域権力としての承認を受けることができたのである。

なお湯浅本宗家の石崎屋敷は、明恵がしばしば逗留し涅槃会を営んだ、重要な「明恵遺跡」でもあったわけだが、「八所遺跡」として保護・興隆されることはなかった。それは、鎌倉幕府と緊密に結ぶ保田宗光を惣領とする武士団における湯浅本宗家の立場から説明されるべきだが、それについては、本書における後の考察に譲ることとする。また中世前期の湯浅の「町場」には、「白方宿所」と呼ばれるもう一つの核が存在し、その成立・展開にも湯浅氏が深く関与していたものと考えられる。これについては、やはり現地調査の成果を踏まえて第二章にまとめているので、参照いただきたい。

〔注〕

（1）高橋『地域社会』。

（2）保立道久「宿と市町の景観」（『自然と文化』一三、一九八六年）。

（3）高橋「中世前期の在地領主と「町場」」（『歴史学研究』七六八、二〇〇二年）。

（4）両氏の調査・研究の成果は、垣内貞『湯浅・広川の熊野古道考』（私家版、一九九九年）・和田堅一『湯浅の町見聞日記』（稿本、一九九九年）としてまとめられている。

（5）「加太浦より錦迄加子米究帳」（『和歌山県史』近世史料五）。

（6）『御領分加子米高帳』（和歌山史学会発行）。

（7）湯浅町教育委員会蔵。ただしこの作品は明治初期の成立である。図版は『紀州湯浅の町並み』（湯浅町教育委員会発行、二〇〇一年）に掲載されている。

（8）湯浅町の地形については、『湯浅町誌』（一九六七年）参照。なお図2には、第二室戸台風直後の一九六三年九月に実施された水質検査によって得られたCl値から推定できる地下に張り出す岩盤の西限を、破線で示した（データは和田堅一氏の提供)。もともと安定した陸地だった範囲を確認する上で参考になる。

(9) 湯浅町教育委員会発行、二〇〇一年。

(10) 「在田郡湯浅浜丑ノ新屋敷絵図」(北村家蔵、図版は『紀州湯浅の町並み』に掲載)。

(11) 『群書類従』九。

(12) 岩波文庫『明恵上人集』。

(13) 「仮名行状」。

(14) 栂尾高山寺蔵。

(15) 「仮名行状」。

(16) 明恵と外祖父湯浅宗重との親交は、次のような史料が示す。

①貞応二年(一二二三)三月二七日、「故湯浅入道殿之許へ普賢菩薩の功徳を書きて遣はしし事有りけりと思ふ」夢をみる(「夢記」)。

②晩年の講義で、「祖父ノ入道」宗重の「法師ニハ親近ナセソ、タヽノキ《(退)》テアツカ《(扱)》ヒテアレ、心ニタカ《(違)》ヘハ、天孤《(狗)》ニナルカ、ムサウ《(無慙)》ナルニ」ということばを引用している(「光言句義釈聴集記」『明恵上人資料』二、東京大学出版会)。

③「如来在世に生れ遇はざる程に口惜しき事は候はざる也」で始まる明恵消息は、「湯浅権守の許へ」宛てられたものという(「伝記」)。

宗重の没年は判明しないが、文治二年(一一八六)に子息等への所領相続が認められ(「崎山家文書」二―二『和歌山県史』中世史料二)、以後史料にはあらわれない。この年、明恵は一四歳である。

なお白上峰からみた湯浅市街地の正確な方位は東南である(図4参照)。和歌という文芸作品におけるレトリックとして、東と表現されたものと解することは許されよう。またこの和歌の解釈については、吉原シケコ『明恵上人歌集の研究』(桜楓社、一九七六年)を参考にした。

(17)『万葉集』の出典は日本古典文学大系（岩波書店）。
(18)垣内前掲書参照。
(19)平治の乱が勃発した際、宗重は熊野詣の途次にあった平清盛に兵を差出し、その入京を援けている（『愚管抄』五、『平治物語』上）。なお宗重の父宗永（宗長）について、「粉河寺縁起」（『続群書類従』二八上）は、粉河寺に「殊勝の八重桜」を寄進したことにより子孫が繁盛しているという説話を伝えている。
(20)承安四年九月二〇日条。それに先行する一七日条には「湯浅庄立券使庁官経弘沙汰了、今日入洛」と記されており、湯浅荘がこの年、院領として立券されたことがわかる。
(21)湯浅氏の居館において明恵が執り行う儀式の意味については、本書第一章および第五章以降の各章参照。
(22)『南紀湯浅誌』（湯浅町教育委員会蔵）。本書は江戸後期成立の地誌で、湯浅町内外に数本の写本の存在が知られている。
(23)和田前掲書。
(24)「夢記」。
(25)和歌山県有田郡役所編、一九一五年。なお『今城寺縁起』は有田川町（旧吉備町）の青蓮寺に所蔵されているが、実見していない。今城寺は青蓮寺の前身となった寺院とみられる。
(26)『南紀湯浅誌』、『紀伊続風土記』、『湯浅町誌』。
(27)垣内・和田前掲書。
(28)垣内前掲書。
(29)「熊野道之間愚記」（『和歌山県史』古代史料二）。
(30)「上山系図」（高橋『地域社会』）。

第二章　湯浅荘別所勝楽寺考

はじめに

かつての湯浅荘を構成した七ヶ村の内の一つ旧別所村の一角に、勝楽寺はある。[1] 青木台地の南西の端に寺地をもつこの寺からの景色を眺望する者は誰もが、その立地がただならぬ場所を占めていることに気付くはずである。海側を望めば湯浅の市街地を一望のもとに収め、広荘から北上する広川が眼下で西方に流れを変え、熊野道が境内を貫通している。その上さらにこの寺が注目される所以は、半丈六仏を含む中世仏像群が存在することにある（図1）。現在の勝楽寺は、狭い境内地に本堂を兼ねた収蔵庫と庫裏が立つのみの小さな寺だが、後者には中世に遡る一〇躰の仏像が安置され、うち八躰は、国の重要文化財に指定されているのである。

この寺は、かつていかなる規模を持っていたのか。どのような政治的な背景のもとで成立し興隆されたのか。本章では、勝楽寺の中世伽藍・関連施設の痕跡をできるだけ拾い集め、そこから可能な限り情報を引き出し、現地景観の上に復元してみたい。さらにそれを前提として、この地から興起した在地領主湯浅氏と同寺との関係を考察したいと思う。

勝楽寺関連文化財所在一覧

番号	所蔵者　住所	分類	名　　称	年代	備　　考
1	勝楽寺 湯浅町別所	彫刻 彫刻 彫刻 彫刻 彫刻 彫刻 彫刻	薬師如来坐像 阿弥陀如来坐像 釈迦如来坐像 地蔵菩薩坐像 四天王立像 聖観音立像 十一面観音立像	平安後期 平安後期 鎌倉前期 鎌倉前期 平安後期 平安後期 平安後期	重文　像高102cm　定朝様 重文　像高223cm　定朝様の半丈六仏 重文　像高100cm　慶派仏師の作か 重文　像高266cm　県下最大の地蔵像 重文　像高95〜106cm 像高106cm 像高83cm
2	醍醐寺 京都市山科区	建造物 建造物 彫刻 彫刻	金堂 西大門 薬師三尊像 四天王立像（うち２躰）	平安後期 桃山期 鎌倉前期 鎌倉前期	国宝　入母屋造本瓦葺、桁行七間・梁間五間の大規模な仏堂。鎌倉期に改修が加わる。秀吉の命により1598年より３年がかりで湯浅から移築（『義演准后日記』）。 重文　湯浅から移されたとの伝承あり。 重文　薬師像高129cm　金堂とともに湯浅から移される。 像高200cm　金堂とともに湯浅から移される。
3	法蔵寺 広川町上中野	建造物	鐘楼	室町中期	重文　1695年勝楽寺より広八幡神社に移築、1872年さらに法蔵寺に移築（棟札銘）。
参考	三滝寺 広島市西区	建造物	多宝塔	1526年	県指定　広八幡神社から法蔵寺に移され、大正初め頃売却され、1951年三滝寺に移築された。勝楽寺において建立されたものともいう。

図１　勝楽寺の中世仏像群

右から地蔵、薬師、阿弥陀、釈迦、四天王。左端奥の厨子の中に聖観音、十一面観音の諸像が安置されている。　（写真提供 勝楽寺）

一　仏像・建造物からの復元

勝楽寺の旧本堂は、一九三〇年に湯浅町内最大の寺院深専寺の有陽軒から移築された建造物で、現在は庫裏として使われている。かつてはこの堂内に一〇躰の仏像がすべて安置されていた。薬師如来坐像、四天王立像（二躰ずつの取り合わせ）、阿弥陀如来坐像は、平安後期に遡る作例で、特に阿弥陀像は半丈六の大作であり、薬師像とともに定朝様の特徴を示す。未指定の聖観音立像、十一面観音立像も、同時期の作と考えられる。鎌倉前期の製作とみられる地蔵菩薩坐像は南都の慶派仏師の手による巨像、同じく釈迦如来坐像も、慶派による優品である。薬師、阿弥陀、地蔵、釈迦の諸像は、いずれも一寺の本尊級の仏像であり、現在はこのうち薬師像を本尊としている(2)。

しかしながら少なくとも中世において、これらの諸尊は、いずれも勝楽寺の本尊ではない。勝楽寺の本堂と本尊およびその脇侍は、慶長三年（一五九八）、京都山科の醍醐寺に運び取られているのである。『醍醐寺新要録』から抜粋しておこう(3)。なお移設の経過は、『義演准后日記』に一層詳細である(4)。

一　同第二度再興事

寅云、慶長三戊戌二月九日、大相国殿下秀吉御入寺、（中略）四月六日、紀州湯浅ノ堂壊テ昨日罷上之由、上人示之、同十日、金堂ノ本尊、石田ノ新舟入ヨリ塔ニ奉入之、四天二躰十二日奉入了、五月十二日、金堂材木、同舟入ヨリ渡瀬マテ引上之、

豊臣秀吉の命を受けた木食応其の指揮によって、「紀州湯浅ノ堂」は解体され、海路山科へと運搬される。「本尊」と「四天二躰」も、同時に運び取られている。ここには「湯浅ノ堂」、『義演准后日記』には「紀州ユアサ（湯浅）ノ

本宮（堂）」と記されるのみで、具体的な寺名が挙げられていないので、若干の注釈が必要である。江戸後期に紀州藩が編纂した地誌『紀伊続風土記』が、運び取られたのは満願寺の本堂であるとする説を採用しているため、多くの書物がこれに従っている。しかし満願寺は、寛文一三年（一六六三）に宥範（不動院）なる山伏が、所持する仏像と往生講式とを本尊として、かつてこの地にあったと伝えられていた「満願寺」を「再興」したことに始まり[5]、それ以前の史料的所見はない。加えて現在の満願寺の立地には、次節に復元するように、中世、広大な寺地を確保しうる地形的条件はない。それに対して勝楽寺は、『紀伊続風土記』においては、満願寺の奥院と説明されるにすぎないが、下阿田木神社蔵「五部大蔵経」の奥書から、鎌倉時代にはこの辺りの中核寺院として経典を集積していたことが確認でき[6]、先述の通り平安後期以来の仏像群を伝えている。中世に満願寺がもし存在したとすれば、それは勝楽寺の塔頭か子院と考えざるをえない。『紀伊続風土記』の満願寺に関する記述は、勝楽寺についての伝承が、近隣寺院の伝承の中に混入して伝えられたものとみなすべきであろう。

『醍醐寺新要録』の記事にある、木食応其によって運び取られた勝楽寺の本堂と仏像は、現在、醍醐寺（下醍醐）の金堂およびその本尊として現存する。金堂は、正面七間・側面五間、入母屋造の巨大な仏堂であり、国宝に指定されている。建築史家山岸常人は、金堂について、「（木食は）まことにこの寺にふさわしい建物を見出してきたというべきであろう」あるいは「十世紀の五重塔（国宝　醍醐寺五重塔―高橋）に伍する仏堂」と評している[7]。山岸は、醍醐寺金堂が、平安時代末期の成立で、鎌倉時代に改築を受け、ほぼ現在の姿となり、移築時にも再び改修がなされたことを、指摘している。本尊薬師如来坐像は、そうした金堂の威容に遜色のない鎌倉彫刻である。素地に切金文様を施した等身大の薬師像で、作者には南都仏師を想定できよう。両脇侍日光・月光菩薩像も本尊と一具の成立で、合わせて重要文化財に指定されている。「四天」は薬師像に随侍する四天王立像のことで、四躯いずれも鎌倉前期の作例だが、本尊に作風が共通するのは、そのうち広目天・多聞天の二躰であり、これが湯浅から本堂・本尊とともに移された「四天二躰」であろう。(8)

なお広川町の法蔵寺鐘楼は、勝楽寺において建立され、元禄八年（一六九五）に広八幡神社へ、明治五年（一八七二）に法蔵寺に移築された、室町中期の建造物で、重要文化財に指定されている。(9) また広島市の三滝寺の多宝塔、醍醐寺の西大門についても、勝楽寺から移築されたとする伝承がある。

現存する建造物や仏像からみえてくる中世の白方山勝楽寺の構成としては、まず現醍醐寺金堂が本堂として建ち、その内陣には同じく醍醐寺金堂の本尊薬師三尊像および四天王像（現存は二躰）が安置されていた。そしてその周囲には、現在勝楽寺に祀られている薬師・阿弥陀・地蔵・釈迦といった諸像を本尊とする堂宇・塔頭が建ち並んでいたことであろう。

二　現地踏査からの復元

では次にこうした勝楽寺の姿を現地景観の中に落とし込んでみよう（図2参照）。(10)

現在勝楽寺の建つ高台から北東方向には、青木台地が続いている。それに対して寺の西側は、広川に沿った低湿な水田地帯であり、「鰡地」「塩入」といった俗称地名を検出できる。そのさらに西には、南川原・中川原・島之内・川端片町（現元本町）といった、河川敷を想像させる小字が続く。かつてはこの辺りで広川が大きく北に湾入し、現勝楽寺の西に潟湖を形成していたのであろう。(11) 図3は、昭和初期に久米崎王子東の山地より、広川河口から湯浅の市街地にかけての方向を望んで撮影されたものである。勝楽寺西方の低湿な水田の様子と、かつて広川がこ

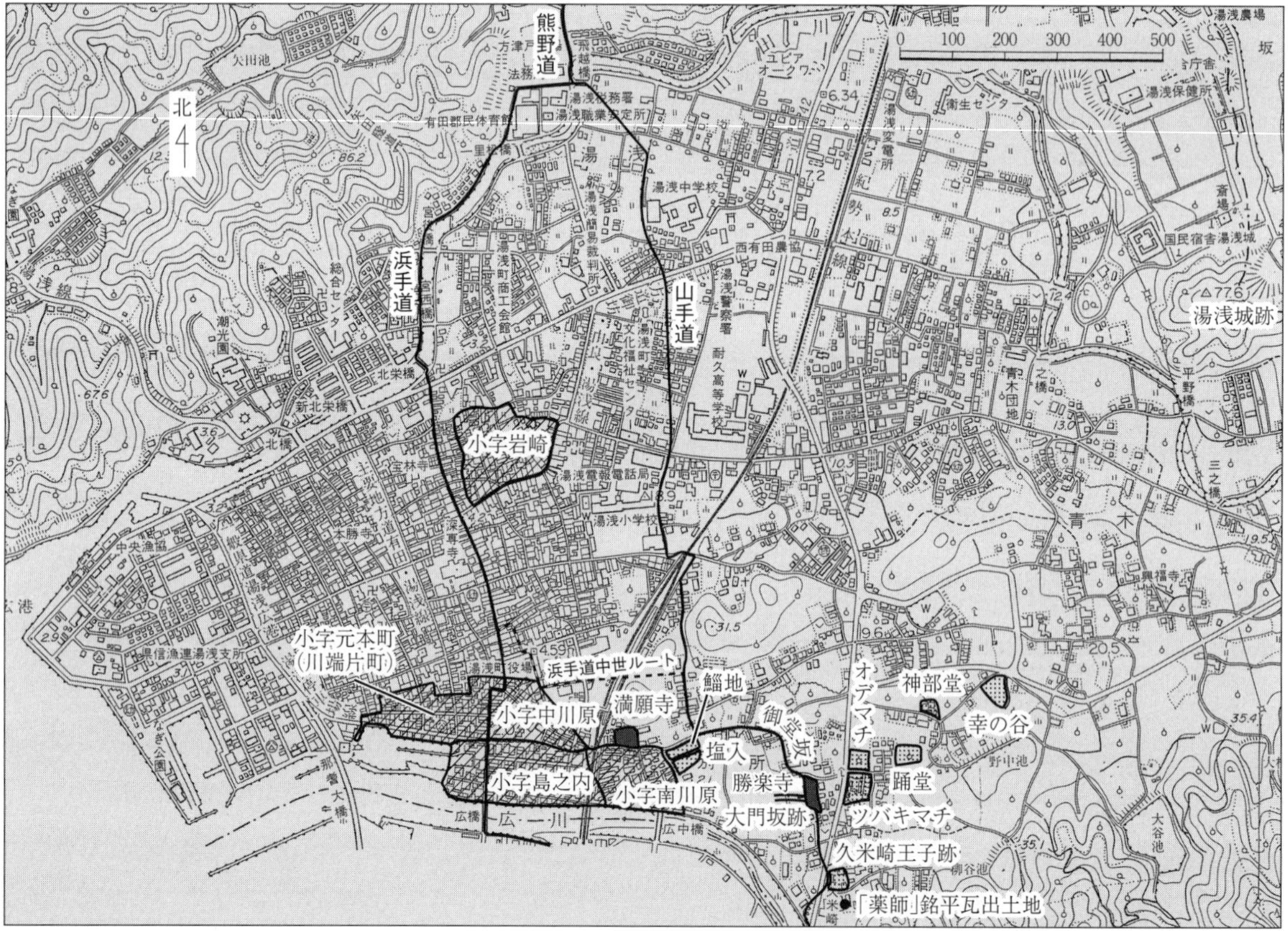

図2　勝楽寺とその周辺　　　原図：湯浅町発行「湯浅町管内図」 1：2,500

の低地に食い込んで流路を形成していたことをうかがわせる曲線を示す区画が写し撮られている。中世、広川は河口付近で「入江川」と呼ばれていた。次の和歌は、室町初期の紀伊国守護畠山基国の作と伝えられるものである。[12]

むら鷺は　阿瀬乃波に　音を鳴て　あらしふく夜の　入江松原

入江川　松原こゆる　汐かせに　千鳥なきよる　冬乃いふくれ

入江川の名は、すでにこの潟湖が埋まっていたと思われる江戸時代にも伝えられており、慈雲なる僧の次の歌もある。[13]

いつか又　逢見ん秋の　入江川　波の衣は　岩別れては

基国の歌にみえる「入江松原」は、広川河口部に形成されたものと思われ、この地の名勝として著名であり、遡って藤原定家も「此湯浅入江松原之勝景奇特也」と絶賛している。[14] 中世前期までさかのぼる入江状地形の存在を証している。

ところで今の勝楽寺の山号は「白鳳山」だが、近世においては「白方山」と称していた。[15] また下阿田木神社所蔵「五部大乗経」奥書のうち華厳経第五八巻は、その奥書によると、宝治二年（一二四八）二月八日に「白方寺之辺」において書写されたことがわかる。同じく大品般若経第三八巻が、同年二月一八日に「勝楽寺北房」において書写されているので、「白方寺」の名で呼ばれているのは勝楽寺であろう。[16] この「白方」の地名の由来は、ここでみてきた潟湖（入江）の存在から説明することができる。すなわち「白方」は「しらかた」＝「白潟」で、この入江につけられた地名であろう。勝楽寺は、この白潟を見下ろす高台に寺地を占めていたため「白方山」（＝「はくほうさん」＝「白鳳山」）の山号をもち「白方寺」とも呼ばれたのである。天然の良港としての条件を備える白潟は、海上交通・流通の拠点として、当時賑わっていたはずであり、勝楽寺も、その喧騒と無縁な施設ではなかっただろう。

図３　勝楽寺西方の旧状

左を湾曲して流れるのが広川。中央やや右に城山（満願寺山）。その背後、左手に湯浅の町並みが広がる。手前水田の低湿な様子がよくわかる。区画には広川がさらに湾入していた時代があったことを示す曲線がはっきり残っている。

（写真提供　勝楽寺）

現在、湯浅市街の方向から勝楽寺に向かおうとすれば、「御堂坂」を通じて北から回り込むしかないが、かつては西側に「大門坂」と呼ばれる参道が通っていた。勝楽寺の建つ高台の西側が、昭和初期に土取りのため掘り崩され消滅するまでは(17)、その名が示す通り、こちら側が寺の正面であった。つまり勝楽寺は、湊としての白潟を正面に見据える方位構成をとっていたのである。この湊が生み出す富が、勝楽寺の繁栄を支えていたことも想像される。

現在勝楽寺が建つ辺りからは、中世の古瓦が採集されるので、ここが重要な伽藍の敷地を継承していることは間違いない。『紀伊続風土記』は、満願寺から勝楽寺にかけて残る、かつての堂塔にかかわる地名として、「谷之坊、白骨堂、辻堂、塩入寺、美濃堂、神部堂、大門坂、踊堂、張抜堂、陰陽堂、幸ノ谷坊、墓辻堂、丸坊、池ノ坊、薬師院、峯ノ堂、熖坊谷、無浄堂、和加佐堂、寺山、寺内」をあげているが、そのうちいくつかを、現地に確認できた。「塩入寺」は、先述した勝楽寺西の低地に残る「塩入」とかかわりがあろう。「大門坂」については、先に触れた。「神部堂」「踊堂」は寺の東方に俗称地名として検出することができる。「幸ノ谷坊」については、さらにその東方に「幸の谷」がある。久米崎王子跡の南側の敷地からは「薬師」銘のある瓦が出土している。江戸期のものではあるが、「薬師院」の所在をあらわすのではないかと思う。現在の勝楽寺の本尊薬師如来坐像が、かつて本尊として安置されていた堂宇の跡ではなかろうか。こうした出土品や地名の分布から、中世の勝楽寺は、東は旧青木村のかなり奥まで、南は久米崎王子跡の周辺まで境内に含み込み、堂宇の一部は西方の満願寺の辺りにまで広がっていたものとみなすことができる。残された建造物や仏像に見合う、壮大な寺地を占めていたことが確認できた。

次に熊野道との関係を把握しておこう。湯浅に入った熊野道は、飛越橋で海側を進む「浜手道」と、台地側を一気に南下する「山手道」とに分岐する[18]。「浜手道」は、院や貴族による熊野参詣が盛んになった一二世紀半ば頃に湯浅氏の手で開かれたと推測される[19]。現在ルートが確認できる「浜手道」は、湯浅市街を抜けると、白潟、勝楽寺の方向には向かわず、まっすぐ南下して広川河口部を渡河しているが、これは近世のルートである。和田堅一は、「浜手道」が道町の南部で東に進路を変え、低地に落ちこまないように東に向かい「山手道」と合流する古道の存在を指摘しているが[20]、これこそが中世のルートであったはずである（図2の破線のルート）。だとすれば、両道は、白潟にさしかかる直前で合流して一道となって、御堂坂あるいは大門坂から勝楽寺の境内に入り、久米崎王子社へと抜けていくことになるわけである。つまり勝楽寺は、二道に分かれた熊野道を再び一道に集約し、それを境内に取りこんで、立地しているのである。そのため後述するように、院や貴族の一行を収容し、参詣者に僧房を開放することもあったのである。

熊野詣での活況の中で陸上交通をも集約していたことは、湊としての白潟の繁栄をさらに大きなものとしたはずである。現勝楽寺に東に接する辺りで、「オデマチ」「ツバキマチ」の俗称地名を検出できる。この場所は、室町以降に形成された現在の湯浅市街地の町並みからは大きく外れた地点にあたる。湊の繁栄、熊野詣での盛況にともない勝楽寺の一隅に形成された中世前期の「町場」の名残である可能性がある。

これまでみてきたところを小括しておく。現勝楽寺の西方の低湿な水田地帯は、かつては広川河口に形成された潟湖の名残と考えられる。勝楽寺は、湊としても機能したであろうこの白潟と向い合う台地上に、広大な寺域を占めていた。一道に合した熊野道は白潟の湾岸をかすめながら勝楽寺境内へと進み、久米崎王子から南に抜けた。水陸交通・流通の結節点でもあった寺内には、「町場」が形成されていた可能性を指摘できる。

三　白方宿所

これまでの二節において、中世前期に遡る勝楽寺の威容が確認された。ではこの寺の存在は文献史料からはいつまで遡れるだろうか。

承安四年（一一七四）九月二五日、熊野詣での往路にあった吉田経房は、湯浅にさしかかり「湯浅入道堂」に宿泊している。湯浅入道とは湯浅宗重のことである。宗重はこの地を本拠とする在地領主湯浅氏の始祖とされる人物で、平治の乱前後より平家の家人となり、その後鎌倉幕府の御家人に転じる。その夜、宗重は経房に「菓子・雑菜」を進上している。[21]

建保四年（一二一六）三月一四日、熊野へ向かう藤原頼資は、「湯浅白形堂僧房」に到着し、ここに宿泊している。(22)「白形」は「白方」に相違なく、頼資が泊ったのは熊野道が境内を通る勝楽寺の僧房であったわけである。そしてこの「白形堂」は経房が泊った「湯浅入道堂」とも同一の施設と考えられる。勝楽寺は在地領主湯浅氏が関与する寺院だったのである。

承元四年（一二一〇）四月、湯浅宗重の外孫にあたる明恵は「白方宿所」において、熊野参詣の途次にあった藤原長房と面談し、長房から「花厳金師子章」の注釈を懇望される。長房は、明恵の有力な後援者の一人である。この後、明恵は彼のために「金師子章光顕鈔」一部二巻を撰集している。(23)「白方宿所」は、その呼称からみて、「白方寺」「白形堂」と称せられた勝楽寺の関連施設に相違ない。そして勝楽寺が湯浅宗重の関与する寺院であったとすれば、湯浅一族に連なりその支援のもと紀州で修行する明恵が、京での有力な支援者藤原長房をここで迎えたのは、当然のことであった。

なお「白方宿所」の「宿所」とは、単なる宿泊施設という以上の意味を持つと考えることもできる。幕府が置かれた鎌倉においては、御家人の屋敷が、その一角に一族や被官、様々な職能民を寄宿させる空間を用意していたことから、「宿所」と呼称される場合があった。(24)湯浅氏に関しても、湊や宗教施設を包摂する保田宗光の星尾屋敷が「宿所」と呼ばれている。(25)先にみてきたような勝楽寺の伽藍・僧房を中心に湊や「町場」の多様な機能を包摂する在地領主湯浅氏の拠点という意味で、「白方宿所」と呼ばれていた可能性が高い。

さらに明恵の存在を媒介に考えれば、勝楽寺の仏像群、醍醐寺金堂の仏像群の多くが慶派の一流仏師の造形であることも、ごく自然に理解できる。南都六宗の一つである華厳宗の中興の祖と仰がれ、芸術に深い理解を示した明恵は、南都仏師との親密な交流があったことが、すでに指摘されている。(26)勝楽寺の興隆には、明恵の存在と彼の人間関係とが反映されていることは間違いなかろう。こうした仏像群と醍醐寺本堂が示す年代観は、勝楽寺の興隆主体である湯浅一族が興起し、勢力を伸展させた時期とも矛盾しない。平安後期に礎が築かれ、鎌倉前期を中心に大規模な興隆が行われたのであろう。中央の権門寺院の堂宇に転用しても十分通用するほどの伽藍を持ち、その内部には定朝様、南都仏師の秀作を揃える勝楽寺の威容は、湯浅氏の地域社会における傑出した財力と緊密な中央との結びつきをうかがわせる。

おわりに――在地領主と「町場」

私は、第一章において、室町期から江戸期にかけて、紀州屈指の港湾都市として発展した湯浅の町の起源は、一二世紀半ば頃、沖積平野の安定化という新たな地形的条件のもとで形成された「町場」＝街村に遡ることを証明し、その中核には、この頃歴史の表舞台に登場する在地領主湯浅氏の石崎屋敷（小字石崎）が存在し、それは山田川河口部の潟湖を掌握する場所に立地していたことを明らかにした。また熊野詣での盛況を受けて湯浅氏は石崎屋敷の近傍を通る熊野道「浜手道」を開削することによって陸上交通をも掌握し、さらに石崎屋敷の傍らに荘の産土神を祀り、明恵が同法とともに留まり法会を行うような僧房・仏堂を備えるなど、宗教施設としての機能をもあわせ持ち、「町場」への人の流れを恒常化する役割を果たしたことを推測した。

景観に即していえば、中世前期の都市的な場は、疎塊村的な街村という外観を持つことが指摘されている[27]。当時の湯浅においても、いくつかの街村が散漫に展開し、全体として現湯浅町の市街地付近に「町場」が構成されていたものと考えられる。石崎屋敷とその周辺の街村はその主要な構成要素の一つであったわけだが、勝楽寺（白方宿所）を、湯浅の「町場」のもう一つの核とみなすこともできよう。勝楽寺は、二道に分かれた熊野道が合流し、白潟の湊を見下ろす、水陸交通の要地に広大な寺域を占めた、大規模な地方寺院であった。平安後期、この地の在地領主湯浅宗重によって建立され、鎌倉前期までに、彼の子孫の手でその威容が整えられたものと推測される。おそらく湯浅氏の居館も、境内に包摂され存在したであろう。湯浅氏は、領主として白潟にもたらされる富を吸収し、それをもって、湊とその中核となる寺院・勝楽寺の興隆につとめたのであろう。商業や流通にかかわる職人が留まり、参詣者や地域住民が集まる「町場」も、伽藍に接して形成されていたのである。こうした様々な機能を持つ空間が集合して勝楽寺は構成されていた。

湯浅氏は、現在の湯浅の市街地を挟みこむかのように山田川、広川の両河口部の潟湖＝湊に接して、一二世紀半ば頃、石崎屋敷、白方宿所という二つの拠点を相次いで整備し、その近傍あるいは内部に「町場」を開発したことになる。時あたかも院や貴族が盛んに熊野に詣でた時代であり、湯浅氏は、新たに「浜手道」を開削することによって、熊野道を湯浅の「町場」に通し、石崎屋敷、白方宿所により陸上交通をも集約する体制を整えた。そして二つの「町場」は、宗教施設としての機能を備え、中央との文化交流を前提とした、地域住民の精神的紐帯となり、恒常的に人々を「町場」に引きつける役割をも果たしていた。中世前期、地域社会におけるこうした公共的な場を開発することが、在地領主支配成立の前提となっているのである。

なお白方宿所は、明恵が「金師子章光顕鈔」を執筆するきっかけとなった、支援者・藤原長房との邂逅の場である。その中核施設であった勝楽寺が「明恵八所遺跡」に加えられず、中世を通じて徐々に衰退していった現実は、石崎屋敷の場合と同様、保田氏惣領体制下における湯浅本宗家の立場と関係するものと考えられるが、それについては、次章以降の考察に委ねることとしたい。

〔注〕

（1）勝楽寺については、すでに『湯浅町誌』（湯浅町、一九六七年）、田中重雄「勝楽寺と寂楽寺―勝楽寺非寂楽寺説の展開―」（初出一九七二年、後に田中『紀州の歴史と文化』（国書刊行会）に収載）、松本保千代『湯浅党と明恵』（宇治書店、一九七九年）等に、その概要が紹介されている。勝楽寺は、『高野春秋編年輯録』（懐英、一六九四年成立）以来、阿弖川荘の領家である京都北白川寂楽寺と誤認されており、この謬説は今江広道「寂楽寺の所在について」（『日本歴史』二五八、一九六九年）、田中前掲論文、仲村研「阿弖川荘研究補遺」（初出一九七八年、後に仲村『中世地域史の研究』（高科書店）に収載）によって訂正された。

（2）勝楽寺の仏像については安藤精一編『和歌山県の文化財』二（清文堂出版、一九八一年）、松島健編『紀州路の仏像』（『日本の美術』二二五、一九八五年）。大きな図版は『藤森武写真集 隠れた仏たち・海の仏』（東京美術、一九九八年）でみることができる。他に大河内智之氏の所見を参考とした。

（3）巻六「釈迦堂編」。

（4）同書 第一、第二（史料纂集）。

（5）『南紀湯浅誌』（写本、湯浅町教育委員会蔵）、『有田郡誌』。

（6）『美山村史』史料編。

（7）山岸常人「解説 醍醐寺金堂」（『醍醐春秋』一二三、一九九四年）。

（8）醍醐寺金堂の仏像については、中川委紀子氏、大河内智之氏からいただいた御教示を参考としている。四天王像に関しては、東京国立博物館他編『国宝 醍醐寺展』（図録、二〇〇一年）参照。

（9）法蔵寺鐘楼については、『広川町誌』下、『和歌山県の文化財』二など参照。移築の経緯を示す棟札銘の写しが、前者に収録されている。

（10）和田堅一の聞書集『湯浅の町 見聞日記』（稿本、一九九九年）は、多くの貴重な伝承を採録しており、現地踏査を進め、この地図を作製する上で大変参考になった。

（11）広川の河道は、慶長六年（一六〇一）、深専寺の僧宥伝が、紀州藩主浅野幸長の許しを得て、現在のように付け替えたものとされる（『紀伊続風土記』）。旧河道は、名島から北へ蛇行せずそのまま西に流れて、現河道の南二〇〇メートルのあたりで海に注いでいたという。私は、中世の広川は、河口近くにおいて複数に分流し、白方を通る現河道も、そのうちの主要な一河道だったものと考えている。

（12）『紀伊続風土記』『南紀湯浅誌』。基国が紀州に下向したのは、応永一〇年（一四〇三）一一月、三代将軍義満の粉河寺巡礼に際しての一回に限られる（『和歌山県史』中世、一九九四年）。

（13）『南紀湯浅誌』。

（14）「熊野道之間愚記」（『和歌山県史』古代史料二）。

（15）『紀伊続風土記』。

（16）（6）に同じ。

（17）取った土は満願寺の南西一帯の低湿地の埋め立てに使われた。この辺りは後に「新地」と呼ばれることになる。

（18）湯浅町内の熊野道については、垣内貞『湯浅・広川の熊野古道考』（私家版、一九九九年）が詳しい考証を行っている。

（19）本書第一章。

（20）和田前掲書。

（21）『吉記』（増補史料大成）。

（22）「頼資卿熊野詣記」（『神道大系』文学編五　参詣記）。

（23）「漢文行状」。

（24）斉藤利男「「宿館」「宿所」と「本宅」―成立期中世政治都市についての覚書―」（『国立歴史民俗博物館研究報告』七八、一九九九年）、高橋「中世前期における武士居館と寺院―星尾寺の成立―」（高橋『地域社会』）・「中世前期の在地領主と「町場」」（『歴史学研究』七六八、二〇〇二年）。

（25）高橋『地域社会』。

（26）毛利久「運慶・快慶と高山寺・十輪院」（『史迹と美術』二二五、一九五五年）・「高山寺神像・狛犬の作者について」（『仏教芸術』三二、一九五七年）参照。

（27）保立道久「宿と市町の景観」（『自然と文化』一三、一九八六年）。

〔付記〕本稿を作成するにあたり、勝楽寺の江川瑞峰住職には、仏像調査、伝承・地名等の採録、図版の掲載等について、格別な御配慮をいただいた。また地元在住の郷土史家垣内貞氏、同じく和田堅一氏、湯浅町教育委員会の崎山紀夫氏（当時）・梶本祥子氏（同）にも、貴重な情報を提供いただき、たびたび現地を御案内いただいた。末筆ながら厚く御礼申し上げたい。

付論　幻の「湯浅城合戦」

一

湯浅の町の東北の、独立した小山（第二章の図2（五六頁）参照）に縄張りされた湯浅城（青木城）跡は、戦国期にかけての遺構を良好に留める本格的な山城跡で、文化財として高い価値をもつことは間違いない。この城郭の成立に湯浅氏がかかわるとする説は、古くから伝承されてきたようだし、湯浅氏の本領・湯浅荘内という立地から考えて、それは十分ありうることだと思う(1)。ただしこの説には確証があるわけではないし、もちろん城の役割が、「築城」当初から同じであったわけでもない。

本稿は、保存・整備が待たれるこの中世遺跡の位置付けに関する研究の参考に供するために編んだ、文献史料から、湯浅城の成立について、どこまでの推察が許されるのかを、整理した試論である。こうした作業を通じて、湯浅荘における湯浅城の位置を明らかにし、湯浅氏の本領・湯浅荘の構造分析のための土台としたいと思う。

二

『紀伊続風土記』や『紀伊名所図会』は、打ち続く治承寿永内乱の末期、平維盛の男子・丹後侍従忠房を擁する湯浅宗重が籠城した城を、現湯浅町青木に所在する湯浅城（青木城）に比定している。湯浅宗重による「湯浅城合戦」については、『平家物語』諸本に、次のように語られている。長文になるが、湯浅城について考える際の基礎文献となるので、ここで引用しておこう。

〔史料一〕『平家物語（覚一本）』巻十二　六代被斬

小松殿《（平重盛）》の御子丹後侍従忠房は、八島のいくさより落て、ゆくゑも知らずおはせしが、紀伊国の住人湯浅権守宗重をたのんで、湯浅の城にぞこもられける、是を聞いて平家に心ざし思ひける越中次郎兵衛・上総五郎兵衛・悪七兵衛・飛騨四郎兵衛以下の兵共、つき奉るよし聞えしかば、伊賀・伊勢両国の住人等、われも〳〵と馳集る、究竟の者共数百騎たてごもッたるよし聞えしかば、熊野別当、鎌倉殿《（源頼朝）》より仰を蒙ッて、両三月が間、八ケ度よせて攻戦、城の内の兵ども、命をおしまずふせきければ、毎度にみかたをひ散らされ、熊野法師数をつく《（尽）》ひて討たれにけり、熊野別当、鎌倉殿へ飛脚を奉て、当国湯浅の合戦の事、両三月が間に八ケ度よせて攻戦、され共城の内の兵ども命をおしまずふせく間、毎度に御方をひ落されて、敵を宛に及ず、近国二三ケ国をも給はッて攻落すべきよし申たりければ、鎌倉殿、其条、国の費、人の煩なるべし、たてごもる所の凶徒は定て海山の盗人にてぞあるらん、山賊・海賊きびしう守護して城の口をかためてまぼるべし、とぞの給ひける、其定にしたりければ、げにも後には人一人もなかりけり、鎌倉殿はかりことに、小松殿の君達の、一人も二人もいき残り給ひたらんをば、たすけ奉るべし、其故は、池の禅尼の使として、頼朝を流罪に申なだめられしは、ひとへにかの内府の芳恩なり、との給ひければ、丹後侍従六波羅へ出てなのられけり、やがて関東へ下し奉る、鎌倉殿対面して、都へ御上候へ、かたほとりに思ひあてまいらする事候とて、すかし上せ奉り、追ッさまに人をのぼせて勢田の橋の辺にて切ッてンげり、

〔史料二〕『平家物語（長門本）』巻二十

小松殿《（平重盛）》の御子息六人おはしけるも、爰かしこにて誅せられ給て、末の子に、丹後侍従忠房とておはしけるが、

讃岐国屋しまの戦を落て、行方もしらざりけるが、紀伊国の住人、湯浅権守宗重がもとにかくれ居給へり、平家の侍越中次郎兵衛盛次、悪七兵衛景清なんどもつきたりけり、是を聞て、和泉・紀伊国・摂津・大和・河内・山城・伊賀・伊勢八箇国に隠れ居たりける平家の家人ども、一人二人参り集るほどに、五百余人籠たり、鎌倉殿（源頼朝）聞召て、阿波民部大夫成良に仰て攻らる、成良紀伊国に越て、御所野といふ所に陣を取て扣へたり、此上熊野別当湛増法眼、子息湛快父子に仰て攻らる、湯浅には究竟の城あり、岡村・岩野・岩村の城とて、三ヶ所あり、彼城のうち、岩村の城に五百余人楯籠る、此外湯浅が家子郎等数を知らず、中にも湯浅が甥、神崎尾藤太・舎弟尾藤次、聟に藤波（並）の十郎、其養子に泉源太・源三兄弟、岩殿三郎宗賢なんど云、一人当千の兵ども楯籠たる間、たやすく責落しがたし、湛増たのみ来たる侍、須々木五郎左衛門允（尉）と云者、人に勝て進出て攻め戦けるを、尾藤太、中ざし十五束有を、あく迄引て放つ矢に、五郎左衛門尉が甲の鉢付の板を、主を籠て射通したり、是を寄手の兵ども見て進み戦はず、惣て三月の間、八ヶ度の戦に、熊野の侍郎等以下多く討れにけり、湛増鎌倉殿へ申けるは、今は官兵の力つきて候、湛増計りにては叶べからず候、国をも四五ヶ国寄せさせ給ひて後、官兵をもて攻候べきかとぞ申ける、鎌倉殿仰せられけるは、官兵の云甲斐なきにこそあれ、始終はいかでか怺へてあるべき、勢をものぼせ、国をも寄べけれども、籌、山海をよく守護して、山賊・海賊をとゞむべし、国を守護せば、凶徒兵粮尽て、一人二人おちん程に、一人も有まじきぞ、小松殿ノ君達、降人たらんをば宥め申べし、立合給はん人をば誅すべし、頼朝平治の乱に流罪に定りたりしかば、池の尼御前の御使にて、小松殿、太政入道殿に詞を加へて、よきやうに申されたりしによつて、流罪に定てありしも、小松殿の御恩なりと申されける、此上高雄文覚上人をもて、内々湯浅権守宗重を、誘へ仰られけるは、鎌倉殿にむかひ奉りて、合戦を致す事は、日本国を敵にしたり、たとひ一年二年こそ怺へて有とも、始終はいかでか怺ふべきと思て、鎌倉殿の仰に随ひ奉りにけり、宗重、侍従殿に申けるは、鎌倉殿申され候なるは、小松殿ノ君達降人たらんをば宥め奉れ、たて合給はん人をば誅し奉るべしと、官兵等に仰含められて候なり、始終は宗重も叶ふべからず候、只降人に参らせ給へ、と申ければ宗重を打憑て来る事なれば、いかにもよき様にこそはからはめと申されければ、九郎《（義経）》大夫判官、京都の守護にておはしましければ、判官のもとへ丹後侍従を送り奉る、判官より鎌倉殿へ奉る、鎌倉殿、侍従殿に御対面ありて、頼朝が流罪に定り候し事は、併小松殿の御恩なり、其御子息、少しもおろかに思ひ奉らず候、加様に見参に入候ぬる上は、都の片辺に思ひあてまいらする事候、とく〳〵上洛候へとて、都へ返し上せ奉る、侍従殿、実にも命は生なんと思ひ給ひけるに、都へは入奉らず、近江国勢多にて切奉る、いか成る事ぞやと人かたぶき申けり、

元暦二年（一一八五）二月の屋島合戦の際に、平家の陣中から離脱した平忠房は、湯浅宗重を頼り、「湯浅の城」に籠ったという。〔史料二〕では、「湯浅には究竟の城あり」として、これを「岡村・岩野・岩村」の三城に宛てている。源頼朝は、熊野別当湛増に命じてこれを攻めさせるが、落とすことができず、戦闘は兵糧攻めに転じた。城方はこれに窮し、忠房は降人となって城を出た。〔史料二〕は、城内で、宗重の説得を受けた忠房が京の義経のもとに出頭し、鎌倉に送られ、やがて斬られる経緯を詳しく描写している。

言うまでもなく、この時代の「城」とは、後の時代のような堀や土塁を備えた恒常的な軍事基地ではない。交通路の遮断等を目的に、臨時に構築される防御施設で、一族に特別な由緒をもつ山岳などに籠る場合も多い[2]。この場合の「湯浅の城」も、湯浅氏の守るべき本拠近くに設営された、そうした臨時の防御空間と考えるべきであろう。

〔史料二〕で「岡村・岩野・岩村」とされた「湯浅の城」のうち「岩村」は、現有田市の岩室城跡に比定できそうだが[3]、『紀伊続風土記』の説を採るとすれば、「岡村」と「岩野」のいずれかが湯浅城（青木城）に該当すること

になる。

三

近年、この忠房の「湯浅の城」籠城そのものを疑う説も提起されている。まず次の史料をみていただきたい。

〔史料三〕『吉記』元暦元年（一一八四）四月二八日条

伝聞、丹後侍従忠房、去比密下向関東、為伺武衛松容之、一日比蒙可許帰洛云々、若是小松大臣子孫可有事歟由令称事歟、

〔史料四〕『吉記目録』文治元年（一一八五）一二月八日条

同日、小松内府息忠房招引関東事

〔史料五〕『吉記目録』文治元年一二月一六日条

忠房、被斬首事

〔史料三〕に従えば、忠房は、屋島合戦よりも前に、戦線を離脱し鎌倉に下向していたことになる。この条文自体は、この時期に多くみられる誤伝である可能性もあるが、佐々木紀一は、内乱の早い時期における忠房の離脱の可能性を強く主張している[4]。

さらに佐々木は、次の〔史料六〕を根拠に、忠房の「湯浅の城」籠城は、有力御家人となった湯浅氏の影響下で改変・脚色されたとする説を提起する。

〔史料六〕文治二年五月六日付源頼朝書状写（「崎山家文書」[5]）

「正文有湯浅三郎太郎入道」（朱筆）
湯浅入道宗重法師者、平家々人之中、為宗者候、而志候て罷留候畢之後、一向相憑此方候也、就中九郎判官（源義経）・十郎蔵人（源行家）謀反之時、抜郡（群）不属彼之一旦勧誘候、自今以後京なんとに、ものさわかしき（物騒）事なと出来候之時者、子息等をもかはり〳〵可令参仕之由、所申含也、便宜之時、殊可被召仕候、謹言、

文治二年
五月六日　　　　在御判（源頼朝）

左馬頭殿（一条能保）

「而志候て罷留候畢之後、一向相憑此方候也」と、平家の家人であった湯浅宗重は、内乱が起こった後は一貫して頼朝に意を通じ、紀伊の本領に留まったとされているのである。ここには平家の公達を奉じて挙兵している形跡はない。加えて〔史料一〕や〔史料二〕のように、熊野別当湛増が、この時期に頼朝の意向に従って動くことは考えにくく[6]、私も、佐々木氏の説は、十分首肯しうるものと考える。こうした立場に立てば、治承寿永内乱末期における「湯浅城合戦」そのものが虚構ということになる。

四

ただここで確認しておきたいのは、平忠房が湯浅氏に身を寄せることには、十分必然性があるということである。『源平盛衰記』巻四十には、平家軍から離脱し熊野へと向かう平維盛一行と岩代王子で出会った湯浅宗光（宗重の子）が、馬から降り平伏して見送ったという話が語られている。訝しがる従者に、宗光は「小松殿（平重盛）の御時は常に奉公申して御恩をも蒙り」と、その理由を説明している。湯浅宗重の女子の婿に小松家の家人と思われ

る伊藤（平）重国が迎えられるのも、宗重が同じく小松家の家人だったからであろう。(7)

近年の研究によれば、平氏一門は必ずしも一枚岩ではなく、有力な武将がそれぞれ独立した家を構えていたことが指摘されている。湯浅宗重は、平家一門の中の小松殿（平重盛・維盛父子）の家人だったのであり、没落した忠房が、宗重を頼るのはごく自然なことなのである。『平家物語』諸本が語るような忠房の湯浅亡命そのものは、それが挙兵につながったかどうかは別としても、事実と認めてよいだろう。

もう一つ確認しておきたいことは、少なくとも〔史料二〕がまとめられた鎌倉時代のうちには、湯浅氏が戦争状態の中で籠るべき城は「湯浅の城」もしくは「岡村・岩野・岩村」の三城との自己認識をもっていたのではないかと考えられる点である。

『平家物語』諸本には、内乱にかかわった各地の武家の所伝が流入していることが想像される。〔史料一〕〔史料二〕のように、湯浅氏が旧主との義を重んじ、勇敢な戦闘に及んだと語ることは、御家人としての湯浅氏の起源説話として、必要なモチーフであった。

そうした不可欠な説話の舞台に、湯浅氏の側から、何か事ある時には籠るべき城として「湯浅の城」があげられているとすれば、そうした「城」が存在したこと自体は事実とみなければならない。平安・鎌倉時代の湯浅氏の城として「岡村・岩野・岩村」の三城を想定できるのである。その中の一つが湯浅城（青木城）で、一族が籠るべき空間に、中世後期、山城が構築されたと考えるのが自然だろう。(8)

五

「湯浅城合戦」は虚構だったとしても、中世前期以来の「湯浅の城」の存在までは否定できない。「岡村・岩野・

岩村」の三城についても、たとえ臨時の構築物であるとしても、実在を検討すべきである。以上が本稿の結論である。治承寿永内乱期の湯浅宗重の動向とも、説話を通して結び付く、室町・戦国期の山城・湯浅城（青木城）跡が、地域の歴史を語る文化遺産として保護され、今後、整備・活用されることを願ってやまない。

〔注〕

（1）武士団湯浅党の特質については、高橋『地域社会』等を、湯浅氏の本領・湯浅荘の構成については本書第一章・第二章を参照。

（2）川合康『源平合戦の虚像を剥ぐ』（講談社、原形初版一九九六年）等参照。

（3）角田文衛『平家後抄』上（講談社、原形初版一九八一年）は、岩室城を湯浅城（青木城）跡に比定しているが、特に根拠はないようである。

（4）「小松の公達の最期」（『国語国文』七六一、一九九八年）。以下、佐々木氏の研究は、この論文に依拠する。

（5）『和歌山県史』中世史料二所収。

（6）この時期の湛増は、義経家人としての性格が強く、鎌倉幕府体制下における立場は確定していない。高橋「別当湛増と熊野水軍」（『ヒストリア』一四六、一九九五年）参照。

（7）「行状」は、明恵の父・伊藤重国が平重盛を主君としていたと書いている。

（8）康暦元年（一三七九）、山名義理軍に攻められ、湯浅一族は紀伊を追われることになるが、この時「湯浅城」が落城したことが、「花営三代記」（『群書類従』二六）にみえる。高橋「湯浅党本宮氏と毛利家文庫「湯浅氏系図」」（高橋『地域社会』）参照。

第三章　保田宗光と明恵

はじめに

本章は、湯浅一族の中での保田宗光の位置について、整理しようとするものである。庶子として生まれた宗光が、湯浅氏の惣領的な地位を確立していく経緯を、政治史に即してまとめておきたい。またその過程において、彼と明恵との関係はどのように形成されていったのか、彼にとって明恵の存在はいかなる意味を持っていたのか、明らかにしたいと思う。

一　宗重から宗光へ

文治二年（一一八六）、湯浅宗重は、その所領を子息たちに譲与している。[1] 長男で嫡男の宗景は本領・湯浅荘を譲られている。弥太郎宗正は広荘を、二郎盛高は石垣荘河南を、六郎宗方は糸我荘等を、それぞれ受け継ぐこととなったようである。七男宗光は、この時、保田荘と石垣荘河北とを相続したものと考えられる。宗光が譲られたこ

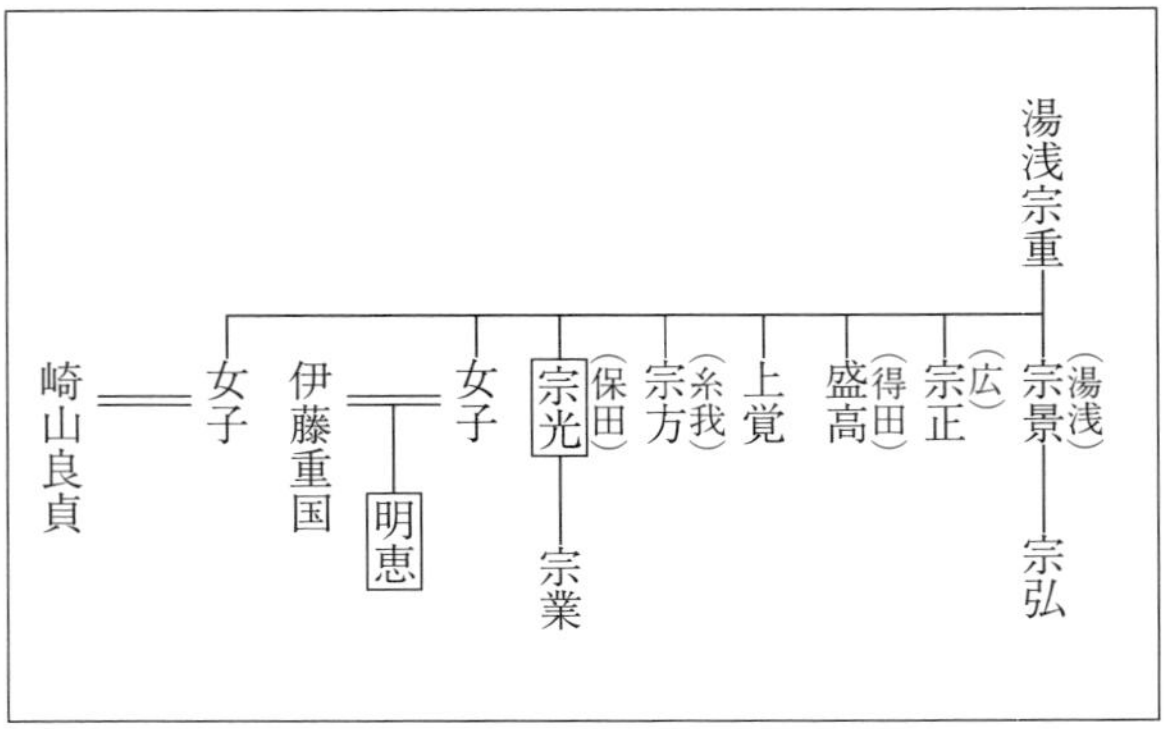

湯浅氏略系図

の二つの荘は、湯浅氏所領の外縁部にあたり、庶子（末の男子）として相応の処遇といえよう。

　しかし宗光が宗重から受け継いだのは、紀州における所領だけではなかった。彼は、京での活動にかかわる地位や基盤、中でも高雄神護寺の外護者としての立場を、父から引き継ぐこととなったようである。

　いつ、いかなるきっかけがあったのかはわからないが、湯浅氏と、神護寺再興を志す文覚との関係は深い[2]。仁安三年（一一六八）に、文覚が高雄に止住した当初、それに従う二人の弟子の内の一人が、宗重の子の上覚（宗光の兄）であった。宗重と文覚との関係はそれ以前に遡ることになる。承安三年（一一七三）、祖父宗重の庇護のもと、石垣荘吉原村に誕生した明恵は、神護寺の本尊・薬師如来に結縁して「薬師丸」と名づけられ、養和元年（一一八一）には文覚の弟子として神護寺に入った[3]。宗重は、後白河法皇が神護寺復興を認める寿永元年（一一八二）以前から、文覚を支える数少ない外護者の一人だったのである。この寿永元年に至る間にも神護寺の伽藍が少しずつ復興している事実の裏に、宗重のような支援者の存在を想定しても誤りではないだろう。宗重と文覚との縁は古く、深かったのである。

　建久八年（一一九七）、源頼朝から阿弖川荘下司職を与えられた文覚は、すぐに「天王寺并高野大塔之杣事共」を条件に、同職を保田宗光に譲っている[4]。また安元元年（一一七五）以来、宗重の所領であり、後白河法皇から文覚に寄進され神護寺復興の重要な経済基盤となった紀伊国桛田荘の預所職も、宗光が相続している[5]。こうした事実から、宗重亡き後、神護寺の外護者、文覚の支援者としての立場を、保田宗光が引き継いだことが確認できる。

二　地頭職違乱と佐渡配流

建久三年（一一九二）、後白河法皇が没し、建久七年の政変で源通親が政権を握ると、文覚の政治的立場は危ういものとなる。後鳥羽上皇・通親と文覚との間に生じた確執は、正治元年（一一九九）一月に文覚が最大の後ろ楯とする源頼朝を失うと、一気に表面化する。『平家物語』によると、文覚は二宮（後高倉院）擁立の陰謀を企てていたという。三月、文覚の処分は、佐渡への配流と決している。

これと同時に神護寺に拠る文覚一派への弾圧も始まる。同年四月には、神護寺が東寺一長者延杲の管理下に置かれることとなった。寺領も、後鳥羽院の乳母・藤原兼子や近臣・女房に分け与えられてしまう。その後、建仁二年（一二〇二）の末に召還の宣旨が下り、文覚は、一旦の帰京を果たすものの、元久元年（一二〇四、あるいは前年）二月、対馬へ配流となり、同年七月、この地に没している。(6)

後鳥羽院政下において、弾圧は、文覚の支援者・保田宗光の身にも及んでいた。建仁二年には、「石垣荘地頭職違乱」という事件が記録されている。宗光が父から相続した所領・石垣荘河北地頭職が失われたのであろう。元久元年には「在田一郡地頭職違乱」という事態に見舞われる。有田郡内に所持する宗光の地頭職が、停止されようとしたのだろうか。明恵は「此の郡に人無き」状況を「夢記」に書き留めている。この事件について伝える「漢文行状」は、「文学（覚）上人又蒙宣旨、廃流（配）対馬国」となったため「在田一郡地頭職悉以違乱」したものと説明し、明確に文覚配流と有田郡内地頭職の「違乱」とを結びつけて解釈している。「高山寺縁起」も、「上人親属」が「勅勘」を蒙ったと記している。

さらに宗光を大きな不幸が襲う。『仁和寺日次記』承久元年（一二一九）八月一六日条は、「前左兵衛尉紀（ママ）宗光、配流対馬嶋〈依熊野山訴也、三山神輿参洛之由、飛脚参上之間、所被忩行也、〉」と、保田宗光の対馬配流を伝えている。この記録によると、宗光配流の原因は、熊野三山の強訴にあったという。この時期の熊野は、後鳥羽上皇の側近僧・長厳を三山検校にいただいていた。また熊野水軍を統制した別当湛増の孫・快実が、後鳥羽上皇に接近し、紀伊の軍事動員権を期待されていた。(7) つまり三山に大きな影響力をもつ上皇の意を体現する一派が、勢力範囲を接する宗光との間に紛争を起こしたことが推測される。

以上のように、父宗重から神護寺の外護者としての立場を引き継いだ宗光は、源通親・後鳥羽上皇による文覚一派弾圧の余波を受け、在地での勢力基盤さえも失いかねない厳しい状況に追い込まれ、ついには親上皇派が牛耳る熊野山の訴えにより、配流に処せられたのであった。

三　明恵の紀州下向

実は明恵の紀州下向も、こうした高雄神護寺をめぐる政治状況と直接連動している。「漢文行状」から、関連する記事を拾い出していこう。(8)

建久九年戊午秋末、有高尾騒動風聞、依之荷聖教十余合、持本尊仏具等、重攀昇白上峯、彼所人睘猶不遠、頻聞樵夫斧音、又三四町下為大道、今度同法一両人相随之間、触事有煩、仍石垣奥隔人里二十許町、有閑地号筏立、湯浅兵衛尉宗光上人舅也構一両草庵、召請之、仍移住彼所、

建久九年（一一九八）の紀州下向の背景として、「高尾《（雄）》騒動」があったことを、「漢文行状」は指摘している。この頃、文覚と源通親・後鳥羽上皇との対立が表面化し（通親は建仁二年（一二〇二）に没）、その余波が神護寺に及んでいたのであろう。この時、明恵を自らの所領・石垣荘河北の筏立に、二棟の草庵を構えて招いたのが保田宗光であったことに注目したい。

その後、一旦上洛し神護寺に戻った明恵であったが、すぐにまた高雄を離れざるをえない状況となる。「漢文行状」は「文学《（覚）》上人蒙勅勘、高尾荒廃之間、相伴十余輩衆、又棲筏立草庵」と記す。この時も、紀州下向の直接の要因は、文覚の「勅勘」による「高尾荒廃」とされている。次いで建仁二年冬の記事にも、「本山牢籠事」により宗光の星尾屋敷に留まったことがみえる。元久元年（一二〇四）には、佐渡から帰洛していた文覚の要請を受け入れ、明恵は二月五日に上洛の途につくが、紀和国境の雄山峠の地蔵堂でみた霊夢により、ただちに紀州に舞い戻っている。「漢文行状」は、この時の夢について「後聞、二月十三日、文学上人又蒙宣旨、廃流対馬国、為免彼難、大明神被示仰也」と解釈している。ここでも、明恵の紀州滞留は、文覚の配流と連動するものと認識されている。翌二年から紀州に留まらなければならなくなった理由についても、「漢文行状」は「高尾又中絶之比也、不及還住、因茲聖教披覧無其住処」と説明している。

このように明恵の紀州下向について、「漢文行状」は、源通親・後鳥羽上皇による文覚一派の弾圧や、それにより引き起こされた神護寺の混乱と、常に関連づけて叙述している。そしてこの時期、紀州の明恵が活動の場としたのが、常に保田宗光が用意した草庵だったのである。まず建久九年に「高尾騒動」を避けて下向した明恵とその同法を、宗光は、自身の所領・石垣荘河北筏立の草庵に招き入れている。建仁元年、同じく石垣荘河北の糸野館内に経営する成道寺の背後の草庵に、宗光は明恵を迎えている。また建仁二年に石垣荘河北地頭職を失うと、今度は保田荘星尾屋敷の傍らに設えた草庵に、明恵とその同法を招き入れることになる。このように、この時期、紀州の明恵は、常に宗光の庇護下に学問・修行を継続していたのである。

では明恵の他の神護寺僧や、文覚の後継者として彼らを率いる、明恵の伯父・上覚は、後鳥羽上皇の弾圧をどのように凌いでいたのか。建仁二年、上覚は糸野館・成道寺背後の草庵で、明恵に「受職灌頂」を授けている[9]。建保二年（一二一四）にも、成道寺の春日社拝殿において、隆弁に「不動護摩」を伝授している[10]。同五年には、田殿荘崎山において、上覚から明恵に「内護摩事」が伝授されている[11]。崎山とは、明恵の養父、故崎山良貞の屋敷地で、良貞が所持していた田殿荘地頭職は、この頃までには保田宗光の手に落ちていたことが推測される。これらの事実から、弾圧下の上覚が、京を離れ、弟であり神護寺の支援者であった保田宗光のもとに身を寄せていたことがわかる。おそらく多くの文覚一派の神護寺僧たちも彼に帯同して宗光の庇護下に匿われていたのだろう。むしろその中の一人が明恵だったということになろうか[12]。

紀州での明恵の位置を、このように確認できると、建永元年（一二〇六）の栂尾高山寺創建の意味が、初めてみえてくるように思われる。この年の一一月、明恵は、後鳥羽上皇の院宣で、神護寺の別所だった栂尾に寺地を与えられ、華厳宗興隆のため高山寺を開くことを許される。これは、戒律復興の社会的期待を集める明恵を、文覚・上覚一派から引き離すため、後鳥羽上皇がとった施策だったのではないか。明恵は、これ以降も紀州に下向するが、その活動は確実に京に比重を移すことになる。なお建保六年（一二一八）、明恵が「煩事」を理由に高山寺を離れようとした時にも、後鳥羽上皇は賀茂神主に院宣を下して、賀茂別所への移住を促すよう命じている。

以上のように、明恵の紀州下向は、源通親・後鳥羽上皇の文覚一派弾圧による「高尾騒動」に起因するものであった。彼や上覚を含めた神護寺の亡命僧たちを匿ったのが、その外護者・保田宗光だったのである。

四　承久の乱と宗光・上覚

承久の乱が起こると、これへの対応をめぐって、湯浅一族は分裂する。「上山系図」によると、宗重の次男で広荘を所領としていた宗正は、上皇方に味方し滅亡したという。一方、後鳥羽上皇から弾圧を受ける神護寺の上覚たちを庇護し、配流に処せられるなど厳しい処分を受けた宗光の周辺は、上皇への対抗上、幕府との結びつきを一層強めていった。乱に際しても幕府方に立ち、戦後、阿弖川荘・保田荘・田殿荘・石垣荘河北の旧領地頭職は、すべて宗光に安堵されている(13)。京での戦闘の最中、三代将軍実朝未亡人の西八条邸を警固した「紀州ゆあさの御家人」は、宗光の関係者であろう(14)。

一族が分裂する状況の中で、湯浅本宗家の宗弘は、その立場を明確にすることはできず、模様眺めに終始したようである。幕府方の勝利が決した後、三浦義村（乱後、紀伊国守護となる）を通じて帰参し、かろうじて本領は安堵されることになった(15)。

結果的に、承久の乱は、湯浅一族内部の力関係に深刻な影響をもたらした。幕府との絆を深めた庶流・保田宗光家の影響力が、中立を保った本宗家を凌ぐようになったのである。

一方、高雄でも、弟宗光のもとに匿われていた上覚が、神護寺に復帰を果たしている。上覚は、院政を開始した後高倉院から寺領五ヶ荘の返付を受けるが、神護寺再興事業がただちに軌道に乗ったわけではない。後高倉院妃陳子（北白河院）の甥で、神護寺に別当として送り込まれてきた宗全と、文覚の後継者を自負する上覚との間に確執が生じたのである。安定しない立場にありながらも、上覚は、桛田荘と高野山領静川荘との堺相論を、預所・保田宗光を関東に下向させるなどして巧みに勝訴に導き、根本寺領桛田荘の安定に成功している。また宗光以下、湯浅一族の全面的なバックアップを受け、再興のシンボルともいえる多宝塔を竣工し、嘉禄元年（一二二五）、明恵を導師に迎えた納涼坊伝法会、翌年には惣供養を挙行している。こうした寺領再建・堂塔復興に成功した実績を掲げて、上覚は、神護寺における主導権をようやく確立したのである(16)。

承久の乱は、湯浅一族内の力関係に変化をもたらし、保田宗光の政治的地位は、本宗家を凌ぐことになる。また乱後の高雄神護寺においては、復帰を果たした宗光の兄・上覚が、寺領と堂塔の再建に成功し、主導権を回復していた。

五　宗光惣領体制の成立と明恵

承久の乱後、湯浅氏の一族結合における保田宗光の地位は、いかなるものであったのか、確認しておこう。

嘉禎四年（一二三八）、執権北条泰時は下知状を宗光に下して、承久の乱の際に「湯浅御家人」が警固した「八条殿政所之跡」に「一家人々よりあい《（寄合）》て屋をもつくり《（造）》、宿直をも結番して、各可被勤行之由」を命じている(17)。これをうけ、「八条辻固」を交替で受け持つ「湯浅御家人等」の名簿も作成されている(18)。幕府から湯浅氏に課された最も重要な御家人役である八条の篝屋警固役が、宗光によって主催されていることがわかる。後の世代においても、篝屋警固や両使、造営費用等、湯浅一族に賦課された御家人役を勤める上で、保田氏を中核とする宗光流の諸氏は重要な役割を果たしていた。

宗光とその子孫は、一族を催し、幕府から賦課される恒例・臨時の御家人役を主催する主体として把握されている。その意味では、湯浅一族の惣領の地位は、承久の乱を契機に、家督としての湯浅本宗家から宗光の保田家に移ったとみなして誤りはない。

しかしもともと一族の始祖・宗重の嫡流ではない宗光は、幕府から惣領と認められても、ただちに家督として振る舞うことはできなかった。武士団の外枠を形づくる、血縁以外のイデオロギーを必要としたのである。また地域社会において、新たな在地の支配者として君臨することになった彼は、それを必然と思わせる論理をも求めた。ここに彼が庇護していた明恵の存在がクローズアップされることになるのである。

戒律の復興を担い、社会的な期待も高い、清僧・明恵との結縁を一族結合の尺度に持ち出した宗光は、自らと明恵との絆の強さを顕示する装置として「明恵遺跡」を利用し、明恵の死後「明恵上人紀州八所遺跡」を創り出した。明恵は、もともと住民諸層との結びつきも深く、衆目の前で数々の奇瑞を現しており、そうした舞台ともなった「八所遺跡」は、明恵を媒介に、領主と住民とを結びつける役割をも果たすことになる。

おわりに

以下の各章では、保田宗光の政治的な意図のもとで、明恵が、湯浅一族と地域住民のために、いかなる役割を果たしていたか、明恵の足跡がどのように顕彰されていったのか、その成果として「八所遺跡」がいかに形成されたのかを、一つずつ検証していくことにする。

〔注〕

（1）「崎山家文書」一―二（『和歌山県史』中世史料二）。承久元年（一二一九）までに、宗光は、保田荘・石垣荘河北の他に、阿弖川荘・田殿荘地頭職を所持していたようだが（『高野山文書』又続宝簡集二八七三・二八八四）、後の二荘は、宗光の代になってから手に入れた所領である。

（2）神護寺と湯浅一族との関係については、高橋「神護寺領桛田荘の成立―文覚と湯浅宗重の動向から―」・「神護寺領桛田荘と湯浅氏」（いずれも高橋『地域社会』）参照。「上山系図」から、鎌倉時代を通して、湯浅一族の中から多くの神護寺僧を輩出していることがわかる。

（3）「行状」。その他の明恵の事績についても、原則として同書による。

（4）『高野山文書』又続宝簡集九三五・九三九。

（5）桛田荘については、(2)の高橋諸論文参照。

（6）文覚の動向については、上横手雅敬『平家物語の虚構と真実』上（塙書房、一九八五年）、山田昭全『文覚』（吉川弘文館、二〇一〇年）参照。

（7）熊野水軍と別当湛増の一門については、高橋「別当湛増と熊野水軍―その政治史的考察―」（『ヒストリア』一四六、一九九五年）参照。

（8）なお建久六年（一一九五）からの白上峰での修行は、「高尾騒動」以前であり、明恵の自発的な下向と評価できる。「行状」も、高雄の状況については何も触れていない。また白上峰での修行に宗光が関与した形跡もない。

（9）「漢文行状」。

（10）「奥書」3―142。

（11）「奥書」4―960。

（12）元久元年、文覚勅勘により、宗光が「在田一郡地頭職違乱」という状況に追い込まれると、紀州の明恵も、保田荘や石垣荘といった宗光の本拠地からは距離をおかざるをえなくなる。この時期には、宗光一族のために祈禱を繰り返しながら、田殿荘神谷最勝寺や同荘崎山伽藍、宮原荘の宮原宗貞館などを活動拠点としている。

(13)『高野山文書』又続宝簡集二八七三・二八八四。

(14)『鎌倉遺文』一一〇九三。

(15)「崎山家文書」一―ト・ヌ。これらの文書の年次比定については、湯川雅史「湯浅氏と鎌倉幕府」(『畑中誠治教授退官記念論集　近江歴史・考古論集』、一九九六年)による。

(16)高橋「神護寺領桛田荘と湯浅氏」。

(17)「崎山家文書」一―カ。

(18)「崎山家文書」一―ヨ。

付論　湯浅本宗家のその後

一

第一章・第二章で明らかにしたように、湯浅氏は、宗重の時代に、熊野道を開き、湯浅の町場を開発することによって、在地領主化を果たした。熊野道が町場にさしかかる北の入口付近には、石崎湊をも押さえる位置に石崎屋敷を構えた。さらに熊野道が湯浅の町場を南へ抜け、潟湖を見下ろす高台には白方宿所を設営していた。

石崎屋敷の傍らには、荘の鎮守となる大宮が祀られていたようであり、明恵はこの屋敷で涅槃会を修したという。白方宿所は、勝楽寺の巨大な伽藍と一体の施設であり、ここで藤原長方から「華厳金師子章」の注釈の依頼を受けている。湯浅氏の居館の備える宗教施設としての機能は、この時期の在地領主の基盤形成のあり方に、普遍的な要素でもある。

重要な「明恵遺跡」であり、宗教施設としての外観をもつにもかかわらず、石崎屋敷も、白方宿所も、「明恵上人紀州八所遺跡」には選ばれていない。単純に明恵との所縁が深い場所や施設が、「八所遺跡」に選定されたわけではないのである。この問題は、こうした湯浅荘の施設を宗重・宗景から受け継ぐこととなった湯浅本宗家の、湯浅一族における相対的地位の低下と、「八所遺跡」興隆に力を注ぐことになる保田氏の動向から説明する必要がある。ここでは前者、湯浅本宗家のその後について整理しておこう。

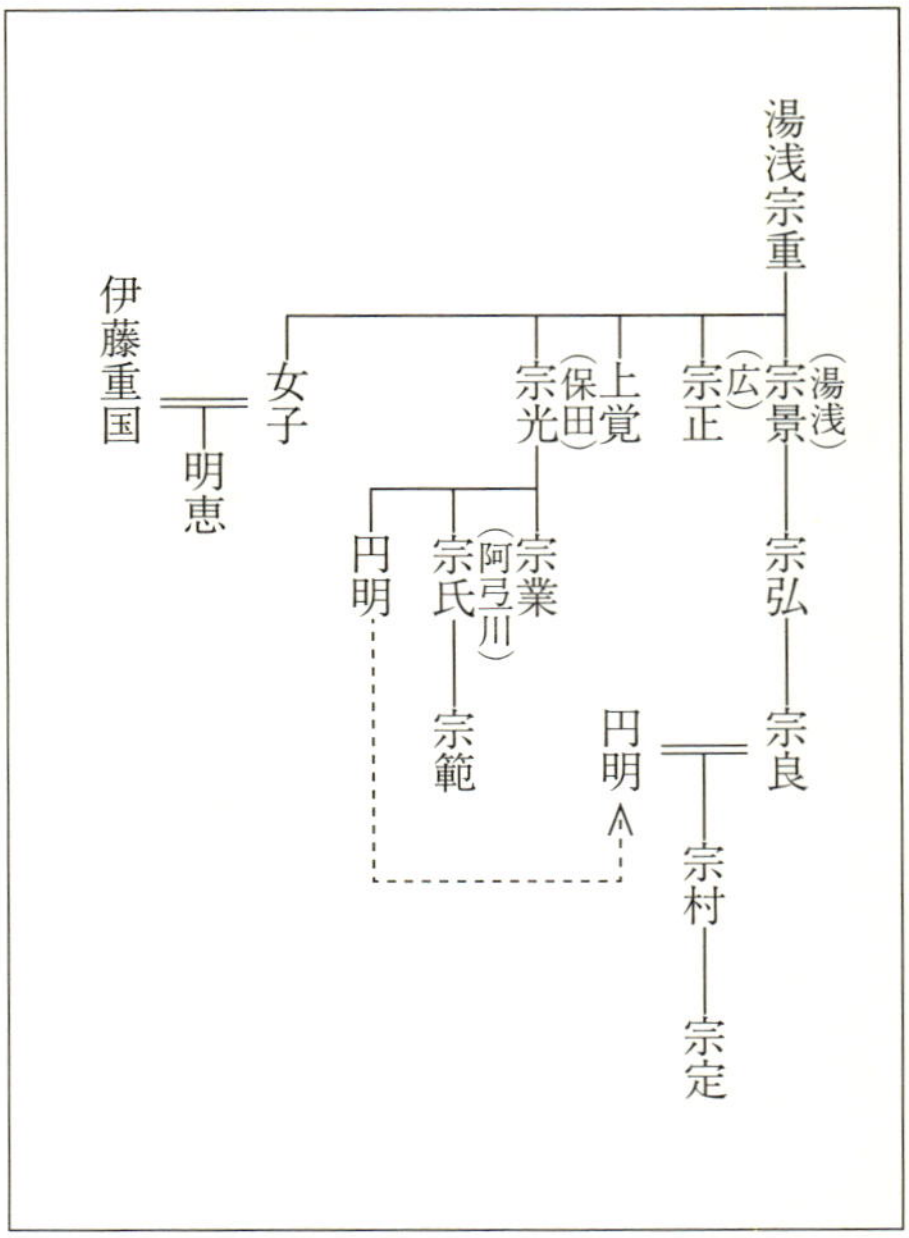

湯浅氏略系図

二

湯浅本宗家と保田氏の盛衰について、重要な画期となったのは承久の乱である。この時の湯浅本宗家の当主は、宗重の孫で、宗景の子・宗弘であった。彼は、上皇方に与したわけではないが、幕府方に味方することもなく、在地に留まっていたようである。戦闘の勝敗が決した後に京に現れ、乱後に紀伊国守護となる三浦義村を通じて、かろうじて恭順の意を表している。叔父たちの中には、上皇方に加わって滅亡した広宗正があり、一方には、後鳥羽上皇から弾圧を受けたため早くから幕府に通じた保田宗光がおり、宗弘は自らの立場を決することができなかったのであろう。

本宗家の湯浅宗弘が咎めを受けることはなかったが、乱後、幕府は、早くから親幕府の立場を明らかにしていた保田宗光に、有田郡に多くの地頭職を安堵して、一族の実力者として重用するようになる。「明恵上人紀州八所遺跡」が選定されるのは、宗光が、惣領として一族に対する影響力を確立し、支配基盤を整備していった時期でもある。施無畏寺創建に当たり、湯浅一族の族縁結合は、明恵との関係でその外枠が確認されている。宗光は、その明恵の足跡や伝承を自らの管理下においていく。その結果、「八所遺跡」からは明恵と本宗家との縁を示す遺跡が排除されることになったものと推測される。白方宿所の構成要素でもあった勝楽寺は、中世のうちには寺勢を失っており、やがて本堂は秀吉の命を受けた木食応其によって持ち去られた。石崎屋敷も興隆された形跡はない。

湯浅本宗家は、宗弘の子・宗良の時に、再び幕府から「不審」をもたれるような事件に巻き込まれている。この時は、宗光流の阿弓川宗範（宗光の孫）による幕府への取成しにより窮地を逃れている。保田宗光の女子・円明が宗良の妻となっており、宗範は円明の甥に当たる。本宗家の宗良は、宗光流の所縁に連なることによって、かろうじて湯浅一族の家督としての地位を守ることができたわけであり、鎌倉中後期、本宗家が置かれた境遇を象徴している。

三

このように、湯浅本宗家は、度重なる政治的な選択の失敗により、幕府の信用をなくし、地域社会における実力をも次第に失っていった。宗良の嫡孫・宗定の代には、ついに一族の苗字の地でもある根本所領・湯浅荘をも離れることとなった。これは鎌倉末期のことであろう。宗定が移った先は、かつて円明が父宗光から譲られ婚家にもたらした所領・田殿荘の崎山の地であった。惣領・宗光流の庇護があってはじめて家の存続が可能になったわけである。

南北朝の内乱の渦中、宗光流率いる湯浅一族が没落した後も、宗定の子孫は存続している。戦乱に積極的に参加するだけの実力を失っていたのかもしれないが、それが家系の存続には幸いしたのである。田殿荘において、本宗家はもはや湯浅の苗字は名乗らず、「崎山」を称する土豪となっていた。やがて近世には紀州藩の地士に取り立てられ、近代を迎えることになる。

四

この付論にかかわる事実の考証は、拙稿「中世武士団の内部構造―「崎山家文書」の再検討から―」（高橋『地域社会』）にかかわるものであり、依拠する史料や先行研究等については、そちらを参照いただきたい。

『地域社会』刊行後、田中大喜が「家督と惣領」（高橋秀樹編『生活と文化の歴史学』四、竹林舎、二〇一四年）を発表した。田中は、惣領とは、公権力に対する年貢・公事の勤仕責任者をあらわす地位で、家族法上の人的関係にもとづく一族の長をあらわす家督とは異なる概念であることを指摘している。その上で拙著が、湯浅氏の嫡流である本宗家を「惣領」、御家人役の負担を取りまとめた宗光流の保田氏を「盟主」と表現したことを批判し、前者を家督、後者を惣領と把握すべきだと提言する。従うべき意見であり、本書では、田中の指摘にあるように、家督・惣領概念を使用したい。

第四章　施無畏寺の成立と「施無畏寺伽藍古絵図」の世界
――「西白上遺跡」「東白上遺跡」の興隆――

はじめに

明恵ゆかりの寺として有名な補陀洛山施無畏寺は、有田郡湯浅町栖原の白上峰の麓に、現在も堂々たる寺観を保っている。多くの文化財や中世文書を伝えるにもかかわらず、この寺の歴史について論じた研究はきわめて少ない。

ここでは、まず第一に、一族出身の高僧所縁の場所に、湯浅氏の寺が建てられたということはいかなる意味をもつのかを考えたい。白上峰は、明恵が初めて紀州修行を敢行し、悟りを開いた場所であり、後に「明恵上人紀州八所遺跡」にも選定されることになる。明恵を招いて挙行された開山供養の際に作成された湯浅景基寄進状を正確に読み解かなければならない。

第二に、施無畏寺を建て明恵に寄進した湯浅（栖原）景基や、彼から所領と寺を任された弟の宗弁は、一族の中でどのような立場にあったのか、整理しておく必要がある。

第三に、近年その存在が知られるようになった「施無畏寺伽藍古絵図」を読み解き、現地景観や文献史料と符合させる作業を行う。それを通じて、中世の施無畏寺の姿に、少しでも近づきたいと思う。

一　明恵の白上修行と施無畏寺の成立

建久六年（一一九五）秋、高雄神護寺を辞した明恵は、聖教を負い仏像を荷って故郷の紀州に入り、湯浅荘栖原村の白上峰に籠った。「仮名行状」の記す白上峰の描写が、的確にその地理的環境をとらえているので、引用しておこう。

其峯ノ躰タラク、大磐石ソヒケタテリ、東西ハ長シ、二丁ハカリ、南北ハセハシ、ワツカニ一段余、彼高巌ノ上ニ二間ノ草庵ヲカマヘタリ、前ハ西海ニ向ヘリ、遥ニ海上ニ向テ阿波ノ嶋ヲ望メハ、雲ハレ浪シツカナリト雖、眼ナヲキハマリカタシ、南ハ谷ヲ隔テ横峯ツラナレリ、東ハ白上ノ峯ノ尾ヤウヤク下リテ、谷フカシ、北又谷アリ、鼓谷ト号ス、渓嵐響ヲナシテ巌洞ニ声ヲオクル、草庵ノ縁ノ前、西北ノ角、学問所ノ前ニ一本ノ松アリ、ソノ下ニ縄床一脚ヲタツ、又北ノ縁ノ中ヲウカチテ一本ノ松アリ、ウシロニハ白巌カサナリツラナリ、青苔ムシムセリ、磐石ノソヒケタテル事カラ、余ニコトナリ、又西南ノ角二段許ノ下ニ一宇ノ小草庵ヲ立ツ、コレ同行来入ノタメナリ、

これは、明恵が最初に結庵した西白上峰についての描写と思われるが、彼は間もなく庵を東白上峰に移している。ここで、世俗を離れた真の出家者として、自らの姿を損なうため、右耳を切り落とすことになる。鮮血は迸って、本尊として掲げる仏眼仏母像や仏具にかかったという。耳の痛みをこらえて華厳経を読む中に、文殊菩薩の影向を見たのも、この東白上峰でのことである。僧としての覚醒をつかんだ白上での修行は、建久八年の末か九年の初頭

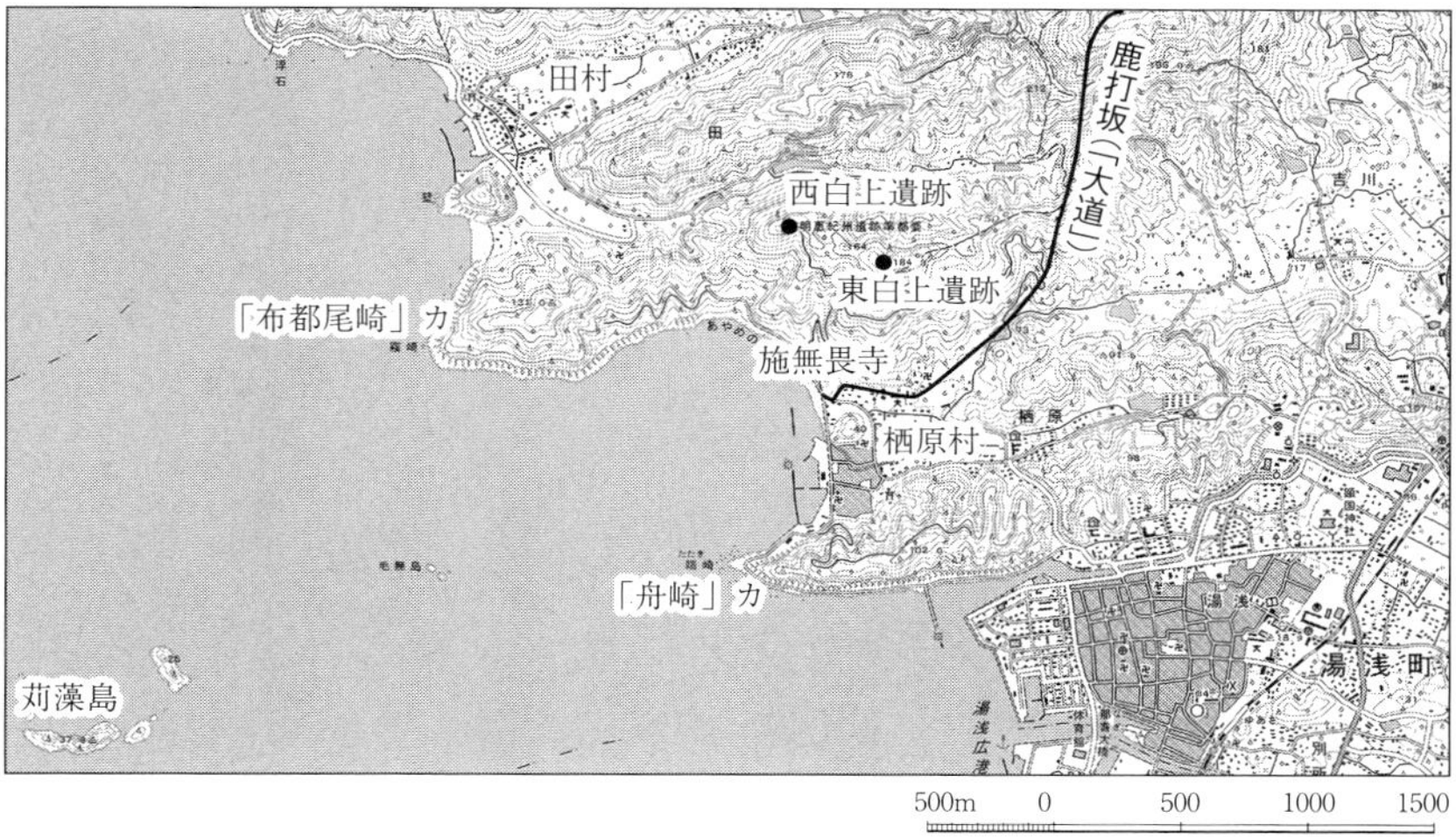

図１　施無畏寺周辺地図

原図　国土地理院発行地形図「湯浅」1：25,000

頃まで続いた。一旦は上洛したものの、建久九年の秋、高雄の騒動を避けて再び紀州に下向した際にも、明恵はまずこの峰に登っている。

明恵が始めて白上峰に入ってから三六年の歳月を経た寛喜三年（一二三一）の四月、湯浅本宗家の庶子・景基は、京から明恵（およびその同法）を白上峰の麓に招き、建立した一寺を寄進する。施無畏寺の成立である。[1]この時に作成されたのが、湯浅景基寄進状である。[2]

景基寄進状は、執筆された順にいえば、①湯浅景基寄進状、②明恵外題、③一族連署の三つの部分から成り立っている。料紙は四紙を貼り継ぎ、継ぎ目には明恵の裏花押が見られる。ここでは、こうした置文の構成（作成過程）を明示しつつ引用する（図版は四～七頁を参照）。

②（明恵外題）「深依奉随喜大願、領掌此事、即為本堂供養下向
之次、所加判行也、
寛喜三年四月十七日　奉供養之、
沙門高弁
（花押）」

①（湯浅景基寄進状）
「湯浅庄巣原村施無畏寺

四至

山　限東井谷東峯、限西多坂路、
　　限南大道、　　限北白上北大巌根、

海　限北布都尾崎、
　　限南舟崎、

右、白衣弟子藤原景基所領内湯浅庄巣原村白上山峯者、明恵上人御房御壮年之当初、閑居之御遺跡也、
仍於此麓建立別所、名号施無畏寺、限山海四至、永禁断殺生、以此山寺、所奉寄進梅（栂）尾明恵上人御房也、
願以此善根、永奉助二親後世、乃至自他同預見仏聞法之大益、此事雖為景基之進止、限永代、為防殺生
之狼藉、申請上人御房并郡内一家之連暑（署）、永所安置寺内、如件、

寛喜三年辛卯四月　日　　　　藤原「（自署）景基」（花押）」

③（一族連署）
「件寺敷地殺生禁断之事、任本願之趣、限未来際、敢不可有改転、且上人御房御判行明鏡也、然者守此状、
各勿令違犯、若背斯旨之輩出来者、冥専蒙伽藍護法譴責、并可漏上人御房値遇之善縁也、顕又一家同心、
而速可放其氏也、仍加署判矣、

沙弥浄心（花押）　　藤原光明（花押）
沙弥成願（花押）　　藤原景季
藤原宗弘（花押）　　紀良孝（花押）

（この間、四〇名の署判を略す）

藤原信光（花押）
藤原光業

藤原朝弘（花押）」

まず①で、景基が、明恵の「御遺跡」に栂尾高山寺の「別所」として、施無畏寺を建立するという意趣が明確にされている。明恵の没後に整備された「明恵上人紀州八所遺跡」やそこに建てられた寺院も、栂尾高山寺の別所として位置づけられることになる。明恵の遺跡を寺院として興隆し、明恵の寺・高山寺と結びつけるという、後の「八所遺跡」に通じるあり方が、すでにここにみられる。

②の明恵外題をうけて、③では、寺敷地内での殺生禁断が一族連署でもって誓約されている。違犯するものは、「上人御房値遇之善縁」に漏れると同時に、「速可放其氏」という、いわゆる放氏が規定されている。

前章で明らかにした通り、承久の乱への対応をめぐり、湯浅一族は分裂の危機に直面した。始祖宗重の時代以来、神護寺文覚の外護者となり、それを弾圧する後鳥羽院への対抗上、早くから幕府と結ぶことになった保田宗光が、模様眺めに終始した本宗家を凌ぐ政治的地位を確保することになる。乱後一〇年を経た寛喜三年は、庶流保田氏を惣領とする新体制が、確立しつつあった時期にあたる。③の一族連署をみると、「一家同心」しての署判の筆頭には、保田宗光（浄心）がいる。宗光を最上位者とする湯浅氏の一族結合の外枠が、明恵との関係で、この時、再設定されたのである。

京から明恵とその同法を招いた開山供養式は、外には明恵と湯浅一族との関係を明示し、内には一族結合の新しい枠組みを確認しあうデモンストレーションとなった。そして施無畏寺は、明恵と結縁することで成立した結合を、武士団を構成する諸家の記憶に永遠に留めるための装置として創建されたのである。

こうして創建された施無畏寺の性格は、放氏の規定に明らかなように、湯浅氏の氏寺と規定すべきものである。さらに後述するように、寺内では一族の御墓堂が経営されているので、菩提寺としての性格をも兼ね備えている。(3)

湯浅一族の氏寺・菩提寺は、明恵の遺跡の地に、その興隆として成立したわけである。

明恵が没した翌年の天福元年（一二三三）には、寛喜三年の開山供養にも参列した明恵の高弟・高信の手で、三部華厳経、明恵が用いた光明真言加持土砂、明恵筆の光明真言具書、高信自刻の明恵影像が、施無畏寺に寄進されている。湯浅景基の後を継いだ弟の宗弁（大法主、慈眼房）の「慇懃之請」によって実現したものである。(4)

嘉禎二年（一二三六）、同じく明恵の高弟・喜海は、明恵の練行・止住の地に卒塔婆を建立し、「明恵上人紀州八所遺跡」が選定された。明恵が最初に草庵を結んだ「西白上遺跡」と、そこから移って草庵をかけた「東白上遺跡」は、公的な「遺跡」となった。明恵の姿を再現し、明恵と湯浅一族との所縁を確認するための道具は、こうしてさらに充実していった。

以上にみてきた通り、氏寺・菩提寺として施無畏寺が建立されるに際し、新たに保田宗光を惣領とする湯浅氏の一族結合が、明恵との関係で再設定された。明恵の遺跡として興隆されたこの寺は、湯浅一族と明恵との所縁と、同時に確認された一族の枠組みとを、永続的に内外に示すための装置だったのである。

二　湯浅景基と宗弁の位置

施無畏寺を建立した湯浅景基は、湯浅宗重の嫡男として湯浅荘を受け継いだ宗景の庶子（九郎と称す）である。湯浅荘栖原村の地頭職を所持しており、これはおそらく父から分割譲与された所職であろう。彼は、弟の僧宗弁を施無畏寺の住持となし、所領・栖原村を相続させたようである。「上山系図」は宗弁を景基の子としており、彼は養子として迎えられていたのかもしれない。明恵と結縁した一族の氏寺となり、菩提寺としての性格をも備える施無畏寺の住持となった宗弁が、あわせて栖原村地頭職をも相続している事実は、景基―宗弁の家系が、御家人としての湯浅一族の一角を構成しながら、氏寺の経営や先祖供養を専ら受け持つ家筋だったことを表している。(5)

石垣荘の歓喜寺に伝わる文書の中に、宗弁の相続に関する文書がある。建治三年（一二七七）六月日付浄林房宛宗弁置文である。(6)

吉原入道成仏か子息浄林房澄恵を、生年三歳より為養子□□（住）僧尓なして、一向後生菩提の事を申つけて、ふか（深）く憑尓よりて、名田を壱丁譲とらす、其内五反を壱反わハふセ（伏）をハりぬ、今四反をふセんとするところに、この庄を譲とらする女子観音をさへ（押）てこれをふセさセす、とし（年）よりて死期ちかくなりたる身にて、この事まう（妄）念にて、後生の障ともなりぬへし、まけてふセさセよと、観音かもと（許）へ度々大望し申セとも、一切にもちゐさる間、セ（詮）んするところ（所）、此庄の事、宗弁か心なり、関東御公事の外ハ、浄林房の九反の田尓をきてハ、地頭の公事すへからす、この証文をもち（用）いさらんに置（於）ハ、一もん（門）にもふれ（触）、かミ（上）へ訴訟を申へし、後の沙汰のために、度々観音かもとへや（遣）りたるふミ（文）の案・返状、具書に相（具）くするもの也、これをもちてそセう（訴訟）をすへし、セうもん（証文）のための状、如此、

建治参年六月　日　　　　僧宗弁（花押）

進上　浄林御房

宗弁は養子浄林房に一丁の名田を譲り、うち五反を「伏田」にしようとした。ところが「この庄」すなわち湯浅荘栖原村地頭職を譲与している宗弁女子・観音がそれを許さなかった。宗弁は、観音の行為を非難し、一門評定の場に提起したのである。

宗弁には男子は無かったようで、浄林房は、施無畏寺の住持職を継がせるため養子に迎えられたのであろう。一

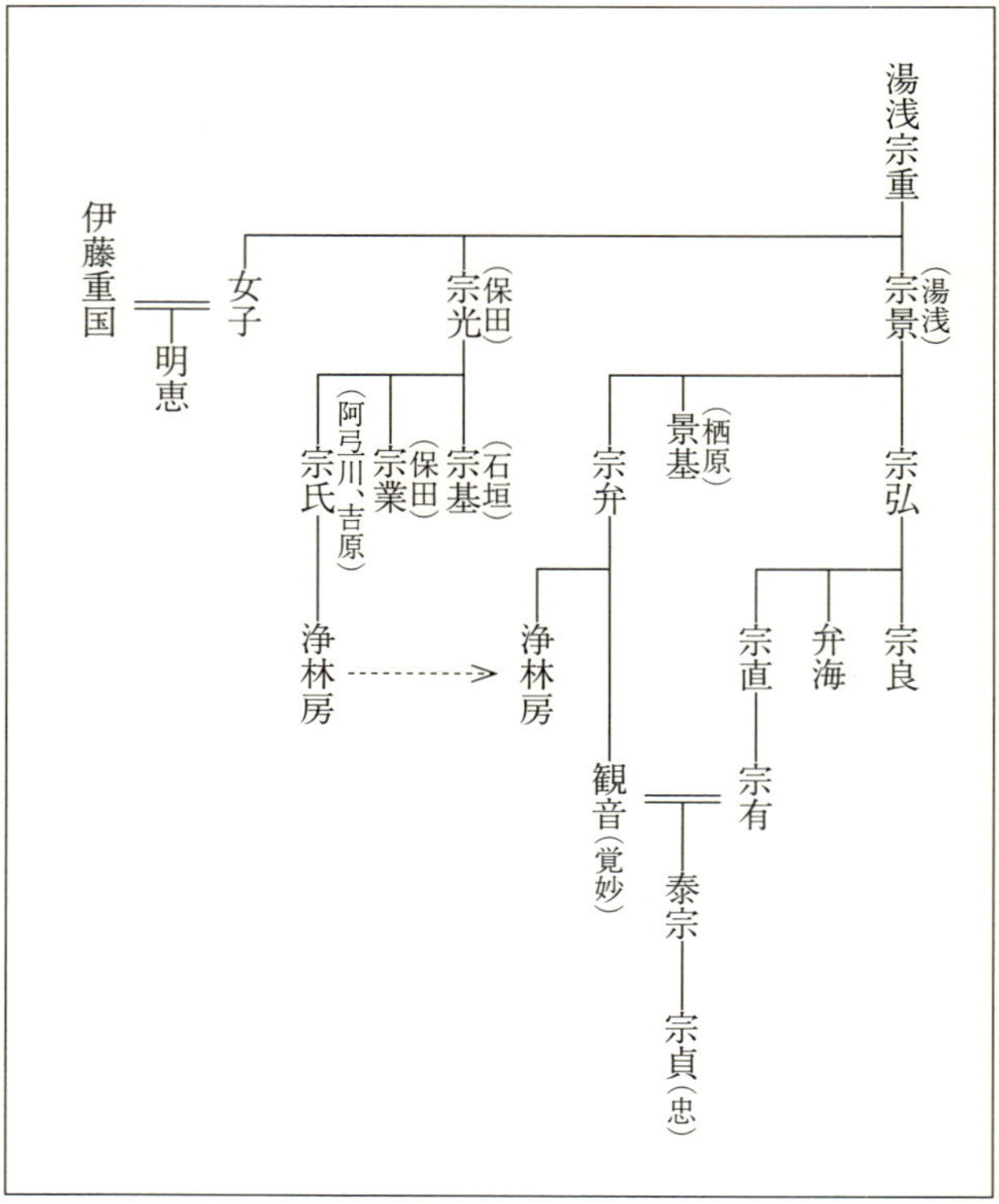

湯浅氏略系図

方で栖原村地頭職をはじめとする宗弁の所領は、女子・観音が相続している。この女性は、一族の宗有の妻となり、出家後の法名を覚妙といった。「上山系図」では、覚妙の後に「―泰宗―宗貞」と記されている。この両名の名は、同系図の宗有の後にも重複して記されている（ただし「宗貞」は「宗忠」となっているが、通称はどちらも「彦四郎」なので、同一人であることは間違いないだろう）。宗有・覚妙の間に生まれた泰宗の子孫が、景基・宗弁の所領を伝えた事情をあらわすのであろう。康永三年（一三四四）、「八所遺跡」の卒塔婆が弁迂の手で石造に改められた時、宗貞は「東白上遺跡」卒塔婆の願主として、その名を刻んでおり、観音（覚妙）の血統が施無畏寺と、その後もかかわり続けていたことがわかる。

ここで吉原入道成仏（阿弖川宗氏）の男子・浄林房が、宗弁の養子に迎えられている事実には注意しておく必要がある。吉原成仏は、景基寄進状の一族連署筆頭に署判を据えた保田宗光の三男・宗氏のことである。宗光は、湯浅氏の惣領としての地位を固める過程で、自身の意のもとで選定された「八所遺跡」を興隆していく。その子・宗氏も「吉原遺跡」における歓喜寺造営に深くかかわっていた(7)。

一族の氏寺・菩提寺であり、すでに明恵の遺跡に建つ寺院として興隆されている施無畏寺は、「八所遺跡」の中核でもある。その運営に関与するため、浄林房は、惣領として湯浅一族を統制する宗光のもとから宗弁の後継者に、養子として送り込まれたのだろう。そのため本宗家に嫁した観音の反発を呼んだのではなかったか。

以上、ここでは、施無畏寺を建立した湯浅景基の後、寺と所領がいかに継承されたのかをみてきた。景基・宗弁の家系は、一族の氏寺管理・先祖供養を担当する家筋とみなされていた。男子に恵まれなかった宗弁の後、所領は本宗家に嫁いだ女子の家系に継承されたが、施無畏寺の住持職は保田宗光の三男で宗氏の子の浄林房に譲られたようである。これを「明恵遺跡」の核であり、湯浅一族の氏寺・菩提寺として興隆された施無畏寺への、保田宗光流の積極的関与とみることができるであろう。

三　「施無畏寺伽藍古絵図」の世界

施無畏寺は、天正一三年（一五八五）、羽柴秀吉による紀州攻めの兵火をうけ、堂塔伽藍はもとより、高信が宗弁の求めに応じて施入した明恵所縁の什物などをも失っている(8)。そうした条件下で、中世の寺観をうかがわせる重要な手がかりとなりそうなのが、「施無畏寺伽藍古絵図」（以下、「伽藍古絵図」と略す）である。ここでは、この絵図から読み取れる情報に、「施無畏寺文書」や、この寺で生まれ育った住職中島昭憲氏からの聞取りにより得た知見を加えて考察し、施無畏寺の中世の姿を復元してみたいと思う。

図２　施無畏寺伽藍古絵図

（施無畏寺蔵、写真提供 和歌山県立博物館）

※活字は絵図に書き込まれた文字を翻刻したものである。

図３　安永九年明恵上人五百五十回遠忌開帳絵図

（施無畏寺蔵、写真提供 和歌山県立博物館）

※活字は絵図に書き込まれた文字を翻刻したものである。

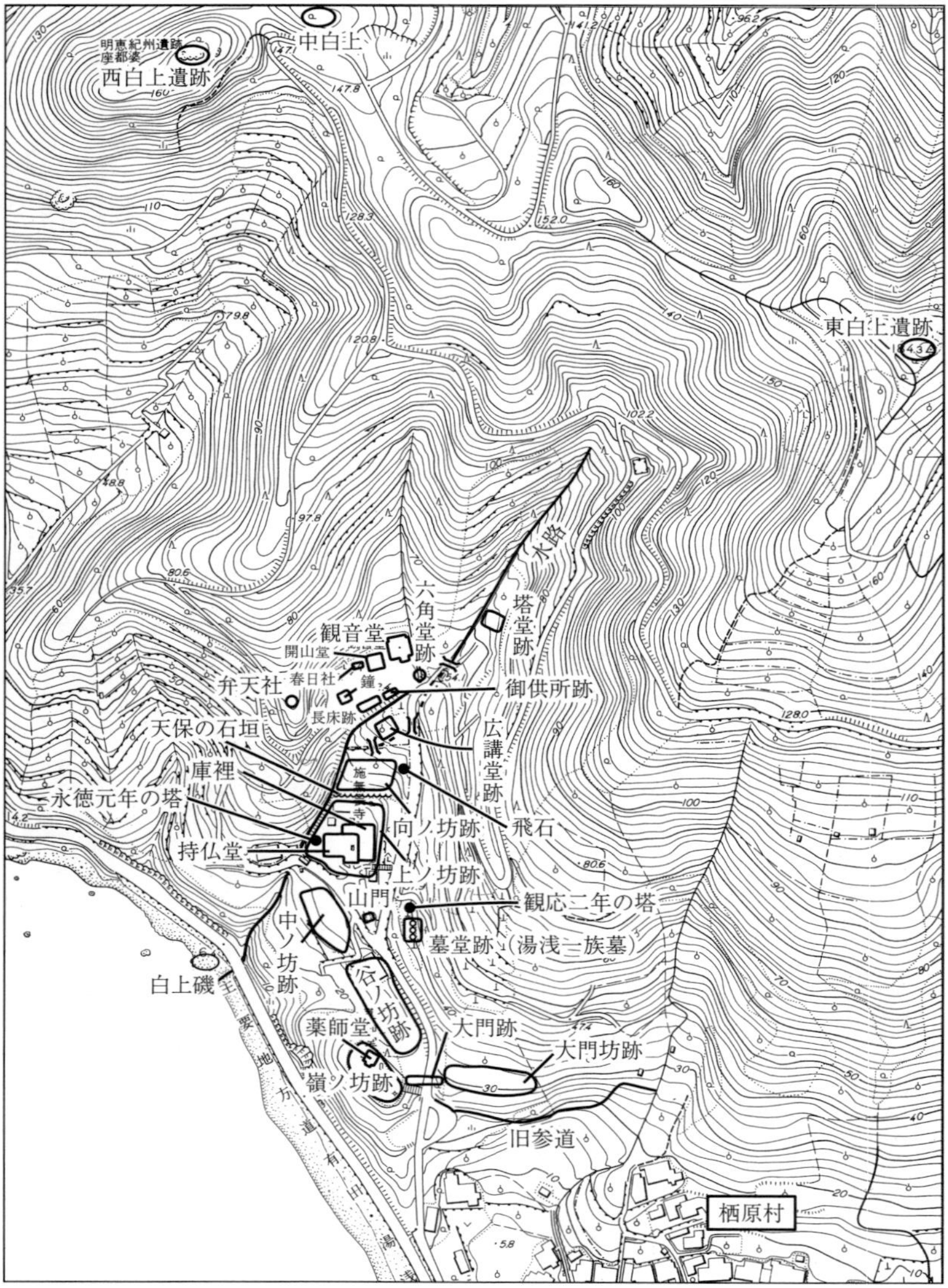

図４　「施無畏寺伽藍古絵図」復元地図

原図：湯浅町発行「湯浅町管内図」３　１：2,500

「伽藍古絵図」は、マクリの状態で伝わっていたが、近年、保存のため掛軸に表装された。山海を含めた地形環境の中に施無畏寺の伽藍を描き込んだ絵図で、その構図や表現手法には、寺社参詣曼荼羅との共通性が感じられる。那智参詣曼荼羅が代表例であるが、紀州では、他に紀三井寺や粉河寺、同じ有田郡では阿弖川荘の日光社に関して、参詣曼荼羅が製作されている。本図は、そうした作品群の中に位置づけることができそうである。参詣曼荼羅が集中的に生産された中世末期か近世初期の作品であろう。羽柴秀吉の紀州攻めにより灰燼に帰した伽藍を往時の姿に復す勧進活動のため、盛時の施無畏寺の姿を参詣曼荼羅として再構成したものではないだろうか(9)。そうだとすれば、本図は、中世の伽藍が失われた直後に、施無畏寺の姿を復元的に描いた作品ということになり、その考証を行うことがただちに中世の寺観を再現することにつながる。

ただし本図は正本とは考えがたい。筆は極めて粗く、細部の表現もなされていない。さらに彩色も中途半端で、写本か、製作を構想する段階における下絵（試作）とみるべきであろう。

(1)白上峰

画面上方の白上峰から解読を始めよう。左上の岩山に「金剛薩多」と書かれた卒塔婆が立つ。建久六年（一一九五）、高雄神護寺を辞した明恵が最初に登った西白上峰である。実際には、「金剛蔵菩薩」の卒塔婆が建てられたのは東白上峰であり、西白上峰には「文殊師利菩薩」を本尊とする卒塔婆が建っている。

西白上峰の右手の岩山にも卒塔婆が建つが、これが東白上峰の卒塔婆かと思うと、さらにその右の岩山にも卒塔婆が描かれており、東白上峰はこちらである。では「明恵」と書かれた、この中間の卒塔婆は何か。これは中白上と呼ばれる峰で、現地には実際に「南無阿弥陀仏□」「正長二年（一四二九）八月二十四日」と刻まれた石造卒塔婆が建って

図５　春日明神像
（施無畏寺蔵、写真提供 和歌山県立博物館）

図６　住吉明神像
（施無畏寺蔵、写真提供 和歌山県立博物館）

いる（この絵図の景観年代の確実な上限は、この年に求められる）。この中白上峰の信仰に関する文献や伝承はないようだが、「明恵」の書き込みから、後世の明恵崇拝とかかわることも想像できる。東白上峰の卒塔婆については、本尊も書き込まれておらず、なぜか表現が簡略に済まされている。

⑵春日社

白上峰の中腹の段には、伽藍の主要な建物が並んでいる。左から「弁財天社」「釣鐘堂」「春日大明神」は、現在とほぼ同じ配置である。現鐘楼は正徳三年（一七一三）の、現春日社社殿は一八世紀頃の建築である。春日社の左隣の小祠は住吉社。春日・住吉両社の神体として祀られてきた室町期頃の春日明神・住吉明神の木像が現存している[10]。

明徳三年（一三九二）一一月二七日付雑掌覚本起請文の起請文言の中に「当山垂迹春日明神」とみえる（『施無畏寺文書』二一号『和歌山県史』中世史料二）、以下、施二一のように略記する）。明恵の守護神・春日明神が住吉明神とともに、創建当初から鎮守としてこうした場所に祀られていたのであろう。

春日社の前方には、「長とこ（床）」が描かれているが、現在、それにあたる建物はない。「安永九年（一七八〇）開山明恵上人五百五十回御遠忌開帳絵図」（以後「安永絵図」と略す）にも、春日社と回廊でつながれた長床が描かれており、近世まで、この建物が維持されていたことがわかる。文安三年（一四四六）卯月五日付江河覚円寄進状（施一三）では、「施無畏寺春日之あんこ（安居）田」に田地が寄進されている。中世、春日明神の宝前で安居の勤行が行われたのは、この長床においてであろう。長床の右の「御供所」に当たる建物も今はない。

(3) 開山堂・本堂

「開山上人堂」と「本堂」はほぼ現在と同じ場所に描かれている。明暦元年(一六五五)造営の現開山堂には、現在、「七条大仏師大蔵卿作　康温(花押)」の像底銘をもつ桃山期の明恵像が安置されている。[11]明恵没後、高信により施入された像が、天正の回禄により伽藍とともに焼失した後、復興像として納められたものであろう。

現本堂は、貞享三年(一六八六)に造営されたものである。施無畏寺の本尊は千手観音像で、建治三年(一二七七)六月一八日付宗弁在庁講庁職寄進状(施一五)で、すでに「施無畏寺観音」の文言がみえるので、中世以来変わっていないことがわかる。現在は近世の木像が、本尊として持仏堂に安置されている。

ところで明恵に寄進された施無畏寺の本尊が、なぜ観音像なのだろうか。後に解説する大門坊のあったあたりの畑から、平安期のものと思われる十一面観音の懸仏の残欠が採取されている。施無畏寺創建以前から、白上峰やその山麓が観音信仰の聖域だった可能性を示す遺品である。白上峰・施無畏寺は、観音菩薩の住むという補陀洛浄土のある南方の海に相対する立地でもある。また白上峰での修行の最中、峰に相対するように栖原浜の沖合いに浮かぶ苅藻島に渡った明恵は、補陀洛山の観音菩薩に自らを准え、島の西面に結庵することもあった(「行状」)。この場合は、南方に浮かぶこの島を観音の住む補陀洛山に見立てていたのであろう。こうした先行する在地の信仰を引き継ぐかたちで、千手観音を本尊とし、「補陀洛山」を山号とする施無畏寺が創建されたのだろう。

ちなみに康元元年(一二五六)六月一八日、湯浅一族の出身で明恵の弟子となった実勝房弁海が、補陀洛渡海のため「湯浅の浦」から船出をするが、これもおそらく施無畏寺の前浜・栖原浜のことであろう。弁海は、一門の氏寺のある観音信仰の聖域から、南方の海の彼方にあるという補陀洛浄土へと旅立ったものと思われる。[12]

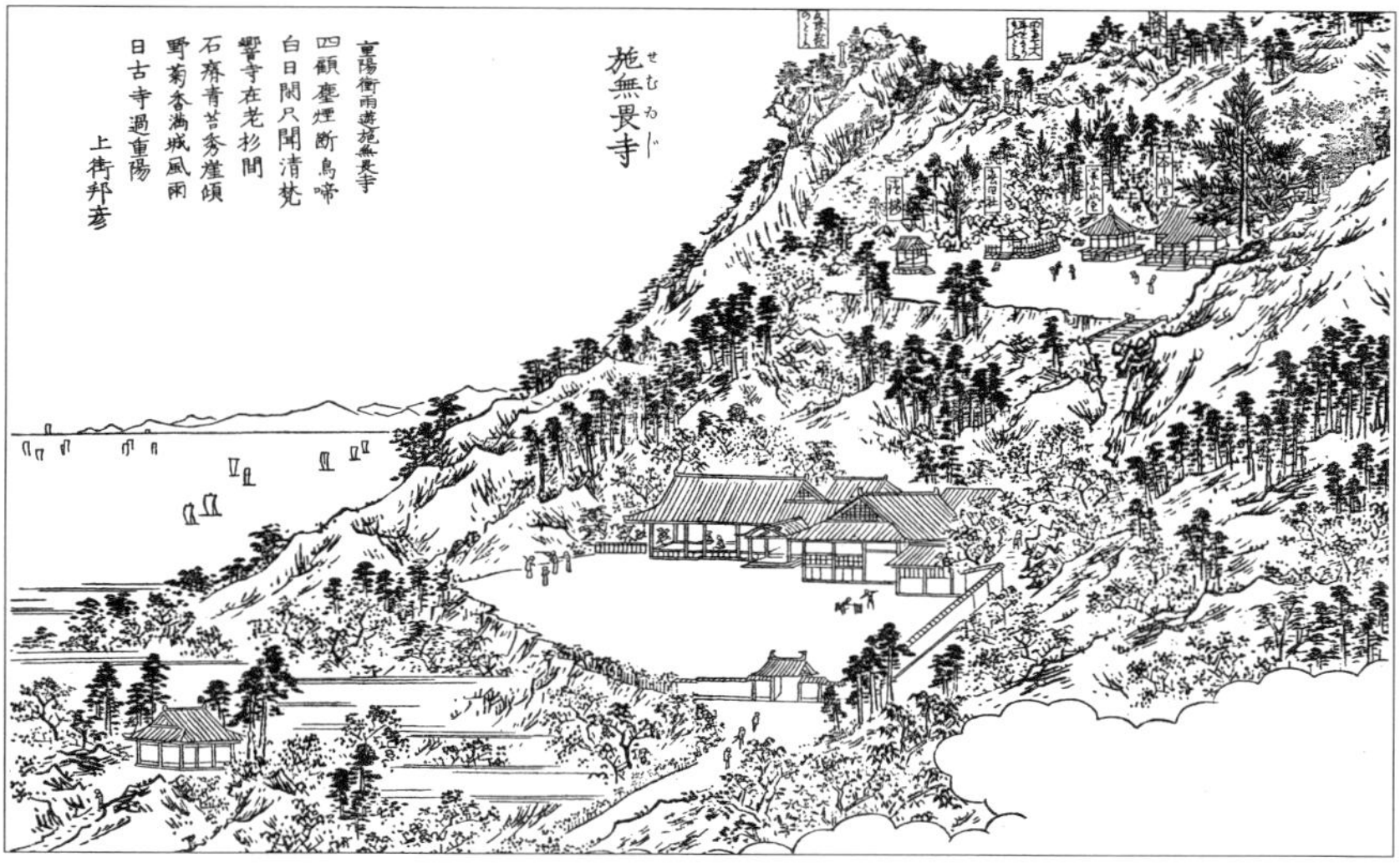

図７　江戸後期の施無畏寺　（『紀伊名所図会』より）

図８　開山堂（左）と本堂（観音堂）　（写真提供 和歌山県立博物館）

図9　大日如来像

（施無畏寺蔵、写真提供 和歌山県立博物館）

(4) 六角堂・多宝塔

「伽藍古絵図」に六角堂・多宝塔が描かれているあたりは、現地形が当時とはかなり変わっており、建物を建てうるような平坦地は存在しない。「伽藍古絵図」によると、六角堂があった場所は、本堂の南東のはずである。このあたりは、崩落の土砂がかなり厚く堆積しており、跡地はその下にうずもれているのであろう。

多宝塔の傍らには、「塔堂」と書き込まれている。本堂のある谷の、一つ東側の谷筋が、かつてのその所在地であろうが、ここも崩れた土砂がかなり堆積している。永和四年（一三七八）五月一一日付道秀田地寄進状（施二六）では、一段の田地が「塔田ニ修理造営」のため、施無畏寺に寄進されている。また現在、施無畏寺には、鎌倉期の大日如来坐像が客仏として安置されているが、この像は、もとはこの多宝塔の本尊が、その倒壊の後に移されたものではなかろうか。もしそうだとすれば、本尊の年代から、多宝塔も鎌倉期より存在していたことになる。(13)

(5) 御墓堂

画面の右端、やや下方に、卒塔婆に囲まれた三間四面の仏堂が描かれている。「ミ墓堂」すなわち湯浅一族の御墓堂である。現在もこの場所には、三基の五輪塔が建つ。いずれも鎌倉期のものと推定され、湯浅氏の墓と伝えられている。

湯浅氏の墓（御墓堂跡）

元亨四年（一三二四）、宗弁の女子覚妙の子・泰宗は、七反の田地を「墓所堂」に寄進し、「但三僧等、各以弐段、被勤仕毎日阿弥陀経一巻・光明真言四十九遍、廻向諸聖霊、所残以壱段者、彼墓所堂破壊時、修理造営料田也」と定めている（施三〇）。康永二年（一三四三）、湯浅一族の行恵（湯浅義宗）が、子息と自身の追善供養のため、「御廟堂」に名田二反を寄進している（施二八）。建徳元年（一三七〇）一一月二日付施無畏寺置文（施九）では、「御墓堂番闕如輩者、酒三升可行罪科」と規定されている。湯浅一族の御墓堂として、寺僧が結番し、一族からの喜捨を集めて、厳密な管理・供養が行われていたことがわかる。

なお、施無畏寺には、他に観応二年（一三五一）と永徳元年（一三八一）の宝篋印塔が現存している。

⑹六ヶ坊

「伽藍古絵図」の下方には、寺僧たちの住坊・六ヶ坊が描かれている。六ヶ坊の名称は、永禄六年（一五六三）一二月吉日付施無畏寺向之坊等連署売券（施二五）や天文一九年（一五五〇）二月一八日付施無畏寺田地売券案（施三九）にあらわれる、向之坊、谷の坊、中之坊、大門坊、嶺之坊、上之坊と一致している。貞和三年（一三四七）六月日付施無畏寺置文（施七）に、次のような規定がある。

一　寺中坊々、為非寺僧、不可管領事

右寺中房々不幾、以当時六坊、擬本寺六老僧之跡、被付後坊供僧歟、而為非寺僧、補供僧之条、又可令参差哉、仍永可停止非寺僧坊務也矣、

六ヶ坊について、供僧の身分と不可分な関係にあったこと、栂尾高山寺の明恵の高弟「六老僧」に由来することがわかる。

六ヶ坊の所在地は、聞取り調査により、ほぼ現地比定が可能である。そのうち上之坊は、現在も住職の住坊として、旧地にそのまま存続する。現在の山門は天保一一年（一八四〇）、同じく持仏堂は安永期（一七七二〜八一）、庫裡は天保一四年の建物である。嶺之坊も江戸時代後期までは「地蔵院嶺ノ坊」として存続していたが、現在は跡地に薬師堂が建てられている。「安永絵図」で描かれているのは、この二ヶ坊のみである。

なお六ヶ坊の左上、「白上磯」の傍らに描き込まれている「座禅石」は、この場所に現存している。

⑺広講堂

本堂など中核的な伽藍が建ち並ぶ段の下、向之坊・上之坊に至るまでの間に、「広講堂」なる建物があったこと

になる。「伽藍古絵図」には、広講堂と向之坊との間に沢が流れている。現在、水路が通っているのは、本堂等の建ち並ぶ段のすぐ下あたりだが、それではこの建物が建つ空間が見いだせない。

おそらくこの沢は、もと向之坊跡のすぐ北側あたりを流れていたものが、いつのころか、現状のように流路変更されたものであろう。度重なる土砂の崩落で現在は斜面となっているが、本堂等の建つ段と向之坊跡との間には、もう一段、建物を建てられるような平場が切り出されていたものと思われる。そこに広講堂が建っていたのだろう。

(8)大門と参道

六ヶ坊のうち五ヶ坊と大門坊（「大門院」）との間に、「大門」が描かれている。そこから右手に向かって参道が続いている。現在の施無畏寺の参道は、南の栖原浜からまっすぐ北に進む坂道である。「安永絵図」で、すでに大門はなく、その位置には「仮門」が描かれるが、参道は現在と同じく栖原浜に通じている。

ところが「伽藍古絵図」の参道は、大門から東に向かっているようにみえる。大門跡のあたりに立ってみると、車道整備のためかなり掘削されているが、現在の参道から分岐して東に向かう道が確かに存在する。この道をたどれば、栖原の集落に下り、さらに栖原の港に至る。これが中世の参道であろう(14)。

中世、湯浅荘を通過する陸上交通の幹線は、糸我坂を上り吉川に下り方津途峠を越えて湯浅に入る熊野道が用いられていた。しかし院政期にこのルートが開かれ、町場が興行されるまでは、『万葉集』の時代と同じく、糸我から鹿打坂を通り、栖原に下り、そこから海上に出て、由良を目指す行程が、専ら用いられていたものと考えられる（本書第一章参照）。明恵が修行した東白上峰の「三四丁下」を通る「大道」や、湯浅景基寄進状にみえる施無畏寺の四至のうち山の南の境界として記されている「大道」は、いずれもこの鹿打坂を栖原に至るルートを指している。

湯浅の町場を通る熊野道が幹線となった後にも、この道は、「大道」と認識され、この地域の幹線として機能していたことがわかる。中世の施無畏寺参道は、これと接続していたのである。

栖原村は、大道・鹿打坂が海上交通と接続する要衝として、古くから開けた湯浅荘内の主要な村落と位置づけてよいだろう。明恵が修行した白上峰は、この栖原村や大道との接続を意識した観音信仰の霊場であった可能性が高い。

(9)境内——描かれている範囲

建物を中心とする図像表現により、施無畏寺の失われた中世の盛観を示し、その復興のための喜捨を募ろうという意図を、「伽藍古絵図」には感じることができる。それは、いくつかの参詣曼荼羅図とも共通する性格である。もう一つ留意しなければならないのは、施無畏寺の境内地の領域が含意されていることである。湯浅景基寄進状には、殺生禁断が確認・誓約された施無畏寺の四至が、次のように示されている。

四至
　山　限東井谷東峯、　限西多坂路、
　　　限南大道、　　　限北白上北大巌根、
　海　限北布都尾崎、
　　　限南舟崎、

まず山（陸）の四至についてみていく（以下、図1参照）。東境は「井谷東峯」とされており、これは東白上峰の東の谷と峰のいずこかを指すものと考えられる。これを比定することは難しいが、「伽藍古絵図」には東白上峰のさらに東方に連なる岩山の峰が描き込まれており、この東境を意識している可能性が強い。

西境とされる「多坂路」は田坂道のことで、栖原村と同じく湯浅荘内の隣村・田村へ向かう峠越えの道を指す。

図10　苅藻島　（写真提供 和歌山県立博物館）

現在は田坂隧道が開かれているが、かつてはその東側の山道が使われていたのだろう。「伽藍古絵図」には、この道自体は描き込まれていないが、「白上磯」のすぐ西側が坂の入口になるので、白上磯がランドマークとして描かれていれば、西境を示したことになる。

南境は先述の通り「大道」である。やはり大道自体は描かれていないが、それと接続する東向きの参道が強調されることによって、東境も意識化されている。

最後に北境は「白上北大巌根」とされている。「伽藍古絵図」の視点は南海上の上空にあるので、白上峰の北の麓を図示することはできない。その代わりに白上峰を岩山として描写することで、北麓の「大巌根」を連想することができるようになっている。

直接明示されているわけではないが、寄進状に示された中世施無畏寺の山（陸）の四至が、十分に意識されている。では寺地の北に開ける海はどうか。

北境の「布都尾崎」は現在の霧崎、南境の「舟崎」は同じく端崎に比定することができる。この二つの岬にはさまれた海上が、施無畏寺境内とみなされたのであろうが、いずれの岬も「伽藍古絵図」の構図の範囲内にはとても収まらない。その代わりに描かれたのが「カリモ」すなわち苅藻島であろう。明恵は、白上峰での修行の際にこの島に渡り、五日間の読経・念誦を行った。建暦三年（一二一三）にも渡島して宝楼閣陀羅尼を誦した。後年には、苅藻島での修行を懐かしみ、「島殿」に宛てた手紙を認めている。

二つの岬の先端を直線で結んでしまうと、苅藻島はその外側になってしまう。しかし白上峰の明恵が渡島修行を敢行したこの島は、施無畏寺から見下ろす海上景観の中心であるし、当時においても、この地域では明恵の遺跡として広く認識されていたはずである。おそらくは二つの岬の先端をゆるやかに結び、苅藻島までを含む範囲が境内地として設定されていたのであろう。二つの岬まで構図に収めることは不可能であるため、海上の境界を意識させるために、苅藻島を描き込んだことが推測できる。

湯浅景基寄進状において、殺生禁断の地と定められた山と海の四至は、「伽藍古絵図」においても、施無畏寺境内として意識されているのである。

おわりに

最後に、冒頭に記した課題との関係で、本章において明らかにできたことを、時系列に即してまとめなおしておこう。

①湯浅景基は、白上峰の麓に、氏寺・菩提寺として施無畏寺を建立して明恵に寄進し、高山寺の別所となして、一族の連署を求めた。この時、明恵との関係で、保田宗光を筆頭とする湯浅一族の外枠が新たに確定された。施無畏寺は、明恵を介した一族結合を、永続的に確認するための装置として機能することになった。

②景基の家筋は、専らこの氏寺の経営や先祖の供養を受けもった。後を継いだ弟の宗弁には、男子が無く、栖原村地頭職を女子観音に、住持職を保田宗光の三男・吉原宗氏の男子を養子として継承させた。ここにおいて保田氏の影響力がさらに強く施無畏寺に及ぶことになった。

③喜海により「八所遺跡」に選定されるより前に、「東白上遺跡」「西白上遺跡」では、すでに施無畏寺の興隆が始まっていたわけであり、他の「八所遺跡」の先行形態として位置づけることができる。「伽藍古絵図」に示される伽藍・坊院のほとんどが、すでに鎌倉・南北朝期には史料上に確認することができ、この絵図に示された寺観が、湯浅氏がこの地に勢力を確立した中世前期のうちに整えられていたことが推測できる。中世の施無畏寺の盛観を図像として示すこの絵図の史料的価値は高い。

〔注〕

（1）現在、地元ではこの寺を「せんもうじ」と呼ぶ。貞和三年（一三四七）一〇月一三日付心せん田地売券（施二七）で、すでに「せんもんし」との表記がみられる。

（2）施無畏寺および大谷大学図書館に、署判者等に若干の差異のある正本が伝来している。両本について、上横手雅敬「湯浅氏関係史料三題」（上横手『鎌倉時代政治史研究』吉川弘文館、一九八四年初出）が検討している。なお本章で詳しく論じることはできないが、寛喜三年という年次にこうした一族結合の確認がなされたのは、前年来、近畿地方を襲う寛喜の飢饉により惹起された社会不安とも無関係ではないだろう。

（3）金永氏は、施無畏寺の中に菩提寺が建てられ、氏寺としての機能が脆弱化する中で、菩提寺としての機能の方が目立つようになり、やがて宗弁とその子孫の信仰を集めるだけの寺となる、と把握している（金永「鎌倉期在地領主の『家』と『氏寺』」『日本歴史』六三三、二〇〇一年）。それに対して私は、宗弁とその子孫が一貫してこの寺に深くかかわるのは、湯浅一族の中で、この家筋が祖先祭祀をつかさどる役割を負ったためと考える。在地領主の家の分業という観点からとらえたい。また鎌倉末・南北朝期にかけても、施無畏寺は氏寺としての機能を保ち続けたと考える。一族全体の菩提寺としての機能も、創建当初より一貫して施無畏寺が果たしていたものと考えている。

（4）高信が施入した明恵の遺品のうち、施入状（施二）に「三部華厳各一部六十、八十、四十、」と記されている中の四十華厳経（貞元華厳経）のみが、焼損した状態で今日に伝えられている（和歌山県立博物館編『明恵 故郷でみた夢』図録、一九九六年）参照。

（5）施一四。すぐ後に引用する建治三年（一二七七）六月日付浄林房宛宗弁置文には、宗弁が御家人役としての「関東御公事」を負担していることを示す文言もみられる。景基や宗弁のような祖先祭祀を受けもつ一族も、御家人湯浅氏の構成員として位置づけられていたことをあらわしている。

（6）「歓喜寺文書」一一（『和歌山県史』中世史料二）。

（7）「高山寺縁起」。

（8）『紀伊続風土記』。

（9）紀伊国内に伝わる参詣曼荼羅のうち「粉河寺参詣曼荼羅」については、天正一七年（一五八九）に執筆された勧進帳が残されていることから、秀吉軍による焼討ち後の伽藍再建事業にともなう製作契機が想定されている（大阪市立博物館編『社寺参詣曼荼羅』、一九八七年）。

（10）『明恵 故郷でみた夢』。

（11）同前。

（12）弁海の補陀洛渡海については、根井浄『補陀洛渡海記』（法蔵館、二〇〇一年）、高橋『地域社会』第三章参照。

（13）大日如来像については、（10）に同じ。

（14）「大道」と認識され、施無畏寺参道がそれに接続していたことにあらわされるように、鹿打坂～栖原ルートは、中世に入ってからも幹線として機能していた。栖原湊は海上を通じて由良に至る要衝ということになる。栖原村は、湯浅の町場（後の「湯浅荘町」）と並ぶ、湯浅荘のもう一つの核であった。明恵との所縁に加え、こうした地理的条件が、湯浅一族がこの地に氏寺・菩提寺の寺地を見いだした理由であろう。

付論 「筏立遺跡」について

一

建久九年（一一九八）秋の末、高雄の騒動を避けた明恵は、二度目の紀州修行を敢行するため、再び白上峰に登った。人里や大道の喧騒を嫌った明恵と二人の同法（そのうち一人が喜海）は、白上峰を離れ、石垣荘の奥、筏立の地に至った。明恵と同法は、ただちに読経・坐禅・修学に取り組む。「唯心観行式」「随意別願文」を撰集し、一〇月八日には、釈迦像の前で「唯心観行修行」を開始して、「随意別願文」を誦した。「三時勤行」の合間には「探玄記」を読んだ。翌年の春には聖教を求めて一旦は上洛したものの、師文覚が勅勘を蒙ったため、十余輩をともない再び筏立の草庵に下向し、「華厳章疏」を談じ、「華厳大疏演義鈔」の書写に取り組んだ。筏立での明恵と同法の修行・学問は、建仁元年（一二〇一）二月頃まで続けられた。「行状」「高山寺縁起」等が記す、筏立草庵移住の経緯と、同書での修行の内容の概要である。

二

湯浅本宗家の本領・湯浅荘内にある白上峰で、養父・崎山良貞等の支援を受けて修行していた明恵を、二棟の草庵を提供して筏立に招いたのは、この地（石垣荘河北）の地頭・保田宗光であった。史料が語る限り、明恵と宗光との関係はここに始まる。

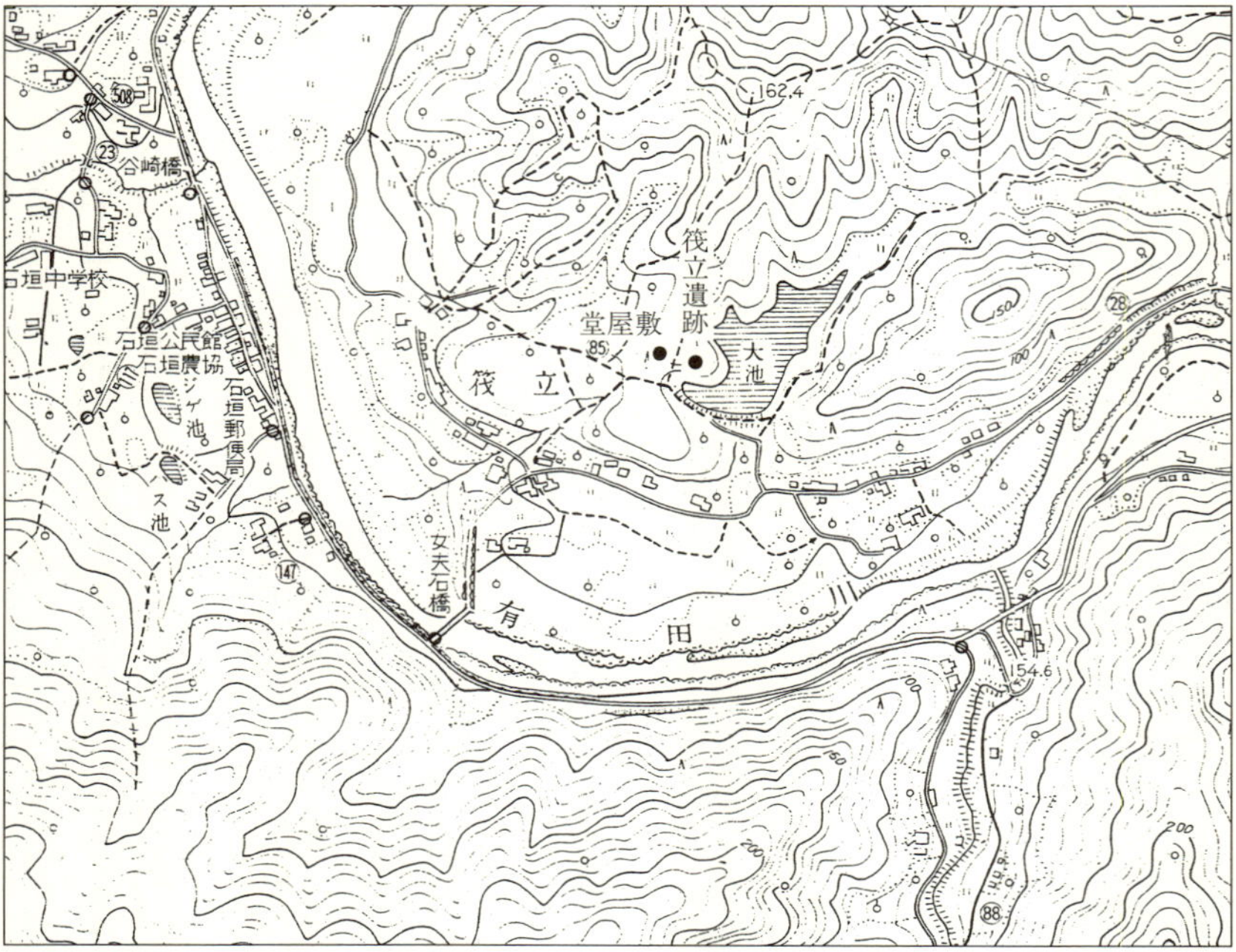

図1　「筏立遺跡」周辺地図

（『史跡 明恵紀州遺跡卒都婆（筏立遺跡）―環境整備報告―』所収の図を一部改変して作成）

宗光が草庵を造って明恵を招く場合、その立地は、糸野や星尾では館・屋敷の近傍であった。筏立の場合も、その可能性がある。地名が示すように、この地が有田川上流で切り出された材木を筏に編成するのに適した場所であったとすれば、そうした要地に宗光が拠点施設を構えたことは十分考えられる。

嘉禎二年（一二三六）、喜海により「明恵上人紀州八所遺跡」が選定されると、筏立の草庵地も八所のうちに選ばれる。筏立の場合、「仮名行状」によれば、「親受付属ノ釈迦ノ像」、すなわち師の文覚からかつて託された運慶作の釈迦如来像を移している。単に草庵が作られただけではなく、明恵が移住した時点ですでに、こうした本尊級の仏像を安置できる仏堂が、湯浅一族により営まれていた可能性がある。また二度

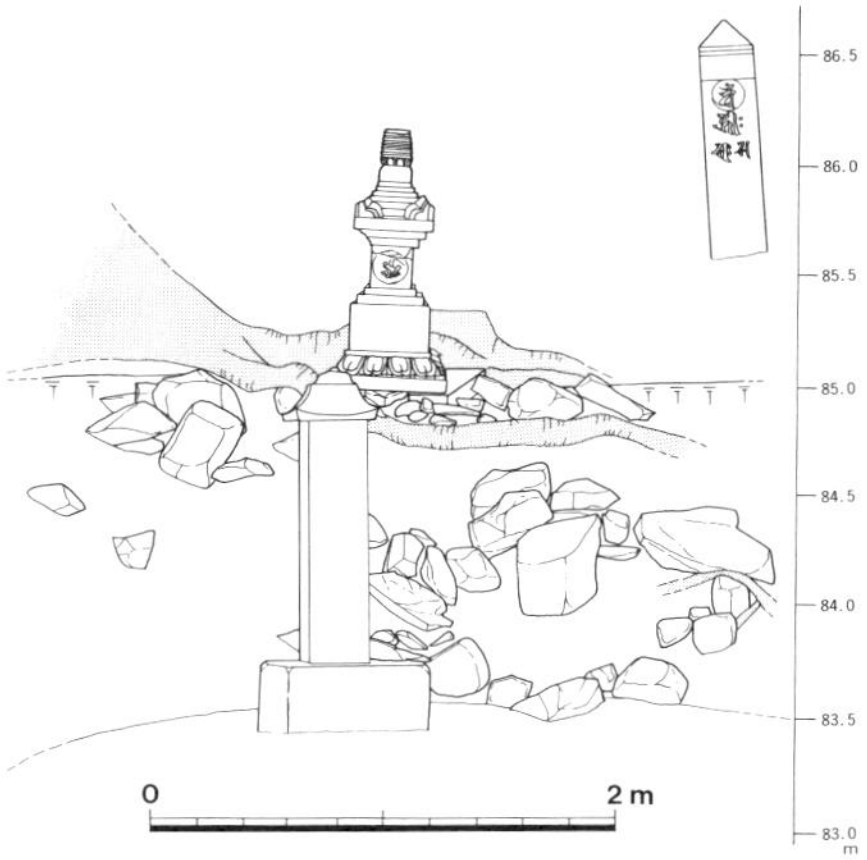

図２ 「筏立遺跡」見通図

（『史跡 明恵紀州遺跡卒都婆（筏立遺跡）
—環境整備報告—』より）

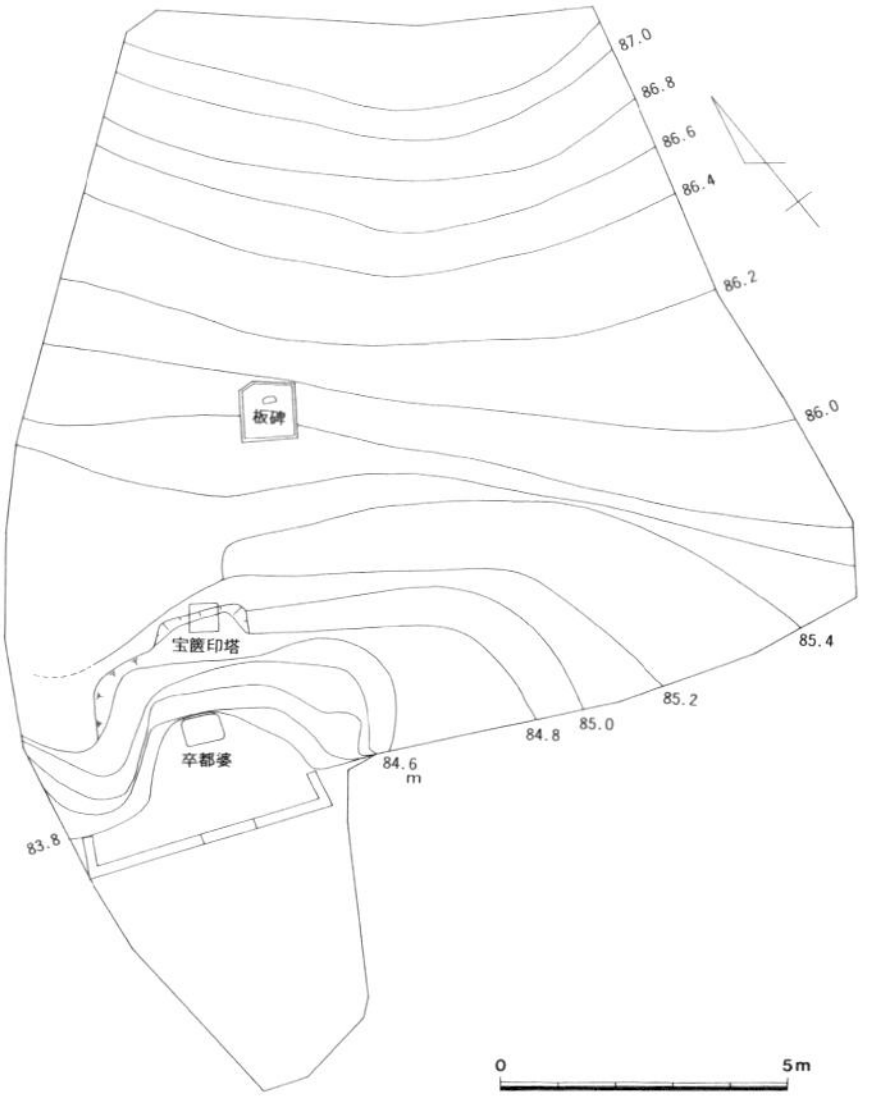

図３ 「筏立遺跡」測量図

（『史跡 明恵紀州遺跡卒都婆（筏立遺跡）
—環境整備報告—』より）

目の筏立下向には、十余輩の同法が伴われており、二棟の草庵の他にも僧たちが生活する僧坊のような施設が存在していたのではなかろうか。糸野や星尾でみられるごとく、宗光の拠点の傍らに宗教施設が備えられ、そこに草庵が設営されていたということなのかもしれない。

江戸後期の地誌『紀伊続風土記』によると、筏立の地には「建久寺華厳院」なる寺院が存在したといい、「筏立遺跡」の近傍には「堂屋敷」なる俗称地名も残っている（図1参照、小字を「御廟平」という）。「建久寺華厳院」の名は出来過ぎにしても、明恵と宗光との所縁を象徴的に示す仕掛けをもつ寺院が、「筏立遺跡」の傍らで、先行する宗教施設をもとに興隆されたことは十分考えられる。今も遺跡地に残る板碑には、応永四年（一三九七）、同じく宝篋印塔には、応永六年の年紀がみられ、かつてはさらに多くの石塔が存在したようである。こうした状況から類推すれば、少なくとも中世の半ば頃までは寺院が存続していたのであろう。

三

「八所遺跡」は、特に宗光が関与する明恵の遺跡が選定されたものであり、「筏立遺跡」にも、そうした条件があてはまる。また宗光とその子孫により、この地に、明恵を連想させる寺院が興隆された可能性は高いのである。

なお「筏立遺跡」では、朽損した喜海の木造卒塔婆の後をうけ、康永三年（一三四四）に弁迁が再建した石造卒塔婆さえ失われ、享和二年（一八〇二）に建て直された石造卒塔婆が残る。一九九八年、遺跡地の発掘調査・環境整備が行われた。その時の調査成果の概要については、金屋町教育委員会編『史跡 明恵紀州遺跡卒都婆（筏立遺跡）―環境整備報告―』（一九九八年）を参照いただきたい。

第五章　糸野の明恵と「糸野遺跡」

はじめに

本章では、保田宗光が館を構えた石垣荘河北糸野における明恵の活動とその意味について、「行状」の記述を踏まえて考察する（以下の論述の中で、注をつけていない事実の典拠は、すべてこれによる）。しかる後に、「明恵上人紀州八所遺跡」に選定される「糸野遺跡」がどのような構造をもっていたのかを復元し、それが果たした機能について、考えてみたい。

一　糸野の明恵①——宗光夫妻の祈禱師として

まず糸野の地を舞台とした明恵と保田宗光夫妻との関係を確認したい。建仁元年（一二〇一）、明恵は、保田宗光の招きにより「糸野館内成道寺後」に用意された草庵に、同法とともに居を筏立から移した。「大疏演義抄」や「起信義記五教章」等を披談し、毎月二度の問答講も怠り無く行った。従う同法は十余輩に及んでいた。

そうした中、宗光の妻（糸野御前）の持病の腹病が起こり、明恵が加持祈禱を行っている。その間、病人は激しい腰の痛みを訴えたが、口から油にまみれた梅の枝のようなものを吐き出し、その後、平癒した。この女性は、一二、三歳の頃、「霊物」を見て以来、邪気に取り付かれ、験者の加持祈禱を受けてきたが、効果は無かったという。

懐妊していた宗光妻は再び発病する。明恵はもう一度加持祈禱を行う。ある夜、彼女に取り付いた「霊物」が明恵の夢にあらわれ、両者は問答となった。明恵が、「彼女は一宗興隆壇越」なので、命を奪うことがあってはいけない」と諌めると、「霊物」は「彼女の寿命は尽きた」と言う。明恵が重ねて乞うと、「霊物」は納得し、明恵への帰依を申し出、殺生・肉食を絶つ代わりに食物を賜ることを求めた。明恵は自ら施餓鬼供を執り行い、その時、「化鳥」が出現したという。明恵は、この他にも病人の加持祈禱を行ったが、それには明恵の体や念誦が光を放つなどの「奇瑞」をともない、病人や看病人は、そうした光景をたびたび目撃することになった。

明恵に対する帰依を深めた宗光夫妻は、「華厳一宗章疏」を書写し、さらに「善知識曼荼羅」の製作を思い立つ。明恵が所持していた写本を預かり、画料を添えて、弟子の喜海・霊典に持たせて京の絵仏師俊賀のもとに送る。筆を執る俊賀のもとでも、「化鳥」があらわれたという。唐本から写された「善知識曼荼羅」四幅は、「我国」における「流布」の初めであるとされる。この曼荼羅は、建仁二年二月に、糸野成道寺において、「施主諸病延寿祈禱」の際に供養され、その後は東大寺尊勝院に納められた。

この年の夏、宗光の妻が、出産の時を迎えた。三日にわたる難産の末、生まれた子は健やかであったが、母は体が冷え息が絶えたかに見えた。明恵が、「仏眼尊」を掛け、一心に加持祈禱を行うと、彼女はようやく蘇生したという。

明恵の糸野での生活は、建仁二年の末、石垣荘地頭職に「違乱事」が起こり、保田荘星尾屋敷に移住を余儀なくされるまで続いている。

その後、明恵は、元久元年（一二〇四）、糸野で春日明神講を行っている。この時にも、宗光の妻・糸野御前が神がかりとなり、明恵の上洛を諫める春日明神の意志を伝えている。結局、この上洛は、文覚の配流により中止となった。春日明神に代わって明恵に危険を知らせたこの女性は、「夢記」の中でも重要な意味を担っており、精神的に明恵と非常に近しい関係にあった。

以上は、「行状」の記事に依拠して、糸野における宗光夫妻との関係を中心に、明恵の事跡を追ったものであるが、その際に、まず注目したいのは、宗光が明恵のために用意した草庵の所在地である。「行状」には、「宗光糸野館内成道寺後」とある。宗光の糸野館の内部に組み込まれた寺院として成道寺があり、草庵はそれと不可分の施設として設営されていた。つまり保田宗光は、自らの地域支配の拠点である館の中に成道寺を位置づけ、その傍らに三棟の草庵を用意して、明恵とその同法を抱え込んでいたのである。

次に明恵と同法にとって、宗光夫妻が「一宗興隆壇越」であったことも、改めて確認しておきたい。明恵だけではなく、「十余輩」に及ぶ同法たちの学問・修行を経済的に支えたのは夫妻であった。京の一流絵仏師・俊賀の工房に「善知識曼荼羅」製作を発注させるなど、宗教活動を支えるための寄進も行っている。

それに対して、明恵も祈禱師としての役割を存分に発揮している。宗光妻・糸野御前の病には、たびたび加持祈禱を行い、時には「霊物」と問答して、彼女の危機を救っている。「善知識曼荼羅」の供養は「施主諸病延寿祈禱」として挙行された。反対に、彼女が神がかりとなり、明恵の身に迫る危険を知らせる場合もあった。

このように保田宗光は、明恵をその同法とともに館の内に抱え込み、彼らの学問・修行や生活を「壇越」として支えた。それに対して明恵は、承久の乱後、家督の本宗家を抑えて湯浅一族の惣領となる宗光夫妻の祈禱師としての役割を果たしたのである。

二　糸野の明恵②――「一郡諸人」とともに

明恵は、釈迦入滅の日を悼む涅槃会を重視し、建保三年（一二一五）には四座講式の一つとして「涅槃講式」を撰述することになる。「行状」は、明恵の涅槃会の原型として、糸野での涅槃会を取り上げている。以下は、「仮名行状」からの引用である。

二月十五日涅槃会、幼年ノ昔ハ講経説法ニヲヨハス、偏ニ山林深谷ニ跡ヲクラクシ読経念仏ヲ専シテ仏恩ヲ念ス、中年ノ比、処々ニシテ此会ヲ行フ事アリシニハ、或樹下或山中、凡木ヲ荘菩提テ樹ト号シ、瓦石ヲ重テ金剛座トス、至レルトコロヲ道場トシテ、西天今夜ノ風儀ヲウツシ、ヨモスカラ仏号ヲ唱テ、雙林提河ノ景気ヲマナフ、コレニヨテ先年上人縁事アルニヨテ、紀州移住ノ比、糸野奥ノ谷成道寺ノ庵室ニ居ヲシメシ時、其庵室ノ傍ニ大樹アリ、彼ノ木ヲモテ菩提樹ノ称ヲタテ、、下ニ石ヲカサネツミテ、金剛座ノヨソヲヒヲマナヘリ、其傍ニ一丈許ナル卒堵波ヲ立テ、其銘ニ上人自筆ヲモテ、南無摩竭提国伽耶城辺菩提樹下成仏宝塔ト書ス、其下ニシテ一群《(郡)》ノ諸人、貴賤長幼道俗男女数百余人、樹ノ下ニ集会シテ彼西天菩提樹下金剛座上ノ今夜ノ儀式ヲウツス、国王々子群臣黎庶ノトモカラ、覚樹枯衰ノスカタヲ見ルニ、ツキニ悲恋ニタヘスシテ、ヲノ〳〵蘇油香乳をソ、クラムアリサマ、哀ニカナシキ儀ヲ思遣テ、ナク〳〵水ヲモテ樹ニソ、キ、供養ヲノヘテ、カノ西天今夜ノ景気ヲマナヘリ、哀哉、其儀式浅ニニタリトイヘトモ、併恋慕悲歎ノ志ヨリ起レリ、シカレハ懇志遥ニ仏境ニ通スラム、更ニソノ前ニ樹葉ヲカサネテ講経説法ノ座トス、マサシク菩提樹金剛座ニ対セル思ヲナシ

テ、西天今夜今時ノ敬儀ヲトキテ、大会ノ恋慕ヲ勧ム、講経説法ステ二畢テ後ニ、集会ノ諸人ヨモスカラ宝号ヲ唱テ夜ヲアカス、

明恵は、糸野成道寺の庵室の傍らの大樹を菩提樹に見立て、その下に石を重ねて金剛座とみなし、自ら筆を執った卒塔婆を立てた。そのもとに「一郡ノ諸人、貴賤長幼道俗男女数百余人」が集まった。明恵は、釈迦入滅のありさまを再現してみせ、「集会ノ諸人」は夜もすがら宝号を唱えて夜を明かした。

儀式が行われたのは、前節で見たように、保田宗光館内の寺院・成道寺と一体の施設として、宗光によって設けられた庵室においてである。「一郡ノ諸人、貴賤長幼道俗男女数百余人」という言葉には、湯浅一族等の領主層だけではなく一般庶民まで含意されている。釈尊を思慕する明恵にとって、もっとも大切なその入滅の日の儀式には、一郡から「貴賤長幼道俗男女」を問わず数百人もの人々が集まり、これに参加していたのである。こうした涅槃会は、その後も毎年執り行われていたという。

糸野草庵の明恵のもとを須佐明神の使者が訪ねたことがあった。明神は「住処不浄」を訴え、「一尊法」を受けることを懇望した。明恵が「阿弥陀印明」を授けると歓喜して去っていったという。須佐明神は、有田郡保田荘に祀られる式内社で、荘の鎮守であると同時に、古来から郡内の人々の信仰を集めてきた地主神でもある。糸野の明恵は、地域住民が信仰する地主神の救済にもあたっていた。

このように、糸野の庵室での明恵の宗教行為は、同法や施主のためにのみ行われたわけではなく、有田郡の地域住民の信仰にかかわる場合があったのである。こうした行為が糸野館の構成要素でもある庵室で行われることは、在地領主としての保田氏と地域住民とを精神的に結びつける契機ともなったであろう。保田氏は、自らの館において明恵とその同法を庇護することによって、住民参加型の宗教的儀式を地域社会にもたらし、地域住民が信仰する

神格を清める主体としても認識されることになったはずである。

三 「糸野遺跡」の構造

貞永元年（一二三二）、明恵は栂尾高山寺において円寂する。その四年後の嘉禎二年（一二三六）、高弟喜海は、明恵の修行・止住の地に「華厳八会表法教主」を種子とした卒塔婆を建立する。こうして「明恵上人紀州八所遺跡」が成立した。糸野の草庵地も八所のうちの一つに選定されている。

前章で述べたとおり、湯浅一族は、その族縁結合の範囲を明恵との結縁によって確認している。湯浅一族の惣領となった保田氏は、「糸野遺跡」の整備によって、明恵を庇護し祈禱師として迎えた、一族の中でも特別な家であることを示したのである。また明恵は、湯浅一族が所領とする有田郡の祈禱師としての性格をも備えていたことから、その遺跡の興隆は、この地域を治める領主としての地位を象徴的にあらわすことにもなった。

次に「八所遺跡」に選定された「糸野遺跡」の構造について、現地の地形・景観に即して確認しておこう。

喜海の卒塔婆の建てられることになる明恵の草庵の立地については、「高山寺縁起」に「後有高峯、前有小谷塞谷築塘、乃構小池」と記されている。康永三年（一三四四）に湯浅一族の弁迁により再建された石造卒塔婆が建つ現地景観は、こうした記述とよく一致している。承元四年（一二一〇）の聖教類の奥書に、「糸野庵室」「糸野成道寺庵室」とみえるので、明恵が去った後も、糸野庵室が維持され、高山寺関係者に利用されていたことがわかる。(1)

ところで卒塔婆から五メートルほど東北にある農作業小屋の敷地に水槽を敷設した際に、白土で固められた土層の上に蓮弁を象った川原石で囲まれた方形の素焼きの土器が出土した。『金屋町誌』は、明恵が涅槃会の際に石を重ね積んで作ったという金剛座に関連する遺跡である可能性を示唆する。残念なことに、この遺構については中西正雄による報告が残されているだけであり[2]、土器などの遺物の所在さえ不明で、もはやそれを確かめる術はないが、遺跡地には卒塔婆の他にも明恵の存在を想起させる「遺物」が用意されていた可能性がある。

明恵の草庵が付設された成道寺は、かつての中ノ坊がその法灯を継承し、現在に至っている。かつての主要な伽藍は、現在の境内の西北、大門池から春日社が祀られている平坦地に所在したようである。清水町法福寺に所蔵される「大般若経」はかつて成道寺に伝わったものであり、平安期から江戸期にかけての奥書をもつことで知られているが、その中には中世の成道寺にかかわるものが散見される[3]。

（巻百二十七）
延慶二《（一三〇九）》季五月七日、於紀伊国在田郡石垣庄河北成道寺十無尽院書写之畢、願以写功乗般若之船筏至菩提之彼岸
而已、右筆　行弁〈生年四十二〉

（巻三十六）
正平十六《（一三六一）》年〈辛丑〉六月十三日、於紀州在田郡石垣庄成道寺春日御宝前、以飛行御本雖悪筆為般若結縁書写了、
（梵字）（梵字）有算

（巻三百二十九）
于時、正平十七年三月十五日、於成道寺之側仏母院奉写之、伏願依般若結縁之功力預神明御加護成就二世悉地、
僧行意

巻百二十七の「十無尽院」は、高山寺の坊院の名称に由来するものであろう。明恵は、高雄時代、栂尾にあった神護寺の別所・十無尽院に住んでいた。後鳥羽上皇から、これをそのまま寺地として賜ることによって、栂尾高山

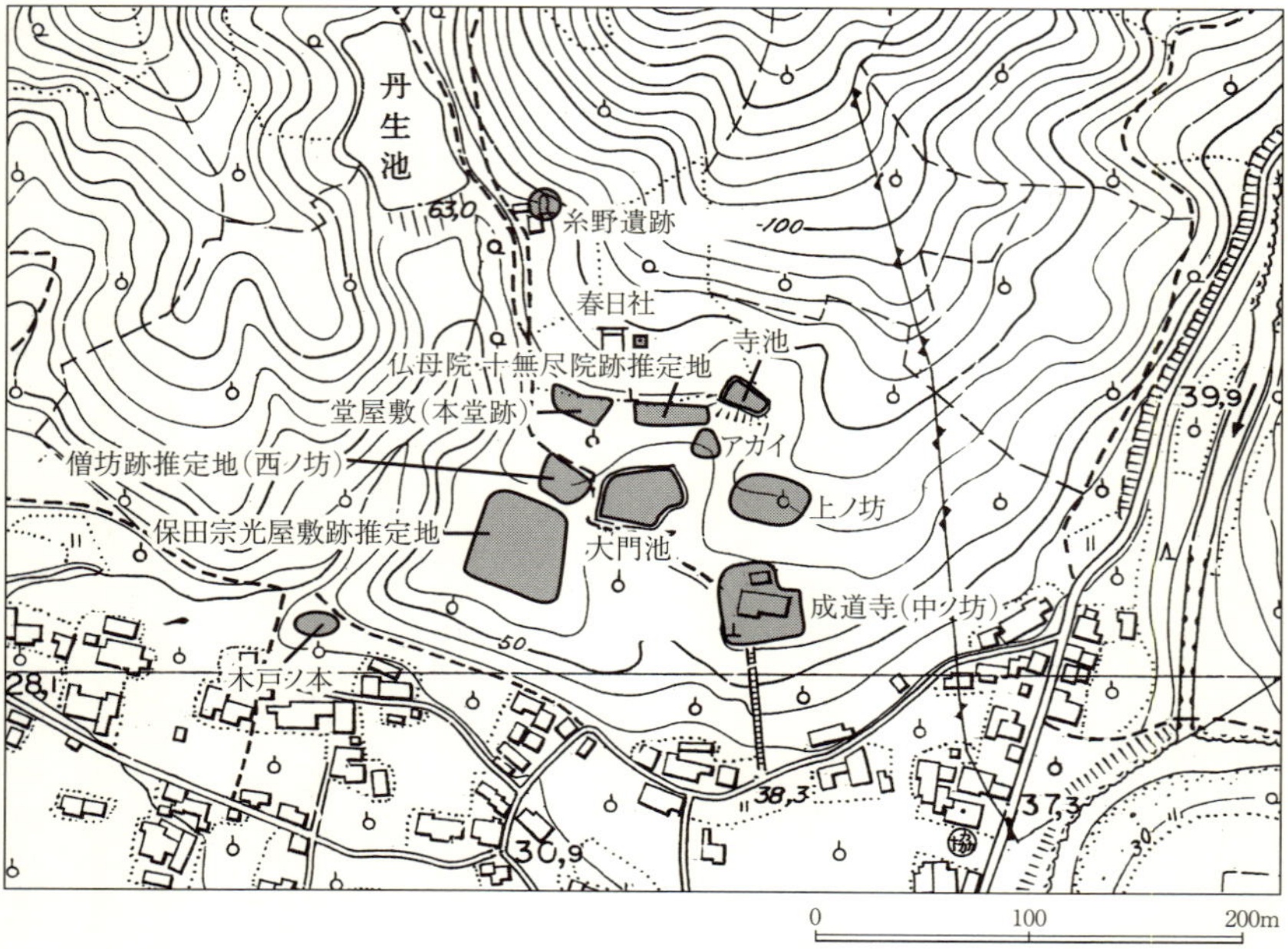

図１　「糸野遺跡」とその周辺

原図：和歌山県作成「有田川森林計画図」金屋町其８　1：5,000

寺が成立し、十無尽院もその主要な坊院の名として継承されている。

巻三十六に「春日御宝前」とみえる春日社は、今も糸野に祀られている。元久元年（一二〇四）正月二九日には、春日明神降託の日にちなんだ春日明神講が、糸野で行われている。高山寺蔵「不動護摩」奥書によれば、この本が、建保二年（一二一四）正月六日に「成道寺春日拝殿」において、上覚から隆弁に伝授されたことがわかる。明恵生前の建保二年、すでに糸野には、その守護神・春日明神が奉祭されていたのである。

巻三百二十九の「仏母院」は、明恵が、母の面影を見いだし、白上修行の本尊とした仏眼仏母尊との関係を想像させる。建仁二年（一二〇二）、糸野において糸野御前が出産後に絶息した際にも、明恵は仏眼仏母尊の前で「仏眼明」を誦し、加持祈禱して彼女を蘇生させている。

図2　現在の成道寺(旧中ノ坊)（写真提供 和歌山県立博物館）

なおこれらの伽藍や本堂・坊院のあった場所については、中西正雄や松本保千代らによる現地比定が行われている(4)。

成道寺は、保田氏の「家寺」とでもいうべき宗教施設であり、「漢文行状」では「糸野館内」と表記されていた。坊院の僧を養い、伽藍を興隆した主体は、宗光やその子孫であったはずである。では宗光の屋敷はどこに営まれていたのか。松本らによるその推定地は、現成道寺（中ノ坊）西に張り出した尾根上の平坦地である。かつての参道が、大門の跡と伝承される大門池に至る谷筋を登っていたとすれば、右に成道寺とそれを構成する坊院を、左に施主・保田氏の屋敷を見て進むことになり、まことにふさわしい立地といえよう。

おわりに

糸野の明恵の草庵地は、喜海により「八所遺跡」に選定され、卒塔婆が建てられた。以上に述べてきたように、「糸野遺跡」の整備は、単に卒塔婆が立てられただけではない。成道寺には、明恵の糸野での奇瑞を直ちに想起させる名称をもつ伽藍が、次々に興隆され、「明恵の寺」としての外観を備えていった。現地景観の中でこれらの施設を確認してみれば、すべて一体の空間構成であることがわかる。こうした「糸野遺跡」を興隆した主体としては、それを「糸野館内」に包摂する宗光とその子孫・保田氏を想定する他はない。

そしてこれらは、当然、幅広い階層への公開を前提に、用意されたものであったはずである。宗光夫妻の祈禱師として、その支援のもとで有田郡の人々の救済者として活動した明恵の足跡を、保田氏の屋敷の傍らで、一族に、そして地域住民に、臨場感をもって思い起こさせる永続的な装置として、「糸野遺跡」は整備されていったのである。

〔注〕

（1）「奥書」4―370、4―793。

（2）『金屋町誌』上（金屋町、一九七二年）。

（3）同前。

（4）中西『明恵上人紀州八所遺蹟』（明恵上人讃迎会、一九六六年）、松本『湯浅党と明恵』（宇治書店、一九七九年）。

付論一　明恵の父と「吉原遺跡」

はじめに

明恵は、承安三年（一一七三）正月八日、紀伊国有田郡石垣荘河北吉原村に生まれた。その場所は、「明恵上人紀州八所遺跡」として今日に伝えられている。ここでは、明恵の父の出自や事跡を整理することにより、明恵がいかなる政治的な環境のもとで誕生したのかを解明したい。また明恵の死後、その生誕地が湯浅氏のもとで「遺跡」として整備・興隆されていく過程についても、整理したいと思う。

一　父重国と伊藤一族

明恵の両親については、治承四年（一一八〇）、七歳の時に死別した母（湯浅宗重女）への思慕が語られることが多い。建久六年（一一九五）、白上峰の草庵において右耳を切り落とした時、本尊として掛けられていた仏眼仏母像は、明恵が「母御前」の姿を投影した尊像であった(1)。

その一方で、同じ年に亡くした父については、あまり注目されることはない。しかし明恵が亡父に対しても思慕の念を持ち続けていたことは、次の『明月記』寛喜二年（一二三〇）正月二三日条からうかがうことができる。

廿三日丙戌、天適晴、（中略）覚法眼来談、明恵房遠所被出立之由、時俗、如仏滅度悲歎、御室聞食、以寛済法印、抂可被止住之由被仰、於亡父遺跡有追善之志、一夏許可籠居由雖思定、故被仰下之上、争背仰旨哉、急

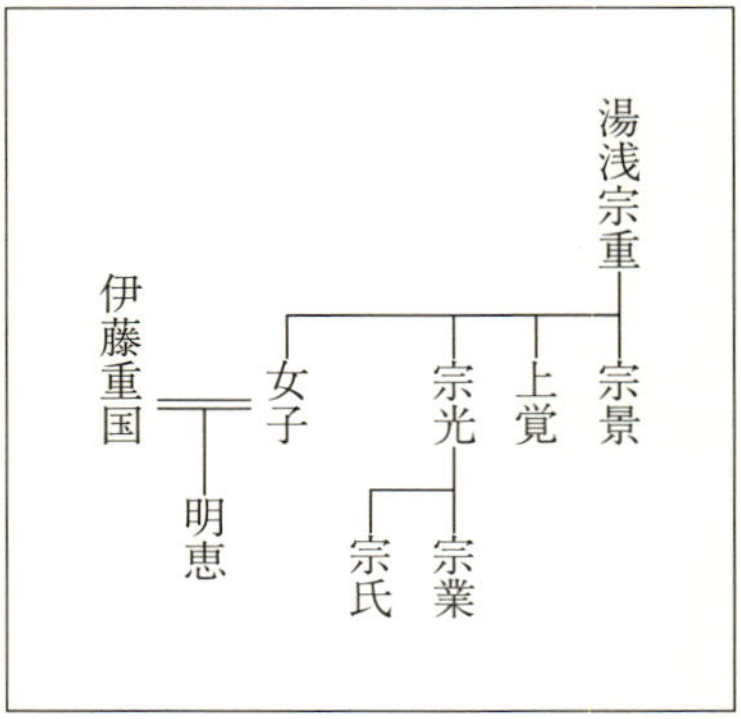

湯浅氏略系図

可思止之由被申、被進其由書状云々、尤穏便事歟、

明恵は晩年に至るまで父への親愛の情を持ち続けていたことがわかる。この時、明恵が「亡父遺跡」として向かった先は、従来は紀州と考えられてきたが、伊勢とみるべきであろう。

明恵の父・重国は、平家に古くから仕える伊勢の武士・伊藤氏（藤原氏）の一族である。伊藤氏は、志知村（現桑名市）・古市荘（現伊勢市）等に所領をもち、平安後期には、武者所や検非違使、受領となる者を輩出している。藤原忠清は、保元・平治の乱、治承・寿永内乱の多くの戦場で平家の侍大将として活躍している。(2)「上人ノ事」という古典籍の中に「父　（伊藤の）猪殿平七武者重国」「祖父　猪殿平七左衛門宗国」という記述がある。(3)重国の父は「左衛門尉宗国」なる武者であった。伊藤氏にかかわる系図類の中に、宗国—重国という系譜は見えず、伊藤氏に連なる有力な庶家であろうか。

重国は、平重盛を主君とする小松家の侍であった。明恵が四歳の時、父は息子の頭に烏帽子を乗せて、ゆくゆくは重盛の家人に推挙しようと言ったという。重国は平姓を称しており、重盛の養子となることで、藤原姓から改めたようである。重国は、高倉院武者所の地位を得ていたが、治承四年（一一八〇）九月、上総国において源氏に討たれることになる。(4)

二　重国の最期

重国はなぜ治承四年（一一八〇）に上総で討たれたのか。それは、重国が惣領の上総介忠清の目代だったからではなかろうか。忠清は、治承三年のクーデター後、「関東八ヶ国の侍大将」として東国武士の統率にあたる立場にあった。[5]『源平盛衰記』巻十九は、忠清の高圧的な施策が、関東の武士たちとの間に軋轢を生じていた様を伝える。

伊藤右衛門尉忠清、上総国へ配流せられし時、介八郎広常志を尽し思ひを運びて賞翫し愛養する事甚だし、しかるに忠清厚免を蒙りて上洛の後、忽ちに芳恩を忘れて、却つて阿党をなし、広常を平家に讒して、所職を奪はんとする間、子息能常参洛して仔細を申すといへども、猶、広常を召す間、憤りを含み、恨みをなす折節なり、甘言を以て召されんにこれよき隙なり、

「関東八ヶ国の侍大将」でもある上総介忠清の目代として下向した重国は、こうした難しい状況の中で、平家の東国武士統制の最前線を担う役割を負ったのであろう。

「源平乱逆之始」すなわち頼朝の旗揚げにより、忠清の意を受けて関東武士を統制しようとしていた平重国は、血祭りにあげられることになったわけである。この時期の房総半島の戦況を、『吾妻鏡』治承四年九月一三日条が伝えている。

十三日壬戌、出安房国、令赴上総国給、所従之精兵及三百余騎、而広常聚軍士等之間、猶遅参云々、今日千葉介常胤相具子息親類、欲参于源家、爰東六郎大夫胤頼、談父云、当国目代者、平家方人也、吾等一族悉出境参源家定可挟凶害、先可誅之歟云々、常胤早行向可追討之旨、可下知、仍胤頼并甥小太郎成胤、相具郎従等、競襲彼所目代元自有勢者也、令数十許輩防戦、于時北風頻扇之間、成胤廻僕従等於館後令放火、家屋焼亡、目代為遁火難、已忘防戦、此間胤頼獲其首、

ここで具体的に叙述されているのは下総の状況についてであるが、忠清との間に深刻な軋轢を生じていた上総広常も同時に動き始めており、広常の軍勢により、上総目代重国は討ち取られたのであろう。

三　伊藤氏と湯浅氏

次に引用するのは、『源平盛衰記』巻四十の「維盛入道熊野詣附熊野・大峯の事」から、戦線から離脱した維盛と熊野道で出会った湯浅（保田）宗光による家人等に対する発言を抜粋したものである。

あれこそ平家の故小松大臣の御子に権亮三位中将殿よ、一門の人々に落連れて、西国にとこそ聞き奉りしに、いかにして屋島よりこれまで伝ひ給ひけるやらん、小松殿の御時は常に奉公申して御恩をも蒙り、この殿をも見馴れ奉りたれば、近く参りて見参にもと思ひつれども、道狭き御身となりて、憚り思召す御気色あらはなりつれば、さて過ぎぬ、あな痛はしの御有様や、変る代の習ひといひながら、心憂かりける事かな、

平家は決して一枚岩ではなく、それぞれ家人を抱える独立した家の集合体であった[6]。湯浅氏が仕えたのも、伊藤氏と同じく重盛の小松家である。つまり明恵の父と母との婚姻は、重国と湯浅氏がともに平重盛に仕える家人同士であったことから、その連携を深める目的で結ばれた政略的な意味をもつものであった。

元暦元年（一一八四）七月、伊賀・伊勢地方に、平家に仕える武士たちによる大規模な反乱がおこる。藤原（伊藤）忠清も参加している。この時蜂起した武士の多くは、この地域に所領をもつ小松家の家人たちであった。同二年、平重盛の子忠房を奉じた湯浅宗重は、「湯浅の城」に籠城している。この時、湯浅氏の軍勢には、藤原忠清の子である忠光や景清が加わっていたという[7]。この二つの反乱を連動したものとみることもでき、それを可能にしたのは、小松家の家人同士の連帯であった。湯浅宗重女子と伊藤氏に連なる平重国との婚姻は、現実に政治的連合を生み出していたのである。

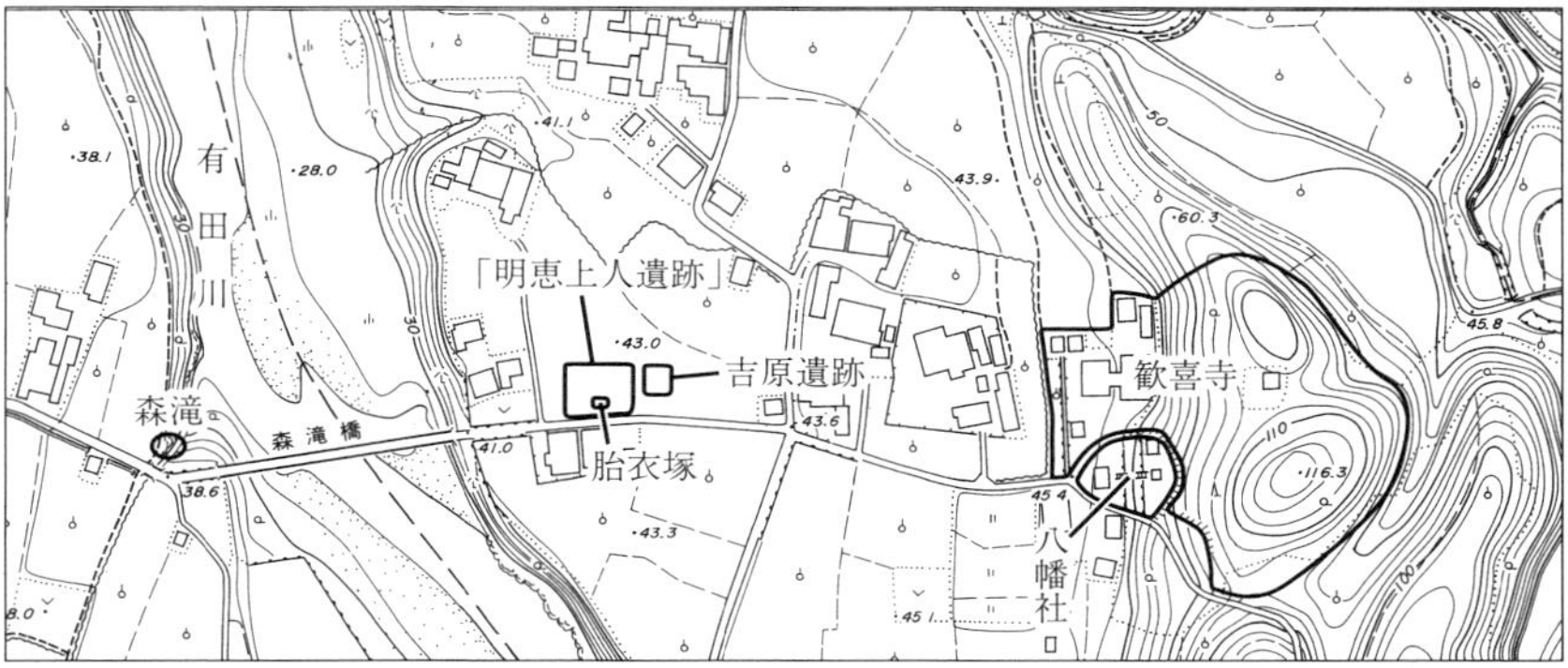

図１　「吉原遺跡」周辺地図

原図：金屋町発行「金屋町農村総合整備 平面図」6　1：2,500

四　誕生地、歓喜寺、そして「明恵上人遺跡」

明恵は、承安三年（一一七三）に石垣荘吉原村で生まれた。平重国の妻となった湯浅宗重女子は、なぜ紀州で明恵を出産したのか。従来、石垣荘の荘官となった平重国が、吉原村に赴任して新婚生活を営み、薬師丸（明恵）が誕生したかのように説かれる場合があったが、これは根拠のない俗説である。

平重盛に仕える重国の生活の場は京都であったはずであり、一族の本領がある伊勢で活動する場合もあっただろう。そもそもこの婚姻自体が、京で平家に仕える家人同士の間で成立したものであり、「行状」によれば、宗重女が明恵を懐妊したのも京においてであった。

宗重女が、懐妊後に紀伊に下向し、吉原村で明恵を出産したのは、いかなる理由によるものか。確実なことはわからないが、先述のように、重国は、伊藤一族の中心人物・藤原忠清が上総介になった折、目代として現地に下向したものと考えられる。彼は、重盛や維盛、あるいは忠清等、小松家にかかわる人物が国司となった際には現地に下り任国支配を任され、時には軍事力を発揮するような階層の武

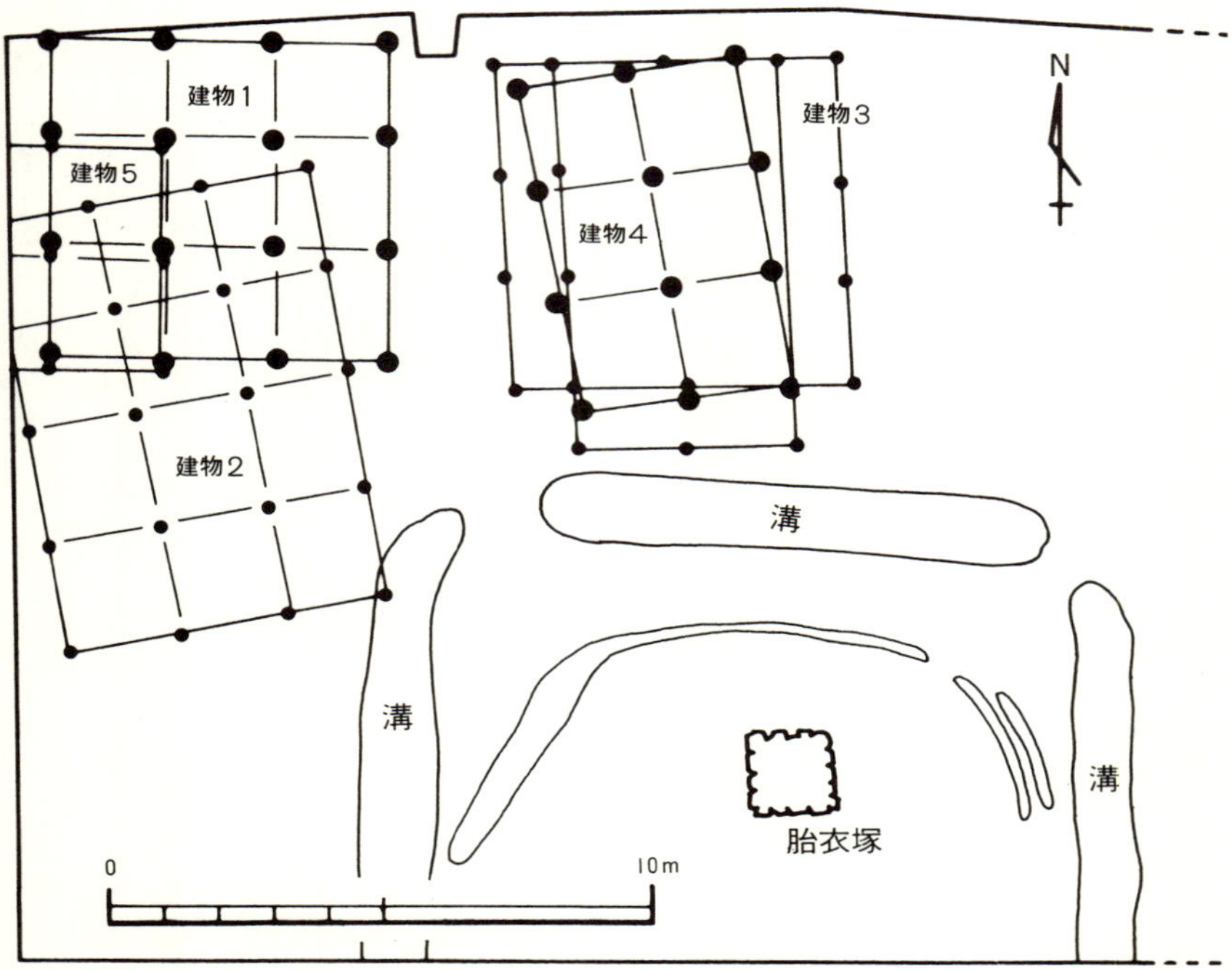

図2　「明恵上人遺跡」主要遺構配置図

（『明恵上人遺跡発掘調査概報』より）

士だったのであろう。明恵が誕生した承安三年段階においても、重国は小松家や伊藤氏がかかわる何処かの国に派遣されていたのではなかろうか。そのため宗重女は、京を離れて紀伊国に下り、父がその所領のうちに所持する石垣荘河北吉原村の屋敷で明恵を出産するに至ったものと推測する。

吉原村の明恵が生まれた場所は、嘉禎二年（一二三六）、高弟喜海により「八所遺跡」に選定され、後に歓喜寺の構成要素として興隆されていく。「高山寺縁起」から、この吉原遺跡に関連する部分を引用しよう。

一、石垣吉原歓喜寺

右、此地者、上人誕生之処也、義林房（喜海）申入子細、宣陽門院以彼吉原為別納不輸之地、建立一堂号歓喜

図３　江戸後期の「吉原遺跡」　（『紀伊名所図会』より）

図４　歓喜寺　（写真提供 和歌山県立博物館）

寺、宗光三男左衛門尉宗氏、敬重上人遺徳故、同心合力営立木之功矣、[十一]

喜海は、宣陽門院（建久二年（一一九一）に院号宣下、建長四年（一二五二）に没）に申し入れ、吉原村を「別納不輸之地」となし、保田宗光の三男・宗氏による「土木之功」の支援を受けて歓喜寺を建立した。当然ながら、そこに宗光の意思をも感じ取るべきであろう。その後、歓喜寺には、宗氏の子孫である阿弖川氏はもちろん、他門の藤並氏等からも名田の寄進を受け、湯浅一族の庇護のもとで運営されていった。

なお歓喜寺境内で採取された古瓦をみると、もともとこの地には先行する寺院があったようであり、[8]「八所遺跡」選定の後、その寺が歓喜寺として中興されたとみた方がよいのかもしれない。

おわりに――「明恵上人遺跡」

一九九二年、現在の歓喜寺境内地の近傍に所在する「吉原遺跡」（明恵誕生地）の周辺から、一三世紀に遡る屋敷跡の遺構が発見され、「明恵上人遺跡」と命名された。[9]石垣荘河北吉原村の明恵の誕生地が、歓喜寺の構成要素として整備される時期、「八所遺跡」の卒塔婆を含み込むようにして領主クラスの居館が建造されていたことになる。そこに湯浅一族、特に石垣荘河北地頭・保田氏の関与を想像すべきであろう。

遺構から発見された瓦器の椀・皿、土師質の皿等は、いずれも一三世紀半ば頃のものであり、この屋敷地が明恵が生まれた建物そのものであるとはいえない。むしろ「高僧明恵の遺跡を受け継ぐ武士団」としての湯浅氏が、「明恵の寺」として興隆された歓喜寺の境内の一画に、明恵が誕生した屋敷地を受け継ぐ施設を復興（復元）したものと考える方がふさわしい。いずれにせよこの屋敷が、湯浅氏が再興した歓喜寺、喜海の手で立てられた卒塔婆とともに、湯浅氏（特に保田氏）と明恵との深い所縁を永遠に語り伝える装置として、「吉原遺跡」の重要な構成要素であったことは間違いなかろう。

ちなみに一辺一三メートルと想定される区画堀で画された、「明恵上人遺跡」の主要な屋敷遺構の中心には、「明恵上人の胎衣塚」と呼ばれてきた小塚が包摂されている。胎衣塚自体は近世に積まれたもののようだが、この小さな遺跡が、この場所に明恵が生まれたと伝承される屋敷があったことを、現代まで語り続けたことになる。(10)

〔注〕

(1)「行状」。

(2) 角田文衛『平家後抄』下（講談社、原形初出一九八一年）。

(3)『明恵上人資料』一。

(4)「漢文行状」の明恵の出生にかかわる記事を、掲載しておく。

沙門高弁者、紀伊国在田郡人也、父平七(士)武者重国〔高倉院武者所也、本姓伊勢国伊藤党也、依養父姓改藤原為平〕、母湯浅宗重入道第四女也、（中略）承安二(三)年〔癸巳〕正月八日辰剋、於紀州在田郡石垣庄吉原村誕生、（中略）又四歳之時親父鐘(鍾)愛之余、令着烏帽子称云、形為美男加首服可進大臣殿云々、〔主君小松、内府也〕（中略）治承四年〔庚子〕正月八日悲母逝去、同年九月親父夭亡〔源平乱逆之初、於上総、国為源氏被誅畢〕

(5) 上総での目代重国の討死については、野口実「源頼朝の房総半島計略過程について」（野口『中世東国武士団の研究』高科書店、一九九四年、一九八五年初出）参照。

(6) 川合康「治承・寿永の内乱と伊勢・伊賀平氏―平氏軍制の特徴と鎌倉幕府権力の形成―」（川合『鎌倉幕府成立史の研究』校倉書房、二〇〇四年）。

(7) 元暦二年における湯浅宗重の蜂起をフィクションとする見方もある（佐々木紀一「小松の公達の最期」『国語国文』七六一、一九九八年）。もしそうだとしても『平家物語』や『源平盛衰記』にあらわされるように、作者が、湯浅氏・伊藤氏という小松家の家人間の連携が成り立ちうるものとみていたことは間違いないだろう（本書第二章付論参照）。

（8）『金屋町誌』上（一九七二年）、和歌山県立博物館編『明恵　故郷でみた夢』（図録、一九九六年）等。

（9）「明恵上人遺跡」については、和歌山県文化財センター編『明恵上人遺跡発掘調査概報』（一九九二年）、村田弘「『明恵上人遺跡』について」（『明恵　故郷でみた夢』）参照。

（10）歓喜寺や「明恵上人遺跡」の周辺には、他にも明恵にかかわる興味深い伝承がある。歓喜寺に境内を接する八幡社の摂社・春日社は、明恵の崇敬により祀られたものという（『紀伊続風土記』）。「吉原遺跡」の卒塔婆の立つ辺りは「上人田」、すぐ東の田は「念仏田」の字をもつという。西に進み有田川を渡った場所の滝を、「森滝」といい、明恵のお傅りをしていた少女が誤って上人の目を枝で突き、自責の念から身を投げた滝という。

付論二　保田宗光・宗業と「星尾遺跡」

一

宗光の居館として使用されたのは、石垣荘河北にある糸野館と、保田荘にある星尾屋敷であったが、宗光在世中の保田氏の主要な拠点は前者とみるべきであろう。同時代史料は、彼のことを「石垣殿」「糸野兵衛尉」などと呼んでおり[1]、本拠というべきは、やはり石垣荘河北の糸野館であった。

ところが一族結合における惣領としての宗光の地位を継いだ宗業の代となると、彼はもっぱら保田荘の星尾屋敷を生活と地域支配の拠点としている。その嫡系の子孫も「保田」の苗字で呼ばれており、やはり宗光流の本拠は、宗業以降、南北朝期に至るまで、星尾屋敷であったと考えてよい。

このように宗光段階の苗字としては「石垣」か「糸野」を用い、宗業の代になって「保田」を使うのが適当だが、本書では煩雑を避けるため、宗光流嫡系を宗光の代から保田氏と表記している。

二

星尾屋敷は、明恵の重要な奇瑞の舞台となる。建仁二年（一二〇二）の冬、保田宗光の星尾屋敷の傍らに庵室を移した明恵が、釈尊の遺跡を巡拝するためインドに渡る計画を同法に打ち明けると、翌年正月一九日より宗光の妻（糸野御前）が尋常ではない様子となり、同二六日午後、ついに春日明神が憑依した。彼女は異香をまとい、口に妙音を含み、手足は甘味をともなったという。彼女の体を借りた春日明神は、「我国」に留まることを求め、春日社に参詣することを誘った。その場に集った「道俗男女」「貴賤上下」「七八十人」は、涙を流してこの奇瑞を見守ったという(2)。

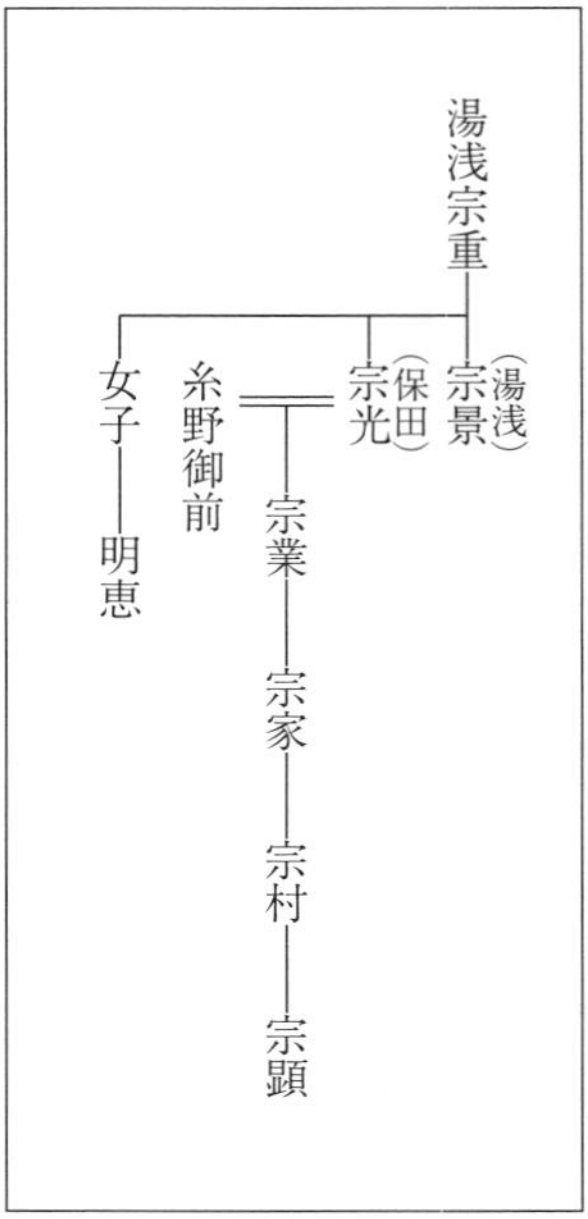

湯浅氏略系図

宗業が父宗光から星尾屋敷（「宿所」）を譲られたのは一二二五年頃のことと推測できる。星尾屋敷には、持仏堂が備わり、そこで「毎日一部の法華経并仁王経」「毎月十八日□に観音経一千巻」を僧侶に読誦させていた。文暦元年（一二三四）、春日明神降託の地であることの恐れ多さと、両親の菩提供養の宿願のため、宗業は星尾屋敷を三宝に寄進する。これが星尾寺の起源である。嘉禎二年（一二三六）、喜海により「明恵上人紀州八所遺跡」に選定される二年前のことである。

星尾屋敷が宗業の手で、星尾寺として本格的に興隆されるのは、この寄進から二八年後の弘長二年（一二六二）のことである。栂尾高山寺の池房で明恵の「秘密勧進帳」を見いだし、明恵が星尾に伽藍と春日・住吉両明神を祀る宝殿を建立したいと願っていたことを知った宗業は、ただちに明恵の門弟を星尾に招き、大明神講や説戒を勧めさせた。この時、異香が漂うという奇瑞が起こり、信心を増した宗業は、屋敷を改めて仏神に寄進している。

京に戻った宗業は、重病に倒れ、出家を遂げ、明恵から授かった法名「智眼」を名乗る。その後、奇跡的に回復し、療養のため星尾に帰った宗業（智眼）は、すぐに寺院の整備に着手し、寝殿を壊して僧坊二宇を建て、「田畠并免給」を寄進している(3)。

図　星尾寺跡（神光寺周辺）　（写真提供 和歌山県立博物館）

一旦は京へ戻った宗業であったが、後々の不安を解消するため、関東へ下向し、得宗北条時頼、執権北条長時に相次いで面談し、星尾寺の境内における殺生禁断を認める関東下知状、ついで六波羅探題の禁制を得ることに成功している(4)。

弘長三年には、星尾寺に六口の三昧僧を置き、法華経の読誦を宿所からここに移している。翌四年、寺を開いた趣旨や経緯を、宗業自らの筆で「星尾寺縁起」としてまとめた。さらに文永七年（一二七〇）には、浜仲荘北方の田地五段を星尾寺に寄進している(5)。宗業の星尾寺興隆は、彼の命ある限り続けられたことがうかがえる。

三

以上、明恵の奇瑞の場所である星尾屋敷が、「八所遺跡」に選定され、興隆されていく経緯を概観してきた。本書の問題関心から、以下の点に特に注目しておきたい。

第一に、明恵の奇瑞が、宗光の保田荘支配の拠点でもある星尾屋敷を舞台として起こり、しかもそれを「道俗男女」「貴賤上下」「七八十人」が見守っている点である。領主・保田氏のもとで起こった明恵の奇瑞が、領主と地域住民とを結びつける役割を果たしていたのである。

第二に、保田氏の歴代当主が、星尾屋敷や「星尾遺跡」を通して、明恵との特別な所縁を強調している点である。実際に春日明神降託にあたっての宗光夫妻の果たした役割についてはいうまでもない。宗業は、直接明恵から「智眼」の法名を受けた弟子であり、俗人としてはただ一人明恵の臨終に立会っている。明恵との特別深い縁が、明恵との関係で結ばれた湯浅一族の族縁結合における卓越した地位の証明にもなっているのである。保田氏の歴代が、おそらく家督相続にあたって星尾寺に殺生禁断と興隆を誓う置文を捧げているのも[6]、そうした明恵との所縁を継承することを内外に宣誓する意味があったのだろう。

第三に、保田氏の星尾屋敷そのものが、「八所遺跡」に選定され、「春日明神御託宣」の場所として卒塔婆が建立されていることである。さらに宗業の代にかけては、星尾寺として興隆され、栂尾高山寺の別所となり、保田氏のもとにあっての明恵の活動、領主と住民がともに見つめた明恵の奇瑞を思い起こさせる装置となっている。しかも保田氏が、星尾寺興隆の過程において、屋敷から退去した形跡はみられない。保田氏は、「八所遺跡」として興隆された寺院を領主支配の拠点として維持し続けたのである。

四

以上の三点を、「星尾遺跡」に即して確認できる「八所遺跡」の性格として、提示したい。本稿における事実の考証は、「中世前期における武士居館と寺院―星尾寺の成立―」（高橋『地域社会』）において、また現地景観への比定は、「中世の星尾寺―現地踏査から―」（同）において行っている。本稿は、これら前稿で確定した歴史的事実を、本書の問題関心に即してまとめ直したものである。

〔注〕

（1）「夢記」。
（2）以上は「漢文行状」による。
（3）以上は、主に「星尾寺縁起」による。
（4）「星尾寺縁起」、弘長二年一二月一〇日付関東下知状（『鎌倉遺文』八九〇四）、同年一二月二四日付六波羅禁制（『鎌倉遺文』八九〇八）。
（5）文永七年二月九日付湯浅智眼寄進状（『高山寺古文書』二五六・三六八）。
（6）嘉元四年（一三〇六）一一月二九日付湯浅（保田）宗村置文案（「神光寺文書」二『和歌山県史』中世史料二）、建武元年（一三三四）二月二九日付湯浅（保田）宗顕置文案（同三）。なお星尾寺の旧所在地に建つ神光寺は、同寺六坊のうちの一つであったという。

第六章　最勝寺と「神谷後峰遺跡」

はじめに

一九九二年、浄教寺に所蔵される「仏涅槃図」の図像を分析した武田和昭は、この仏画が明恵の思想と密接なつながりをもつことを明らかにした。さらにその他にも浄教寺には明恵所縁の最勝寺旧蔵と伝承される什物があることに注目し、それらが一群を形成していることを指摘した(1)。明恵所縁の寺としての最勝寺について同寺旧蔵品の分析を通じて言及した、重要な問題提起であった。

武田の成果を受け継ぐかたちで、一九九六年、和歌山県立博物館で開催された「明恵 故郷でみた夢」展では、最勝寺旧蔵と伝えられる浄教寺什物が一堂に展観され(2)、最勝寺という中世寺院の存在が、あらためてクローズアップされることになった。

本章は、有田川下流域における真言密教の中核寺院として、また明恵所縁の寺として隆盛を極めながらも、近世初頭には退転し、浄教寺に転伝した什物のみがその盛観を偲ぶよすがとなっている「幻の中世寺院」神谷山最勝寺の歴史を振り返りつつ、湯浅氏とのかかわり、地域社会におけるこの寺の位置等について明らかにしようとするも

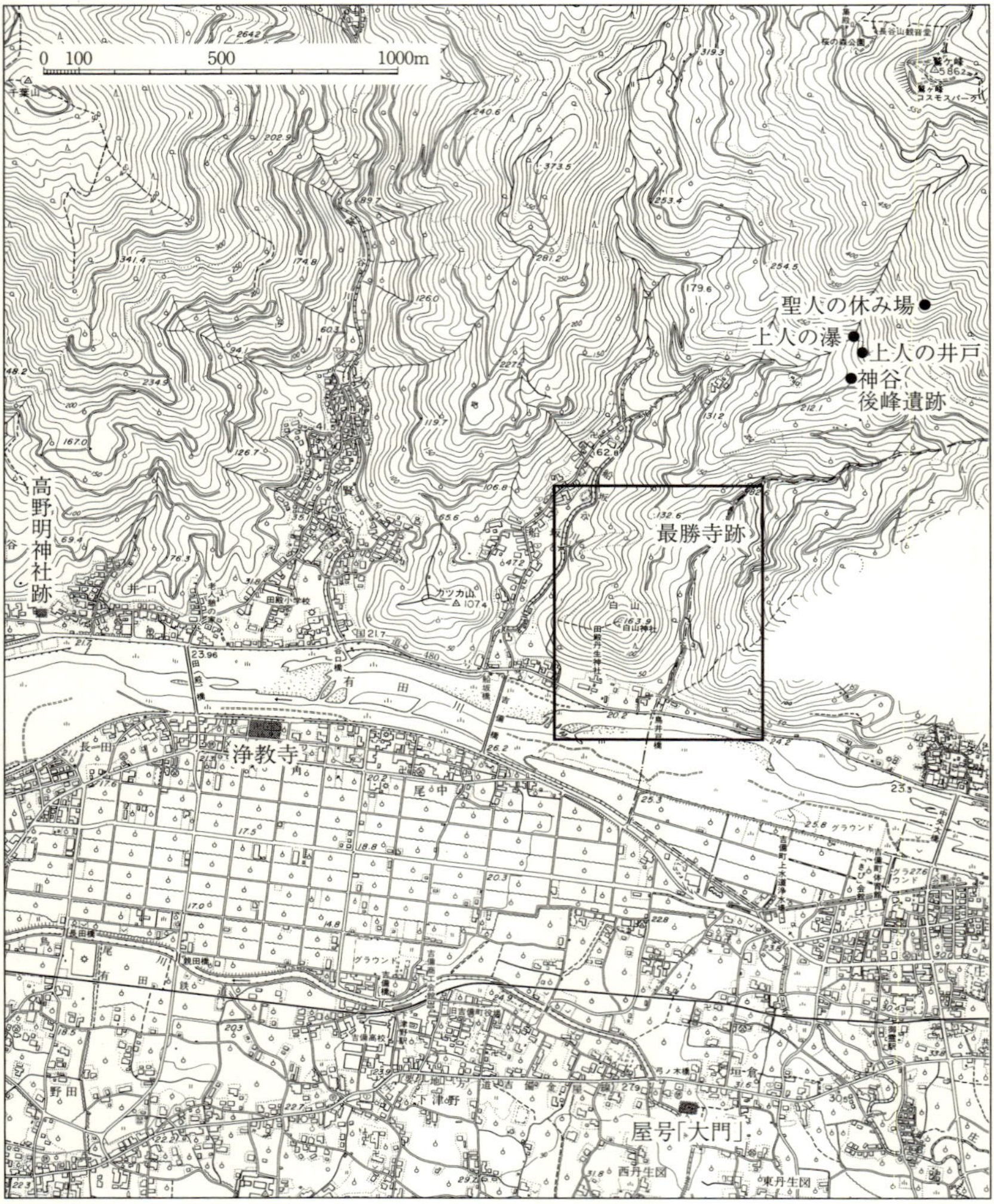

図1　最勝寺跡とその周辺　（囲みの中は図4に拡大）

原図：吉備町役場発行「吉備町全図」　1：10,000

のである。しかる後に、現地踏査の成果として、最勝寺の伽藍・坊舎の配置を景観や伝承の中に探り、中世寺院遺跡「最勝寺跡」の規模や範囲を確定する作業を行うことにする。

一　最勝寺の位置

有田川の北岸、鷲ヶ峰から南に伸びる山脚が形成する谷筋の一つが神谷である。神谷山最勝寺はこの谷あいに寺地を占めた。寺の主要な伽藍は、比較的傾斜が緩やかで、テラス状の平坦地を切り出しやすい西斜面（旧吉備町側）に建てられていたようである。

同じ田殿荘内の有田川北岸には、田口村に白鳳時代の寺院遺跡「田殿廃寺跡」、大谷村に平安時代の寺院遺跡「簗那院跡」がある。いずれの寺院も、時代的には最勝寺との重なりは無いようであるが、神谷周辺の宗教的環境が、古代以来、歴史的に形成されてきたものであることを示しており、興味深い。

「高山寺縁起」は「石垣・田殿両荘之間、有一山寺、称神谷」と記し、最勝寺の所在地を荘堺とみなしている。[3] 中世、最勝寺は、境界に建つ山寺と認識されていたのである。なおこの地は、現代においても旧吉備町と旧金屋町の境界にあたり、谷筋の西が吉備町、東が金屋町に行政区分されていた。一方で明恵紀州遺跡卒塔婆銘注文は、「神谷後峰」の遺跡地について「田殿荘河北ニアリ」としている（ただし追筆部分）[4]。最勝寺は、大まかにいえば石垣・田殿両荘堺に所在したということができるが、厳密にいえば田殿荘の内に寺地を占めていたのであろう。なお江戸時代には、この地は、田殿荘出村領に属している。

交通面に注目すれば、当然のことながら神谷は、有田川を通じての流通を利用することが可能である。また有田川河口から高野山に至る陸路も、古くは地形的に安定した有田川北岸を通過していたに違いない。高野山に向かう道の存在は、真言密教の寺院としての最勝寺が神谷に成立することになる前提条件でもあった。

二　最勝寺の成立

『紀伊続風土記』は、最勝寺の創建について、丹生大明神社の項に、次のように記す(5)。

鳥羽院の御時、真言の僧玄蔵聖人天野を学び、寺院を社辺神谷といふ地に起し、七堂伽藍二十一坊を建て、神谷山最勝寺と名つけ、本坊を菊坊といふ、大門より奥院まて八町、其間町石を建て大に仏区を創む、

最勝寺は、鳥羽院の時代（院政は一一二九～五六年）、天野に学んだ真言僧玄蔵が、神谷に七堂伽藍と二十一坊を建てたことに始まるとしている。

鳥羽院政期の久安六年（一一五〇）、「最勝寺住僧」禅忠が、「涅槃経」を書写し、藤並荘南城寺に寄進したことが、美山村下阿田木神社蔵「五部大乗経」（「下阿田木経」）の奥書からわかる(6)。清水町法福寺蔵「大般若経」（「成道寺経」）巻二百六十六は、平治元年（一一五九）に宗詮院なる僧が最勝寺で書写したものであることが、奥書から判明する(7)。開創されて間もない時期の最勝寺僧の活動をうかがい知ることができる。また最勝寺跡で採集された瓦の中で、もっとも時代を遡るものと思われる、菱格子文平瓦や巴文鐙瓦・唐草文軒平瓦などは、いずれも平安時代後期の特徴をもつとされる(8)。この頃、瓦葺の伽藍の建立が進んでいたわけである。このように『紀伊続風土記』の記事は、より確実な文献史料や考古遺物と矛盾しない。

やはり『紀伊続風土記』によると、もともと神谷に近い夏瀬の森には丹生大明神社が鎮座していたという（現、

田殿丹生神社)。丹生明神は、いうまでもなく空海に寺地を譲ったという高野山金剛峰寺の地主神である。本社は高野山麓天野の地にあり(現、丹生都比売神社)、高野山上にも鎮守社として祀られている。「丹生大明神告門」には、丹生明神が天野に至るまでの間に一時留まった地として、「安梨諦ノ夏瀬」がみえる。(9)夏瀬の森の丹生大明神社が、古くから天野丹生社の影響下にあったことを示している。

夏瀬の森にすでに鎮座している丹生大明神社に近接する神谷の地に、院政期、「天野を学」んだ真言僧玄蔵の手によって最勝寺が開かれたわけである。最勝寺は、丹生大明神社と一体の寺院として創建されたのであろう。先行する鎮守神・丹生明神に対する信仰の広がりを前提として、高野山が神谷に最勝寺という有田川下流域の拠点を形成するに至ったものとみることができる。

なお廃絶時まで最勝寺に残され、その後浄教寺に引き継がれた什物は、おおむね真言宗寺院としてふさわしい仏画や仏像といえる。(10)最勝寺は、中世を通じて高野山の影響下にある真言宗寺院であったとみてよいだろう。

三　最勝寺と明恵

平家の家人伊藤重国と湯浅宗重女子との間に生まれた明恵は、治承四年(一一八〇)、八歳にして相次いで父母を失い、叔母(母の妹、後の崎山尼)のもとに引き取られた。翌年には神護寺の伯父上覚のもとに入室することになるが、それまでの一年間、両親に先立たれた幼い明恵は、崎山尼の夫で田殿荘の領主崎山良貞の庇護のもと、崎山屋敷で生活したものと思われる。後年、夫良貞を亡くした崎山尼は崎山屋敷を伽藍となして明恵に施与し、あわせて田殿荘地頭職をも彼に譲っている。その後、明恵は、同職を、湯浅党随一の実力者となり、自身の最大の庇護者でもあった保田宗光に譲る。(11) 明恵にとって、神谷山最勝寺のある田殿荘は、かつて生活した屋敷地があり、養父母や庇護者にゆかりの深い身近な土地であった。

ところで明恵は出家した後にも、しばしば紀州へと舞い戻り、郡内各地を修行と学問の場としたことが知られている。そうしたいわば道場として、彼とその同法は、何度か神谷に入り、最勝寺に留まっている。(12)

次に引用する「明恵上人歌集」の一節には、明恵が籠居する場所を選定する際に交わされた、高雄神護寺でのやり取りが含まれており、興味深い。(13)

　高雄にして紀州籠居の所を評定するに、先に、糸野といふ所を人はのぞむ、と申せば、さもと思へども、神谷と申す山寺古き所なれば、遁世の篇にも聖教安置し、かた〴〵よろしかるべき由を申すに、人ありて、

　さて糸野をばいかが、と申せばよめる、

ちはやぶる　神だにさても　おちゐなば　糸野山をも　ひきかへしてむ

神谷山最勝寺は、明恵ばかりかその同法たちにとっても、世俗から離れた山寺であり、しかも聖教が備えられた魅力的な場所として認識されていたことがわかる。ここでは、紀州での修行・学問の場の選定が明恵教団の自由意志によっていたかのような印象を受けるが、元久元年（一二〇四）の明恵の神谷入りは、少々事情が異なるようである。「漢文行状」より引用しよう。(14)

其比文学（覚）上人自佐渡国、帰洛之間、頻可有上洛之由、被申送依之大明神講以後、可被赴京洛之間、忽有此告然而猶上洛之儀、依被勧申二月五日出紀州、宿雄山地蔵堂、其夜上人夢云所乗馬向京都之時、其足癱躄平臥云々、仍従彼宿還畢、後聞二月十三日文学上人又蒙宣旨、廃（配）流対馬国、為免彼難大明神被示仰也、在田一郡地頭職悉以違乱、併馳下関東了、先日託宣一々符合、可謂不思議、其後一郡不安堵之間、移住神谷山寺名也、為諸人祈

禱於大明神御形像宝前、毎日上人自啓白、令同行転読不断花（華）厳経、上人又修三時行法、又以大仏頂咒、加持香水、以其水向施主方灑之、又雄黄加持白芥子加持等作法修之、彼祈禱之間、瑞夢霊験不委之、

この年の初め、配流先の佐渡から京に戻った師の文覚の要請により上洛の途についた明恵は、雄山峠の地蔵堂での夢告により反転し、紀州に帰還した。その直後に文覚がまたもや勅勘を蒙り、対馬配流となったことを知る。湯浅一族が所持する有田一郡の地頭職にもことごとく違乱が生じたという。もともと湯浅一族は始祖宗重以来、文覚との結びつきが深く、上覚や明恵が神護寺に入寺したのも、そうした所縁からであった。後白河院や頼朝の没後、後ろ盾を失った文覚は、京において迫害・弾圧され、今回はそれが彼を支援する湯浅一族にまで飛び火したのである。ただちに神谷に移った明恵は、春日大明神の像を前に華厳経の転読を始め、三時行法を行い、大仏頂法を修して加持祈禱した[15]。

田中久夫をはじめこれまでの研究は、この時の明恵の神谷入りについて、「糸野・保田における宗光の保護を受けることができなくなったので」しかたなく移住したものと解釈してきた[16]。しかし「漢文行状」の記事は、明恵は「在田一郡地頭職悉以違乱」の後、「一郡不安堵」という状況の中で「移住神谷」したと説明しているだけであって、他で庇護を受けられないために神谷へ移ったとは言っていない。さらに移住後の明恵の積極的な取り組みをみれば、「一郡不安堵」という状況を回復するというはっきりとした目的意識をもって、神谷へ移住していることは明らかである。

この祈禱の際、加持の「香水」が「施主方」に向けられたという記述には特に注意を要する[17]。明恵の神谷移住による加持祈禱には、施主がいたのである。それは、明恵の最大の庇護者であり、湯浅氏の一族結合の中心であった保田氏をおいて他には考えられない。より正確に言えば、明恵は、保田氏の地頭職回復による有田郡安堵のため、

その依頼を受けて神谷に入り、息災を祈る法という大仏頂法を修し加持祈禱を敢行したのであろう。

次の「漢文行状」からの引用も、同じ頃、明恵が行った祈禱に関する記事である。

元久年中夏比、有大旱魃、雖及五六旬、雨脚不降、一郡諸人悉雖祈雨不得其験、爰上人依大仏頂法、手自図一龍、加持之入海、又図一龍、加持之於其前祈請二龍銘々毗盧舎那大龍王、又依彼法、加持浄水昇高山峯、灑之、限三ヶ日為其期、其間令同法両三転読別譯花(華)厳世主妙厳品至第三日未剋、少雲忽聳神谷山寺上、須臾遍大虚、自未半至申終、大雨降澍、此時隔数里有一僧名尊観、不知此祈雨子細、夢云従件山寺二龍昇空、一龍者降雨一龍者止洪水云々、一郡諸人此雨依上人祈禱之由謳歌、聞之驚来語此夢也、

夏に五、六〇日も雨が降らない大旱魃が有田郡を襲った。「一郡諸人」の祈雨では効果がないため、明恵が大仏頂法を修して加持祈禱を行うことになった。明恵は二枚の龍の図を描き、一枚を海に入れ、一枚を掲げて祈請した。浄水を加持して高山に注ぎ、同法三人に、「別譯華厳世主妙厳品」の転読を命じた。期限と定めた三日目の未の刻、わずかな雲が神谷山の上に現れたかと思うと、あっという間に空一面に広がり、未の半刻より申の刻の終わりまで、大雨が降り注いだ。有田郡の人々は、この雨は明恵の祈禱のおかげだと口々に讃えた。不思議なことに同じ時刻、ある僧は、最勝寺より二龍が天に昇り、一龍が雨を降らし一龍が洪水を止める夢をみたという。

この場合、明恵は、「一郡諸人」に代わって祈雨の祈禱を行ったのである。そして明恵は、みごとに有田郡に雨を降らせ、人々を救うわけだが、その時、まず雲が現れたのが、神谷山最勝寺の上空であった。とある僧が夢に龍が天に昇るのを見たのもやはり神谷の上空であった。明恵は、有田郡の住民たちにとっても、その生活を安堵する祈禱師として期待され、この場合も神谷という舞台装置が重要な意味をもっていたのである。はっきりとは記されていないが、明恵が祈禱を行った場所も、やはり神谷と考えて誤りはないであろう。

以上のように明恵は、有田郡において安寧が脅かされる事態が生じた場合、一郡の領主である湯浅一族からも、郡内の住民たちからも、それを回復しうる験力を持つ祈禱僧として期待されていた。そしてその際、神谷山最勝寺が舞台となっているのは、決して偶然ではないだろう。神谷が、田殿荘のみならず有田郡全体の安堵を祈るのにふさわしい場所と、誰もが認識していたことが、その前提となっているはずである。

四　最勝寺の興隆

貞永元年（一二三二）一月一九日、明恵は京都栂尾高山寺において示寂する。その四年後の嘉禎二年（一二三六）、高弟義林坊喜海は、明恵が止住し修行した紀州の遺跡八ヶ所を「明恵上人紀州八所遺跡」として選定し卒塔婆を建立した[18]。この「八所遺跡」の選定は、明恵が「一郡の祈禱師」として担った機能を、湯浅氏やその影響下にある寺社が継承することを象徴的に表す意味をもつものと考えられる[19]。

明恵が神谷山最勝寺の後峰に構えた草庵の跡も、「八所遺跡」の一つとして選定されている。この頃以降、最勝寺は、明恵所縁の寺院として興隆が進められたようである。もちろん造営には湯浅氏の関与があったことが想像できる。

清水町法福寺蔵「大般若経」（「成道寺経」）巻二百八十一には、「正平十八年二月廿六日、神谷寺於石水院書写了、執筆沙門朝覚生年六十六」という奥書がある[20]。最勝寺内には、遅くとも正平一八年（一三六三）までに「石水院」という栂尾高山寺の明恵住坊と同じ名をもつ堂宇が建立されていたのである。

最勝寺から浄教寺へと引き継がれた什物のうち仏涅槃図は、鎌倉前期の成立とみられ、明恵が敬慕した十六羅漢の姿が描き込まれるなど、明恵とのかかわりを連想することができる仏画である。

同じく木造大日如来坐像は、高い髻や引き締まった体躯など、明恵と関係の深い南都仏師（慶派）の作風を感じさせる鎌倉前期の仏像である。この像について、藤岡穣は、明恵が元久元年（一二〇四）に神谷で大仏頂法を修した際の本尊、すなわち大仏頂尊ではないかとする興味深い説を提起している。[21]ただし、明恵が大仏頂法を修したのは、突然の災難に対処するためであり、こうした優れた造像を行う余裕はなかったはずである。

最勝寺に、このような明恵の存在を思い起こさせる堂宇や什物が整えられたのは、明恵生前のことと考える余地はあるものの、「八所遺跡」の中に神谷後峰の草庵跡が選定され、明恵所縁の寺院として興隆された時期のこととみなす方が、よりふさわしいように思われる。大日如来坐像についても、明恵没後に、神谷でたびたび大仏頂法を修した明恵を想起させる装置として製作されたものと考えるのであれば、大仏頂尊の像である可能性はあるだろう。

湯浅荘では、明恵が修行した白上峰の麓に創建された施無畏寺に、明恵の没後、栂尾高山寺からその遺品が納められた（「八所遺跡」のうち「西白上遺跡」・「東白上遺跡」として選定）。[22]春日明神の降託のあった保田荘の保田宗光屋敷は、やはり明恵没後、星尾寺として興隆されている（同じく「星尾遺跡」として選定）。[23]石垣荘歓喜寺にほど近い明恵生誕地は、その遺構から、鎌倉中期、寺院として興隆された可能性がある（同じく「吉原遺跡」として選定）。[24]明恵が一郡諸人数百人を集めて涅槃会を挙行した同荘糸野の成道寺では、延慶二年（一三〇九）に、高山寺の坊院と同じ「十無尽院」の名をもつ堂宇の存在が確認できる（同じく「糸野遺跡」として選定）。[25]「八所遺跡」の選定を受け、湯浅氏の影響下にある諸施設が、鎌倉中後期にかけて一斉に「明恵の寺」として興隆されるのであり、最勝寺もこうした動きの中で、堂宇や什物を整えていったものと推測できる。

五　最勝寺の衰退と退転

康暦元年（一三七九）、山名義理率いる幕府軍の攻撃を受けて、紀州南朝勢力の中核として踏みとどまっていた湯浅一族は、藤並・湯浅・石垣の拠点を次々と失い、翌年には阿瀬川城も落とされ、遂に有田郡から没落した[26]。湯浅氏という有力なスポンサーを失った神谷山最勝寺を取り巻く状況は、一転して厳しいものとなったはずである。

次の引用は、最勝寺から浄教寺に引き継がれた仏画「十二天像」のうち風天像裏に記された銘文である（図2）。

　神谷山頽転シヨリ、天正年中浄教寺エ来収、為什物、

神谷山最勝寺住侶権少僧都

　寄附主盛実

明応十戊年三月

　表具修補延享元年子四月

　石垣庄糸川村蓮花寺住僧慈湛

　手カラ自カラ細工之寄進ス、

二〜四行目は、もとの裏打紙に記されていた寄進当初の裏書が、延享元年（一七四四）の修理銘の中に引き写されたものと考えられる。ここから、明応一〇年（一五〇一）までは最勝寺が存続しており、こうした仏画が寄進される程度の寺勢を保っていたことがわかる[27]。そしてこの部分に付された一行目の注記からは、天正年中（一五七三〜九二）に神谷山最勝寺が退転し、これらの像が浄教寺に引き取られたという経緯を知ることができる。これは、

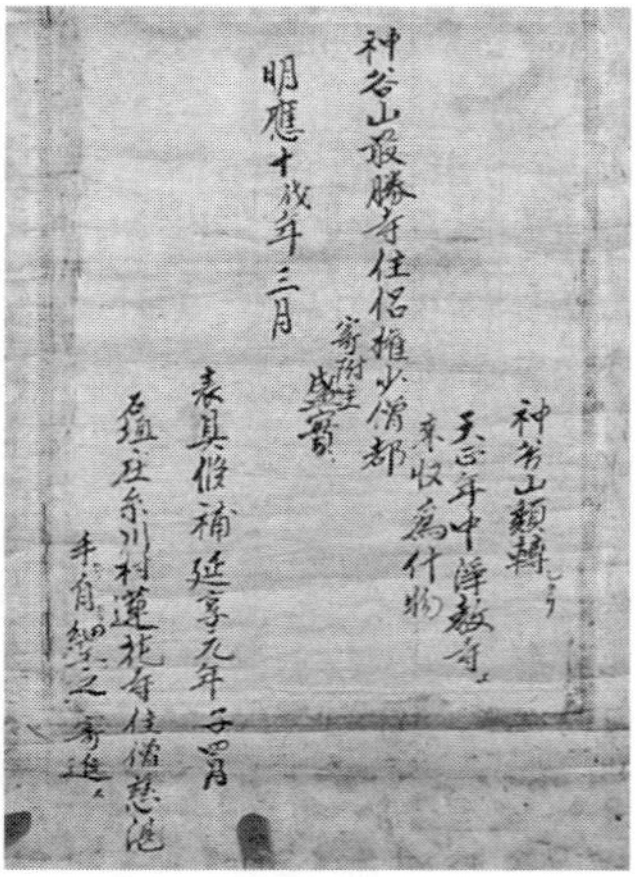

風天像裏の修理銘

（写真提供　和歌山県立博物館）

図２　風天像（十二天像のうち）

（浄教寺蔵、写真提供　和歌山県立博物館）

『紀伊続風土記』が「天正中豊太閤悉寺領を没収す、浅野氏の時堂塔伽藍を破却し、悉く若山に移す、（中略）又其の伽藍の什宝、此辺の近寺に古画・古仏・古記等を転伝す」と記すのと符合している。他に永禄年中（一五五八〜七〇）に退転に及んだとする資料もあるので、[28] 一六世紀に入ってから、最勝寺は段階的に衰えていったものと考えられる。

天正一三年（一五八五）から紀伊を領国化した豊臣氏のもとで、経済的な基盤を失った最勝寺は、慶長五年（一六〇〇）、新たに紀伊を就封した浅野氏により堂塔伽藍をも奪われ、遂に壊滅するに至った。こうした段階において、什物が救い出され浄教寺に納められたことは、実に幸いなことであった。

六　「最勝寺伽藍差図」と最勝寺跡の現況

院政期の開創の後、有田郡全体の秩序回復に重要な意味をもつ寺院と人々から認識され、湯浅氏によって「明恵の寺」として興隆された神谷山最勝寺は、江戸時代を迎える頃、地上からその姿を消した。

その最勝寺の盛観を復元する材料となるのは、一つには、明秀光雲開山の名刹、長田村の浄教寺に引き継がれ、同寺関係者の努力により今日まで大切に守られてきた仏画や仏像等の什物である。それらは、中世の有田郡においてもっとも重要な寺院の一つであった最勝寺の往時の姿を想像させるに十分な内容を伴った貴重な文化財であるが、これについては、本章付論にまとめているので、詳細はそれに譲ることにする。

最勝寺を復元するため、もう一つの材料とすることができるのは、神谷周辺の土地に刻まれた地名や伝承である。発掘等の考古学的調査がまったくなされていない現状において、その史料としての価値は高い。ここでは、主に現

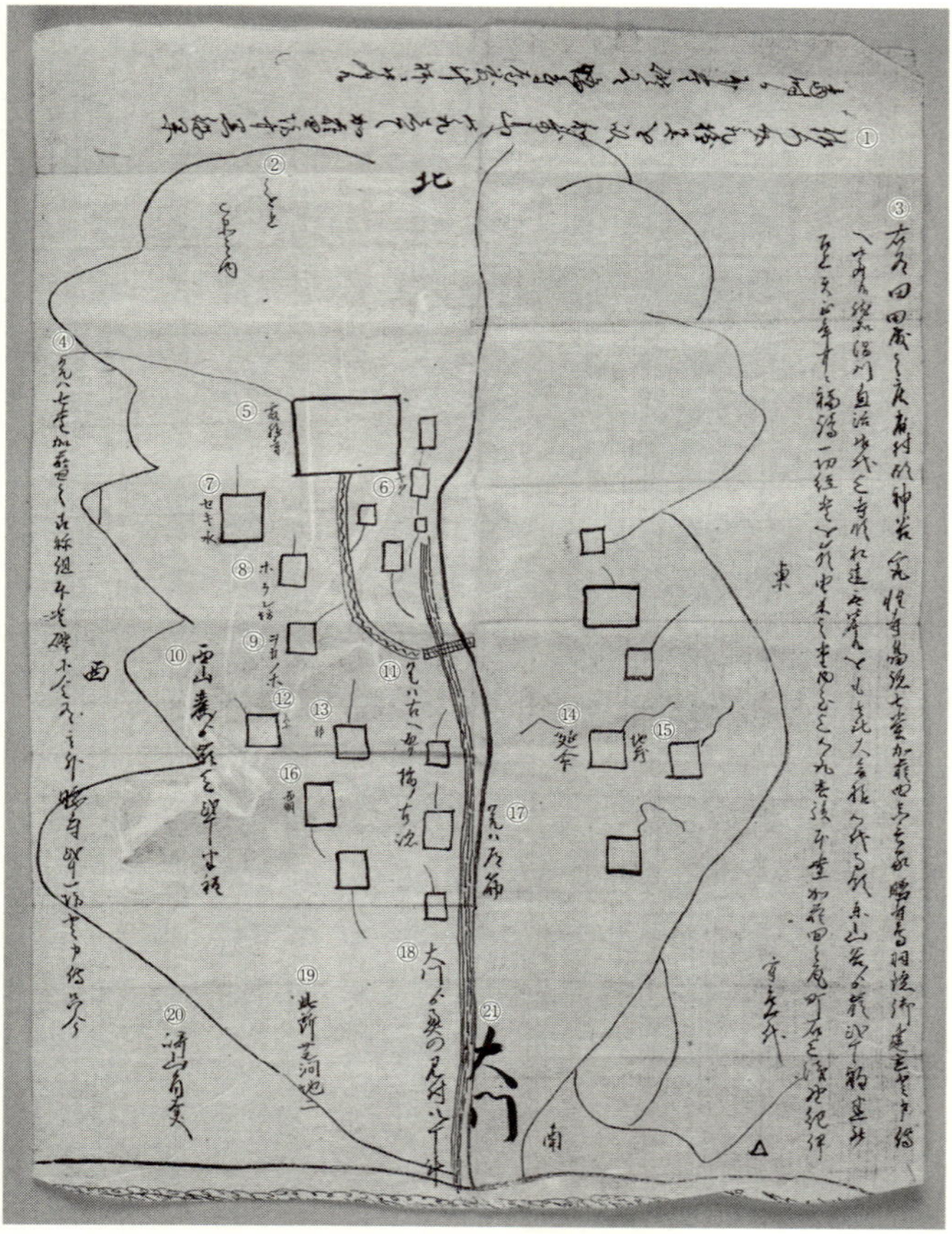

図3　最勝寺伽藍差図（「崎山家資料」）

（施無畏寺蔵、写真提供 和歌山県立博物館）

①佐衛門介取指図を以和歌山へ御取して伽藍坊中悉絶果、当時ハ本堂礎有脇寺屋敷計躰ニ御座候、

②進上二品之内

③右有田殿之庄出村領、神谷最性（勝）寺旧跡七堂加（伽）藍、真言宗脇寺鳥羽隠（院）御建立と申伝へ御座候、然処湯川直治御代迄寺領相違無御座候をも、其比太閤様御代寺領東山谷ゟ嶺弐丁程悉被召上、天正年中ニ福嶋一切経堂を嶺（崩）、由来之堂物至迄御取、其後本堂加（伽）藍回（廊脱カ）之瓦・町石迄、浅野紀伊守名代

④是ハ七堂伽藍之古称、但本堂礎に今有、其外脇寺弐十一坊と申伝、只今

⑤最勝寺

⑥キク

⑦セキ水

⑧ホウレ坊

⑨ヲカノホ

⑩西山麓ゟ嶺迄弐丁半程

⑪是ハ古へ通リ橋ノ古跡

⑫京

⑬浄

⑭延命

⑮地蔵

⑯西明

⑰是ハ道筋

⑱大門ゟ奥の見付八丁計

⑲此所芝澗池二

⑳崎山角太夫

㉑大門

ところで最勝寺の伽藍・坊院の構成について考える際に参考になる一枚の絵図が、施無畏寺蔵「崎山家資料」の中に残されている。図3として図版を掲げ、文字翻刻を①〜㉑として示すことにする。以下、この資料を「最勝寺伽藍差図」と呼ぶ。これは、②⑳の注記から、崎山角太夫より紀州藩に提出された上申書類に添付された最勝寺の伽藍配置に関する推定図の下図か控えと思われる。④→③→①と続く文章は、最勝寺の来歴をまとめたもので、『紀伊続風土記』等の記述と相通ずる内容である。その他の書き込みは、地名や伝承等をもとに推測した伽藍・坊院名とそれに関する注記であろう。

なおこの絵図を製作したとみられる崎山氏は、湯浅本宗家の流れをくむ田殿荘中村（有田川町尾中）の地士である。保田宗光の娘円明が湯浅本宗家の宗良に嫁すことによって伝えた田殿荘地頭職を相伝し、この一族は、後に湯浅荘を捨ててこの地に移住し、「崎山」を姓とするようになった[29]。江戸時代には、六十人地士としてふさわしい由緒を示す必要から、明恵親族の子孫であることを強調する。自分の屋敷の傍らに小堂を建て、「明恵の寺」最勝寺に伝来したという大日如来像や棟札を収め、これを最勝寺として拝したのも、そうした主張の一環であった[30]。この絵図も、そうした崎山氏の運動の中で、最勝寺を偲ぶために、現地取材に基づいて製作されたものと思われる。

(1) 夏瀬の森と丹生大明神社

「丹生大明神告門」に丹生明神が「忌杖刺給」うた場所と記される夏瀬の森は、有田川北岸に沿って一部が残る(図4参照)。かつては広大な林野で、現川床を南に越えてさらに広がっていたと伝えられている。たびたびの洪水に破られ、現在のように姿を変えた。その中に勧請された丹生大明神社(現田殿丹生神社)は、白山の麓にある。近世には、出村に属し、田殿荘一三ヶ村の産土神であった。そもそも神谷という地名は、丹生明神の谷という意味であろう。すぐ東側の集落は丹生村といい、これは明らかに当社にちなむ村名である。だとすれば丹生村(石垣荘)の名はすでに仁寿四年(八五四)六月七日付有田郡司解にみえるので[31]、丹生大明神社の創建は、それよりも遡ることが確認できる。広大な神田をもち、石垣荘丹生図村の名は、当社の神領に由来するという。また社地が含まれる小字「鳥井戸」は、丹生大明神社の鳥居にちなむ地名という。背後の白山は、位置的に当社と無関係とは思えないが、江戸期にはすでに山上に白山権現社が祀られていた。

最勝寺は、この丹生大明神社の存在を前提に、近傍の神谷に開かれた。当社から見れば別当寺、神宮寺にあたる。最勝寺からみれば、当社が鎮守社ということになる。

高野山上の壇上伽藍やその他の末社と同じように、かつては丹生高野両明神として祀られていたが、「中古」の時代、「霊夢」により高野明神が井口村に移されたという[32]。その後、丹生大明神社を上宮、高野明神社を下宮と呼んだ。高野明神社も田殿荘の産土神と位置づけられてきたが、明治四一年(一九〇八)九月、丹生大明神社に合祀され、現在、旧社地には、石積みの基壇・礎石や「従是東北当社境内」「従是南西当社境内」とそれぞれ刻まれた石標などが残る。田殿丹生神社には、丹生大明神社のものとともに、高野明神社の境内図が残されており、神域の

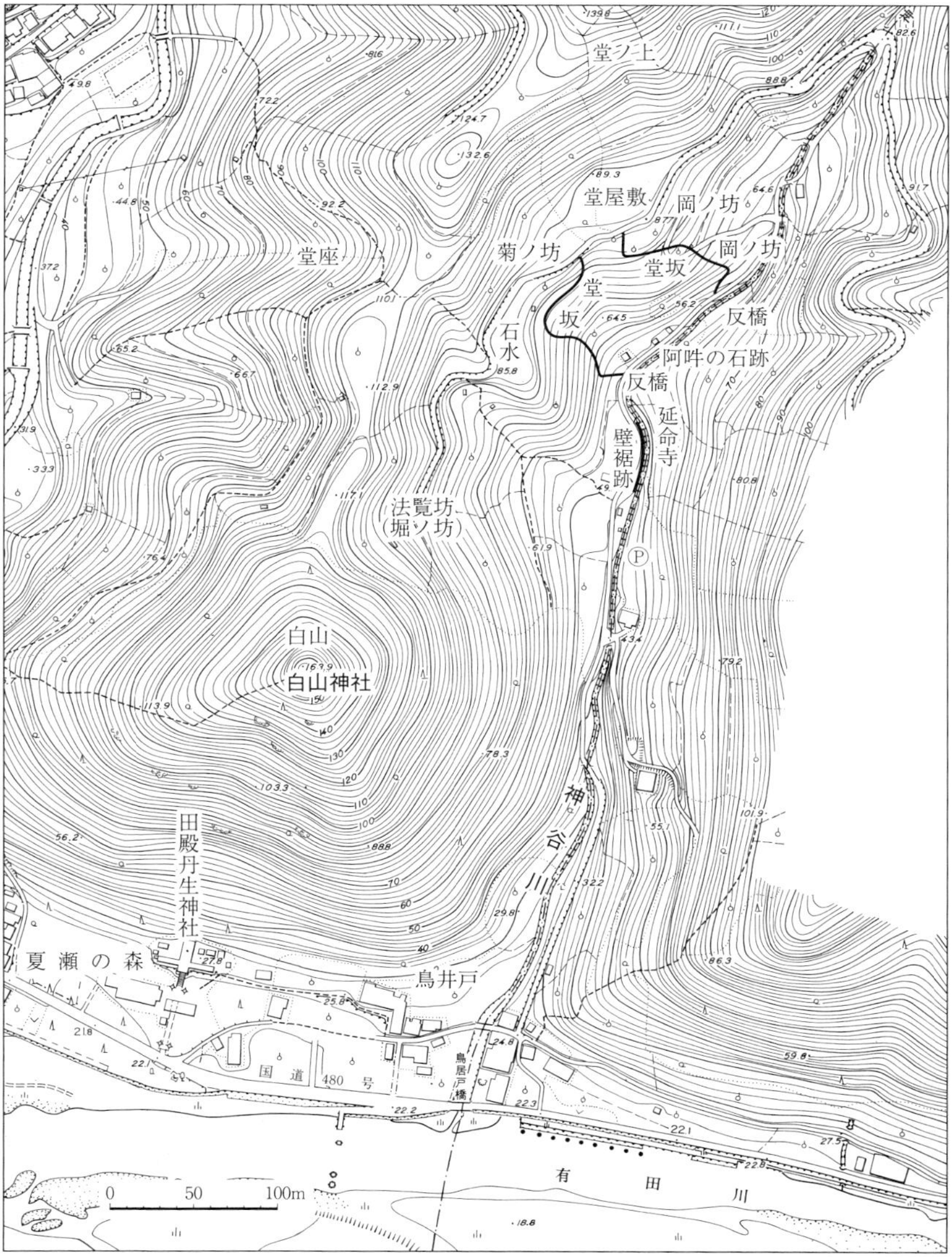

図４　最勝寺跡　　※Ⓟは図５の撮影位置を示す。

原図：吉備町役場発行「吉備町都市計画図」８・11　１：2,500

構成を知ることができる。

かつての田殿荘の秋の祭礼は、九月一一日に挙行され、流鏑馬の後、上宮・丹生大明神社から下宮・高野明神社まで神輿の渡御が行われた。各村から催された駈馬がそれに従い、一斉に有田川を駈け渡る様は壮観だったといい、『紀伊名所図会』の挿図にも描かれている[33]（第七章付論図2参照）。

(2)　最勝寺跡

白山の東、神谷川の流れる谷筋を登ると間もなく、最勝寺の跡地にさしかかる（図4参照）。現在は一面に蜜柑畑が広がり、谷の西側斜面を中心に伽藍や坊舎が建ち並んでいたようである。『紀伊続風土記』は、「今最勝寺の跡田地となり、菊ノ坊・堀ノ坊・岡ノ坊・上ノ坊・下ノ坊・谷ノ坊・内分坊・正院・清水院・来迎寺・権願寺・本堂・反橋・大門等の名残れり」と記す。

谷筋の道はかつての参道であり、それに沿って、明治まで築地塀の壁裾が残っていたといわれる箇所がある。阿吽の石が置かれていたという場所は、仁王門の跡であろうか。神谷川にはいくつかの橋もかかっていたようである。現在の舗装道は、神谷川の西を通るが、「差図」が「是ハ道筋」とするルートは、川の東側である。参道から西斜面の主要な伽藍に向かうには、その都度橋で川を跨がねばならなかったのである。

谷あいでもっとも広い平坦地を切り出しているのは、現在堂屋敷と呼ばれる段である。近くからは鉄剣が出土したといい、下の斜面には、今も中世のものと思われる瓦や土器の破片が散布している。「差図」では、「最勝寺」としてもっとも大きな囲みが描かれているのが、堂屋敷の場所であろう。神谷川の橋からそれにアクセスする坂道も描かれている。これも現地で確認でき、橋の跡を反橋、坂道を堂坂と呼んでいる。

『紀伊続風土記』は「本坊を菊坊といふ」と記す。菊ノ坊の地名も、堂屋敷と同じ段の西端に確認できた。ただし「差図」では大きな囲みの東側に「キク」と書かれており、これが菊ノ坊のことだとすれば、地名とは合わないことになる。

岡ノ坊は、現在の舗装された堂屋敷へ向かう坂道に沿って、伝承地があるが、「差図」の「ヲカノホ」の位置とは合致しない。

栂尾高山寺の明恵住坊と同じ名称をもち、「成道寺経」にその名が記され実在が確認できた石水院は、現在、石水の地名となって、その所在地を伝えている。谷あいでは、堂屋敷に次ぐ広さをもつ平坦地である。この位置は「差図」ともほぼ一致している。『紀伊続風土記』に石水の地名は見えないが、「清水院」がこれにあたるのだろう。ところで神谷川沿いの参道から橋を渡り堂屋敷へ向かう坂道としては、もう一本のルートが伝承されている。こちらの場合も橋を反橋と呼び、坂道を堂坂と呼ぶ。このルートは石水の段のすぐ脇をかすめているので、もとは石水院へアクセスするための参道だったのではなかろうか。

石水の西には、法覧坊の地名がある。『紀伊続風土記』の「堀ノ坊」、「差図」の「ホラン坊」がこれにあたるだろう。この地の南西に結界石と呼ばれる石標があるという。

谷の東側斜面、川沿いに延命寺と呼ばれる平坦地がある。「差図」の「延命」と位置が一致する。「差図」はさらにその東に「地蔵」と記す。地名は確認できないが、延命寺の東側斜面から、かつて石造の地蔵像が出土したというので、かかわりがあるかもしれない。

「差図」をみると、神谷川の流末のあたりに「大門」という大きな書き込みがある。現在の鳥井戸橋のあたりであろうか。「大門より奥の見付八丁計」という書き込みがあり、『紀伊続風土記』の「大門より奥院まて八町、其間

図5　最勝寺跡

町石を建て大に仏区を創む」という記述と対応する。

なおこれとは別の最勝寺大門に関する伝承も存在する。最勝寺のある谷筋から有田川を渡って真南へ一キロほどのところに所在する、旧石垣荘丹生図村の薮田家は、「大門」の屋号をもつ（図1参照）。その由来は、かつてこの場所に最勝寺の大門があったことによるという。また薮田家は高野街道の宿坊で、高野山への途次、参詣人は、ここから最勝寺に参拝を済ませ道中を進んだという。有田川の増水等の事情により参詣できない人は、ここから神谷の方向に向かって礼拝したとも伝える。

以上、得られた知見を総括すれば、中世の最勝寺の姿を次のようにイメージすることができよう。大門をくぐり神谷川に沿った参道を寺内に入ると、堂宇は谷の西側斜面に立ち並んでいた。もっとも大きなテラスである堂屋敷と呼ばれる段に建つ本堂的な建物と、それに次ぐ広さをもつ石水と呼ばれる段に建つ石水院とが、寺院の二つの核であった。参道からこの二つの建物それぞれにアクセスする坂道が延び、周囲の緩斜面にはそのほかの堂宇や坊院が建ち並んでいた。

(3)　神谷後峰遺跡

元久元年（一二〇四）、明恵が草庵を構えた神谷後峰の地は、嘉禎二年（一

二三六)、義林坊喜海により、「八所遺跡」の一つに選定され、卒塔婆が建立された。康永三年(一三四四)、喜海が建てた木造の卒塔婆が朽損したため、弁迁が湯浅一族を勧進して石造卒塔婆に建て替えている。(34) これにより神谷後峰に明恵が構えた草庵の場所は、今日まで正確に伝えられているのである。ちなみにこの神谷後峰遺跡の卒塔婆はいつの頃か半切し、上半分が行方不明となっていたが、昭和一〇年(一九三五)、有田市須谷の福正寺墓地で発見され、昭和四三年、元の姿に復元された。(35) 神谷後峰の卒塔婆が立つ場所は、最勝寺跡からさらに谷筋を一キロほど登り、尾根を西の船坂側に越えた、近づくのも容易でない急斜面に切り出されたわずかな平坦地である(図1参照)。

鷲ヶ峰中腹には卒塔婆を見下ろすかのように上人の瀑がある。明恵が修行の前に、ここで沐浴したという。やはり明恵ゆかりの聖人の休み場、上人の井戸も近くにある。前者は老松の根元に平石が置かれていたというが破壊され今はない。後者は、かなり埋まっているものの、直径八〇センチほどの石積みの遺構が確認できる。(36)

「高山寺縁起」は「其後峯登十四五町有高峯号鷲峯、卜此麓立草舎修大仏頂法、其下去一町許構行(片)羽《カタバ》舎、霊典義淵房於此処給仕矣」と記す。遺跡地を一町ほど下ったあたりに弟子の霊典が構えた「片羽舎」があったはずであるが、その場所を示す伝承は何も伝わっていない。

図6　最勝寺跡から移されたという礎石（浄教寺本堂前）

（写真提供　和歌山県立博物館）

明恵や同法が居所を構えた地は、最勝寺との関係でいかなる場所なのか。『紀伊続風土記』は、大門から「奥院」まで八町と記しているので、「差図」のように大門を神谷の入口付近と考えれば、「奥院」とは神谷後峰付近を指すことになる。前述の元久元年の神谷入りの際に草庵を構えた地を、明恵自身は「神谷別処」と表現している[37]。神谷別所は建久八年（一一九七）の聖教奥書にも所見するので[38]、後に「神谷後峰」と呼ばれる明恵草庵地のあたりは、それ以前から、最勝寺の別所として聖たちが集まり修行する場所だったのかもしれない。

(4)　浄教寺

最勝寺の什物を受け継ぐ浄教寺には、近代以降、最勝寺跡の周辺から出土した、瓦や土器や石造物等の遺物も持ち込まれている。ここでは石造物についてのみ触れておく。

浄教寺本堂前に置かれている礎石は、最勝寺跡から移されたものといわれる。心礎のような形状をしているが、表面には近代の文字が彫り込まれ装飾されている。本堂前の墓地には、最勝寺跡から出土し、その後浄教寺に持ち込まれたという石塔類が集められている。概数で五輪塔約三〇基分、宝篋印塔約一〇基分、一石五輪塔一一基が確認される。本堂北西の無縁塔にも多くの石塔類が含まれている。五輪塔約五〇基分、宝篋印塔約三基分、一石五輪塔三基を数える。ただしこちらは最勝寺跡より出土したものだけではなく、その他の地域のものも持ち寄られているという。これらはいずれも室町期を中心とするもののように思われる。

おわりに

神谷山最勝寺は、院政期、有田郡田殿荘内に創建された真言宗寺院であり、郡内諸階層の信仰を広く集めるようになった。鎌倉時代に入り、明恵がこの寺に止住して、次々に重要な祈禱を行ったことから、地頭保田氏の庇護を受け、寺勢は一層盛んなものとなった。ところが南北朝の動乱も収束に近づいた頃、南朝に与した湯浅一族が没落したことにより、寺は次第に衰退する。そして江戸時代に入ると間もなく一宇の堂宇も残さず壊滅してしまう。こうして寺は消滅するが、その什物のうち主だったものが、近隣の有力寺院・浄教寺に引き継がれ、今日に伝えられた。そして「幻の中世寺院」の遺跡は、今も神谷の蜜柑畑の下に、ひっそりと眠っている。

厳密にいえば、浄教寺は、最勝寺壊滅以前から存在した寺院であり、その法灯をそのまま継承するものではない。しかし歴代住持をはじめとする浄教寺関係者の理解と尽力があってはじめて、最勝寺の主要な什物はその伝承とともに今日まで伝えられることとなったわけであり、その意味では、壊滅した最勝寺の歴史は、浄教寺の法灯の中に、今も息づいているといえよう。

〔注〕

（1）「和歌山・浄教寺蔵涅槃図考―明恵上人との関係をめぐって―」（『ＭＵＳＥＵＭ』四九〇）。

（2）特別展の内容については、同名の展示図録（同年、和歌山県立博物館編）参照。

（3）『明恵上人資料』一（高山寺資料叢書一、東京大学出版会、一九七一年）。
（4）「施無畏寺文書」三（『和歌山県史』中世史料二、和歌山県、一九八三年）。
（5）歴史図書社、一九七〇年。
（6）『涅槃経』巻二十九。（2）図録参照。禅忠は「涅槃経」巻十一・巻十三奥書（年未詳）から最勝寺住僧と確認できる。他に禅忠の名が奥書にみえるのは、同巻十八（同）。また「華厳経」巻二十一奥書（寛元四年、一二四六）には「神谷寺」の名が所見する。
（7）（2）図録。
（8）『吉備町誌』上（吉備町、一九八〇年）。
（9）『かつらぎ町史』古代・中世史料編（かつらぎ町、一九八三年）。
（10）本章付論。
（11）『高山寺古文書』（高山寺資料叢書四、一九七五年）。田殿荘地頭職の変遷については、高橋「中世武士団の内部構造―『崎山家文書』の再検討から―」（高橋『地域社会』）参照。
（12）明恵と最勝寺との、史料上最も早いかかわりを示唆するのは、「奥書」1―116である。建久八年（一一九七）九月某日、「神谷別所」の住僧が書写したこの経巻を、明恵が同二一日に「崎山新家」で一校している。明恵はこの時、二六歳であり、早い時期から最勝寺とのつながりをもっていたことがわかる。
（13）『明恵上人集』（岩波文庫、一九八一年）。この和歌の解釈については、吉原シケコ『明恵上人歌集の研究』（桜楓社、一九七六年）、木下美代子『歌びと明恵上人』（短歌新聞社、一九九六年）を参考にした。この時の神谷移住は、評議されている場所が高雄であり、差し迫った状況が感じられないことから、後述する元久元年とは別の機会と考えるべきであろう。
（14）（3）に同じ。
（15）元久元年の明恵は、二月に上洛を断念し直ちに神谷に入ったようで、四月一六日には「大仏頂大陀羅尼」を「神谷別所」で書写している（「奥書」4―156）。その後、九月三日には上洛し槇尾に移っている（「漢文行状」）。
(16) 田中『明恵』（吉川弘文館、一九六一年）。
(17) 「漢文行状」の写本うち、上山本は「施主方」と記すが、報恩院本（『明恵上人資料』一所収）は「施主万」としている。明らかに前者のほうが正しい。
(18) 明恵紀州遺跡卒塔婆銘注文、「高山寺縁起」。
(19) 本書総論参照。
(20) （2）図録。なお「成道寺経」巻八十三の正平一七年（一三六二）の奥書には、「最勝寺西谷西南院」の寺名がみえる。
(21) 藤岡「浄教寺の大日如来像―明恵上人ゆかりの像―」（『電気協会報』九三七、二〇〇二年）。
(22) 沙門高信聖教等施入状（「施無畏寺文書」二）。
(23) 高橋「中世前期における武士居館と寺院―星尾寺の成立―」（高橋『地域社会』）参照。
(24) 『明恵上人遺跡発掘調査概報』（和歌山県文化財センター、一九九二年）。
(25) 松本保千代「糸野成道寺再考」（『和歌山地方史研究』八、一九八五年）参照。
(26) 高橋「湯浅党本宮氏と毛利家文庫『湯浅氏系図』」（高橋『地域社会』）参照。
(27) 大河内智之が指摘する通り（「浄教寺の歴史と文化財」（大河内編『浄教寺の文化財』浄教寺、二〇〇六年）、十二天像は粗末な料紙に刷られ荒く彩色された仏画であり、この時期の最勝寺が、こうした什物がかろうじて集まる程度の寺勢となっていたことを示すのかもしれない。
(28) 「御堂書付御公儀出し候控」「崎山氏古書写シ」「守本尊縁由」（いずれも施無畏寺蔵「崎山家資料」、本章付論で翻刻）。
(29) （11）拙稿。
(30) （28）の諸資料、および「大日堂棟札写」（本章付論に翻刻）。

(31)『平安遺文』一一五号。
(32)『紀伊続風土記』。
(33)「内崎山」の項、歴史図書社、一九七〇年。第七章付論の図2(二一七頁)参照。なお駈馬は、戦時体制下で馬の供出が続いたため、昭和一三年(一九三八)に途絶えた。神輿の川渡りも、昭和三二年に大神輿が破損し子供神輿に替わったため、行われなくなった。嶋田壽宏氏の御教示による。
(34)『紀伊国金石文集成』(南紀考古同好会、一九七四年)。
(35)中西正雄『明恵上人紀州八所遺蹟』(明恵上人讃仰会、一九六六年)に紹介されている。現況については、嶋田壽宏氏の御教示をいただいた。
(36)同前。
(37)栂尾高山寺蔵「大仏頂陀羅尼」奥書(「奥書」4—156)。
(38)栂尾高山寺蔵「華厳経章」巻一奥書(「奥書」1—116)。
〔付記一〕最勝寺跡の現況について、さまざまな情報を提供いただいた浄教寺の先代住職夫人若宮陽子氏、有田川町(旧吉備町)在住の嶋田壽宏氏、同市教育委員会の川口修実氏に、末筆ながら深甚なる謝意を表したい。

〔付記二〕近年、仁木宏は都の寺に対して、地方において数郡以上の単位でものづくりや文化・芸能、交易・経済など多分野にわたる影響力を保持する顕密寺院を「山の寺」と概念化し、多くの具体例を紹介している(仁木「宗教一揆」『岩波講座日本歴史』九、岩波書店、二〇一五年)。有田郡周辺における最勝寺のあり方も、この「山の寺」に通じるものがあると思う。

付論　最勝寺什物の行方

一

　神谷山最勝寺は、鳥羽院の時に真言僧玄蔵が開いた伝えられる有田郡の古刹で、七堂伽藍二十一坊を備えたといわれる[1]。傍らには丹生高野明神が祀られ、当初より高野山と密接な関係をもっていたことがうかがえる。その規模からいえば、中世、有田川下流域における真言密教の拠点的寺院であったはずである。古くは下阿多木神社に所蔵される五部大乗経のうち一二世紀半ば頃書写された「涅槃経」奥書（巻十一・十三）に「最勝寺」の寺名がみえる[2]。元久元年（一二〇四）、保田宗光の糸野館の一角にあった成道寺裏の草庵に留まっていた明恵は、「有田一郡地頭職違乱」によりそこを離れ、同法とともに、田殿荘と石垣荘との境にあったこの寺に移った。この時、明恵は最勝寺裏山に草庵を建てて住み、同法たちはその下に片羽舎を造ってそこに留まり師に給仕している。明恵はここで一族のための祈禱を行っている[3]。

　明恵の没後、最勝寺はその所縁の寺として、湯浅氏の後援のもとに整備されたようである。明恵の草庵地には、「明恵上人紀州八所遺跡」のうち「神谷後峰遺跡」として卒塔婆が建てられ[4]、「石水院」の名をもつ子院が寺域内に建立された[5]。南北朝期以降、湯浅氏の没落とともに寺勢は衰退したものと思われ、江戸期を迎えることなく廃絶したと伝えられる。かつての寺域は、現有田川町出の谷あいを占め、今日、その遺跡は蜜柑畑の下に埋もれている。伽藍配置は、近世の絵図や地名、伝承等から現地形の上にある程度の復元が可能であるが、それについては第六章で行っている。

二

最勝寺は天正一三年（一五八五）の羽柴秀吉の紀州攻めにより壊滅したとの伝承がある。『紀伊続風土記』有田郡出村の項に、「天正中、豊太閤悉寺領を没収す、浅野氏の時堂塔伽藍を破却し、尽く若山に移す、（中略）又其伽藍の什宝、此辺の近寺ニ古画・古仏・古器等を転伝す」とある。続く長田村の浄教寺についての記事に「当寺に出村最勝寺の仏像・仏画多く転伝せり」とあり、最勝寺什物が伝えられた寺とは長田村浄教寺であったことがわかる。後述するように、浄教寺には最勝寺伝来との伝承をもつ文化財が多数伝えられている。

次の史料は、文政一三年（一八三〇）、浄教寺がその由緒を主張して寺社奉行直轄の支配を求め、認められた際の文書の写しである。

〔史料①〕　奉願口上覚写（浄教寺蔵）

奉願口上覚

ひかへ

一当寺開山者本山梶取総持寺開山与同上人ニ而明秀光雲大和尚ニ而御座候、当寺開基凡三百五六拾年以前当所田殿之庄出村領神谷ニ最勝寺と号シ七堂伽藍之真言寺有之候処、開山明秀上人浄教弘通之ため日高・有田・海士・名草右ノ四郡遊行之砌、当地ニ逗留之内、右最勝寺ヲ改メ浄教寺与名附以来浄土宗弘通之寺院与相成梶取総持寺末寺与いたし御座候、右由緒も有之寺ニ而、最勝寺霊仏・霊宝数々持伝末寺義船坂村弁才寺・井口村光明寺右弐ヶ寺御座候、斯寺旦中三百軒余も御座候内、御直御支配之神主も有之、其外御代官御支配も

多御座候、其宗門寺与申由緒も有之寺ニ而御座候故、何卒御直御支配ニ被為　仰付被下候者、難有仕合ニ奉
存候、乍恐此段宜ク奉願上候、以上

文政十三年
寅七月

有田郡田殿之庄
浄教寺

寺社
御奉行所

右之通、願の義相違無御座候間、御聞済被為　成候様、奉願上候、

長田村庄屋
義八郎

同村肝煎
文五郎

有田郡長田村
浄教寺
節道

平林弥助殿

右被為仰付、
右願之儀ニ付、願之通、
御役所直支配申付候、
九月廿七日

この史料に拠れば、廃絶した最勝寺の「霊仏・霊宝数々」とともに、浄教寺はその法灯をも継承したことが記されている。しかしそれは、先に引用した『紀伊続風土記』の記述とは明らかに矛盾する。浄教寺は明秀光雲により開かれた浄土宗西山派の寺で、開基は文明四年（一四七二）と伝えられているのである。[6] この年次は、秀吉の紀州攻めに一〇〇年以上先行している。つまり最勝寺と浄教寺は並存する期間があるのであり、最勝寺の法灯を引き継ぎ浄教寺が開創されたと、単純にはいえない。

さらに決定的なのは次の史料である。

〔史料②〕十二天像のうち風天像裏書（浄教寺蔵）

神谷山頽転シヨリ、天正年中浄教寺エ来収、為什物、

寄附主盛実

神谷山最勝寺住侶権少僧都

明応十戊年三月

表具修補延享元年子四月

石垣庄糸川村蓮花寺住僧慈湛

手カラ自カラ細工之寄進ス、

これは、浄教寺に所蔵される紙本版本彩色十二天像のうち風天像の裏に書き付けられた修理銘であるが、[7] 二行目から四行目までは、もとの裏打ち紙に記されていた寄進当初の裏書が引き写されたものであろう。すなわち明応一〇年（一五〇一）、浄教寺が開創されて約三〇年後の段階においても、最勝寺は存続し、仏画が寄進される程度の寺勢を保っているのである。

以上の史料からいえることとは、最勝寺から浄教寺への、法灯の継承と什物の伝来とは分けて考えたほうがよいということである。両寺間に単純な法灯の継承を想定すべきではないだろう。「天正中」「浅野氏の時」という年代の信用性はともかく、近世を迎えることなく廃絶した最勝寺の宝物の多くが、すでに創建されていた近村の有力寺院・浄教寺に移されたのである。最勝寺法灯の継承という主張は、寺社奉行直轄支配を求める浄教寺が地域社会における信仰の中核として、より古くからの由緒をもつことを必要とし、最勝寺伝来品を根拠に創り出されたものと考えるべきであろう。

三

次に浄教寺へと受け継がれた最勝寺什物について、その内容から伝来を確定する作業を行いたい。『紀伊続風土記』の浄教寺の記事には、「当寺に出村最勝寺の仏像・仏画多く転伝せり、曼陀羅并涅槃像大幅・十六羅漢十六幅・十王絵十幅、尤絶筆なり、明応の裏書ある和刻の十二天・三千仏の幅あり」とあって、浄教寺に多くの最勝寺旧蔵と伝承される仏画類が伝来していたことを伝える。浄教寺には、現在、これに該当すると思われる仏画が、三千仏の像を除いて所蔵されている[8]。

まず十二天像についてみておこう。そもそも十二天像は、密教の修法道場を守護する天部像であり、真言宗寺院にはふさわしい什物といえる。そして何より、すでに史料②として紹介した裏書により、明応一〇年（一五〇一）に最勝寺に寄進された仏画であることが確認できる。最も確実性の高い最勝寺旧蔵品といえる。

次に「涅槃像大幅」とは、今日、国の重要文化財に指定されている鎌倉期の仏涅槃図を指す（図1）。この作品については、武田和昭が優れた研究成果を発表している[9]。武田は浄教寺の仏涅槃図の図像の中に十六羅漢と思しき

図１　仏涅槃図

（浄教寺蔵、写真提供 和歌山県立博物館）

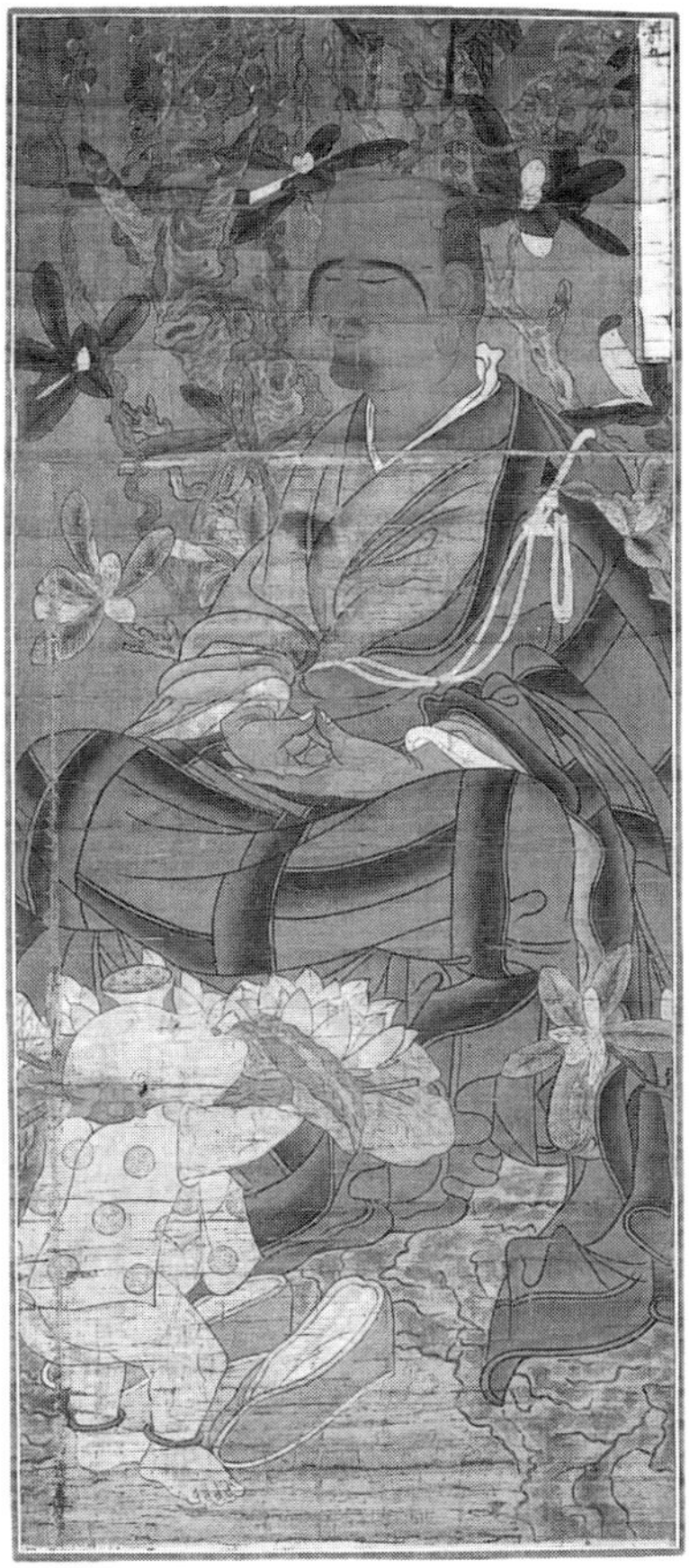

図２　諾距羅尊者像（十六羅漢像のうち）
（浄教寺蔵、写真提供 和歌山県立博物館）

比丘像を見出す。明恵は、十六羅漢に対して手紙をしたため、「十六羅漢講式」を著し、自身を羅漢に准えた肖像「樹上坐禅像」を残している。武田は、こうした事実を踏まえて、明恵が十六羅漢に対して特別な感情を抱いていたことを指摘し、この画幅が明恵が逗留した最勝寺旧蔵品としてふさわしい内容をもつことを明らかにしている。

さらに谷口耕生が、宝珠を乗せた天蓋という、本図の特徴的な図像に注目し、それが明恵が著した「舎利講式」の一節と符合するものであることを指摘したことによって、浄教寺の涅槃図が明恵の影響下に製作されたものであることが、一層明確になった(10)。

武田の指摘のごとく、明恵が十六羅漢に特別な思いを寄せていたことを前提とすれば、「十六羅漢十六幅」が伝来していることも納得できる。この絹本の十六羅漢像は、南北朝期に唐本から写されたものとみられている。なかでも第五・諾距羅尊者像は、樹上に坐禅を組み瞑想するという構図で描かれ、樹間に栗鼠と思しき小獣もみえ、栂

図3　当麻曼荼羅図
（浄教寺蔵、写真提供 和歌山県立博物館）

尾高山寺に伝わる「明恵上人樹上坐禅像」と共通するモチーフをもっている[11]（図2）。この作品も、明恵所縁の寺院として整備された最勝寺に、明恵の思想とかかわる図像をもつ原本から筆写されて収められた仏画とみなすべきであろう。

「曼陀羅」の「大幅」とは、当麻曼荼羅図（観経曼荼羅図）を指すものと思われる（図3）。この作品は、大和当麻寺の原本の四分の一の規格をもつ、いわゆる「四分一曼荼羅」であり、細密な彩色が施され、截金の技法が用いられた優品で、一四世紀（鎌倉末から南北朝期）頃の成立とみられる。最近、この作品を最勝寺旧蔵品とみることに、大河内智之が疑問を呈している[12]。大河内は、当麻曼荼羅図が所蔵を移動する事例が多いことや、浄教寺が当麻曼荼羅図を布教に用いた浄土宗西山派の寺院として創設されていること等を理由に、浄教寺が教義上の必要から、西山派とのかかわりでこの曼荼羅を他所より求めた可能性があると指摘している。

結論的にいえば、私は、浄教寺本は、『紀伊続風土記』の記事の通り、最勝寺に旧蔵されていた仏画と考えたほうがよいと思う。確かに当麻曼荼羅図を布教に用い、もっとも成果を収めたのは浄土宗西山派である。しかしながら当麻曼荼羅信仰は、早くから真言宗の中にも受容されており、[13]高野山蓮華谷清浄心院には当麻曼荼羅縁起が伝来している。この作品は、かつては清浄心院の客坊曼荼羅院に収められていた作品で、成立も浄教寺本と同じ一四世紀とみなされている。[14]この頃、高野山に当麻曼荼羅信仰を受容する集団が形成され、その影響下にある有田川筋の真言宗寺院最勝寺に当麻曼荼羅図が納められたと考えることは不自然ではない。[15]糸我荘中番村に所在する得生寺にも浄教寺本と同時期・同系統の当麻曼荼羅図が所蔵されているが、ここにも同様な宗教的背景を想定すべきであろう。[16]つまり有田川筋には、すでに一四世紀段階において当麻曼荼羅信仰の広がりがあり、浄教寺本の成立はそうした環境の中でとらえることができるのである。一五世紀後半になって明秀の西山派は、そうした下地の上に教線を伸ばしたものと考えたい。[17]

以上みてきたように、『紀伊続風土記』に最勝寺旧蔵品として紹介されている仏画類は、大半がそれにふさわしい内容をもつものであることが確認できる。

四

最勝寺から浄教寺に伝えられた什物について、『紀伊続風土記』には仏画類のみが記されているが、浄教寺には同時に何躯かの仏像も移されたようである。浄教寺に客仏として安置される仏像のうちには最勝寺旧蔵との伝承をもつものがあるが、そのうち最も蓋然性が高いのは、重要文化財に指定されている木造大日如来坐像である（図4）。[18]

図４　大日如来坐像
（浄教寺蔵、写真提供　和歌山県立博物館）

この像は、高い髻や引き締まった体躯に鎌倉初期の慶派仏師の作風を強く感じさせる名品として知られ、快慶作の銘がある滋賀・石山寺蔵大日如来坐像や同じく東京芸術大学蔵大日如来坐像と共通する要素をもつ。[19] 明恵が開いた栂尾高山寺には、承久元年（一二一九）、本尊として快慶が刻んだ半丈六の釈迦如来像が安置された。[20] その他にも、同寺には創建当初より慶派仏師の作品が多数収められており、[21] 南都仏教を復興した明恵と南都に基盤を置く彼らとの結びつきの深さをうかがわせる。その意味で、浄教寺像は、ごく自然に最勝寺旧蔵品と認めることができる。すなわち明恵とかかわりのある一流の技量を持つ慶派仏師がこれを手懸け、明恵所縁の最勝寺に収めたものと考えることができるのである。

ところで最勝寺旧蔵の大日如来坐像に関連して、「崎山家資料」の中に、次のような記録類がある。[22] いずれも未翻刻の史料であるので、必要箇所を次に掲げておこう。

〔史料③〕　御堂書付御公儀出し候控（享保一〇年〔一七二五〕一〇月　崎山宗清筆）

有田郡中村

一大日地蔵堂弐間四面崎山九郎右衛門支配
本尊大日如来ハ伝教大師御作与申伝候、右者明恵上人開基有田郡八ヶ所之内第四神谷山最勝寺之御本尊ニて御座候、古ハ七堂伽藍之地ニて御座候由、永禄年中彼寺院朽損仕及退転候処、崎山蔵人先祖明恵上人之親族ニ御座候、然共蔵人修造加可申力無御座、悲歎之余ニ自宅近所ニ小堂立奉安置仏像偏ニ最勝寺と奉拝候由申伝候、尤最勝寺之棟札等と納置于今御座候、神谷遺跡沙門高信記処、左ニ書付申上候、

〔史料④〕　崎山氏古書写シ（年代不明、崎山九郎左衛門筆）

有田郡遺跡

一田殿庄神谷山最勝寺ハ建仁之比明恵上人開基有田郡八箇寺之内第四ノ寺院ニ而本尊大日如来人皇百七代正親町院之御宇永禄年中彼寺院退敗仕候、堂屋舗尓今御座候、

（中略）

一中村大日堂　支配　崎山九郎右衛門
本尊大日如来、伝教大師御作と申伝候、明恵聖人開基有田郡八ヶ所之第四之寺神谷山最勝寺之御本尊ニ而御座候、右者七堂伽藍之地、永禄年中彼寺院退転仕、明恵聖人親類崎山蔵人宗治自宅近所ニ小堂ヲ立奉安置偏神谷山最勝寺と崎山家代々奉拝候、最勝寺之棟札等も納置于今御座候、
一崎山家之儀、其昔より御国ニ住居仕明恵聖人之親族と申旧記等御座候、則春日龍神之咄尓も出、元亨釈書ニも出御座候而、諸国より沙門等尋来候事、毎度ニ御座候、

〔史料⑤〕　守本尊縁由（正徳元年〔一七一一〕霜月五日　崎山宗忠・同宗教筆）

田殿中村崎山氏守本尊之縁由

一南紀有田郡田殿庄中村崎山氏某申者明恵上人乃裔尓して大日如来・地蔵・観音右三尊を守本尊として五百有余年家門相続し子孫栄幸す、明恵上人者湯浅権守宗重之孫也、父者高倉院之武者所伊藤重国と号す、母湯浅権守第四女也、伯父高雄の上覚上人に謁し剃髪したふ、建仁乃頃石垣・田殿両庄之間尓修禅練行したふ■して在田郡の内尓八箇乃修禅地を草創したへり、就中田殿の庄有一山寺、称神谷、其後峯登十四五町有高峯号鷲峯、卜此麓立草舎修大仏頂法、其下去一町許構片羽舎、霊典・義渕房此処尓給仕す矣、右神谷山最勝寺者本尊大日如来也、明恵上人之開創也、有田八箇寺の内第四之寺院也、人皇百七代正親町院御宇永禄年中彼寺院及退敗本尊雨露の滴りに朽敗したふ、然処崎山蔵人宗清乃嫡男蔵人宗治悲歎之余り我構之内に立草庵右大日如来を奉安置者也、

〔史料⑥〕大日堂棟札写（筆者・書写年代不明）

（その一）

寛永廿一天
家内安全郡中無為
奉営建最勝寺
莫使千万歳無断絶
甲申仲春吉日　願主崎山九郎右衛門宗俊
o盤昌延命処
大工中村甚衛門作

（その二）

寛永三丙戌天
奉再興最勝寺大日堂
初冬吉祥日
国家豊楽　願主　崎山九郎左衛門宗忠
除災福寿　　同　九郎右衛門宗教
諸人快楽
如意満足　大工　中村六左衛門
平兵衛
平七

（その三）

奇語穴■忌欠光速入池　内崎山
不退守護家門繁栄現当二世安楽
最勝寺
家有■■神日賜次海水

これらの史料によると、最勝寺の本尊・大日如来坐像は、同寺廃絶後、田殿荘中村（現金屋町尾中）の崎山氏のもとに移されたという。崎山氏は、湯浅本宗家の子孫で、後に畠山氏に仕え、江戸期には六十人地士に取り立てられている。[23] 中世武家文書として著名な「崎山家文書」（施無畏寺蔵）は、同家が伝えたものである。[24] 崎山氏は自らの屋敷の傍らに大日堂を建て、最勝寺として拝し、宝永五年（一七〇八）には像に修復を加え、自家の守本尊の一躰

図5　最勝寺関係地図　　原図：吉備町役場発行「吉備町全図」1：10,000

として管理してきたという。

この大日像は、昭和二八年（一九五三）の水害によって堂舎とともに流失するまで大日堂に現存していたというので、すでに大正一四年（一九二五）に浄教寺の所蔵として国の重要文化財に指定されている大日像とは、別の像であることが確認できる。では崎山氏の手で最勝寺から中村大日堂に移された像とはいかなる仏像であったのか。調査記録や写真は一切残されていないが、尾中周辺には、この像について記憶する古老がある。その証言に拠って綴ってみよう。(25)

大日堂の跡地は、水害後の河川改修により河川敷に埋没したという（図5）。流失前、堂は崎山氏をはじめとする尾中（旧中村）の住民により管理され、中には大日如来像一躯のみが安置されていた。像は、高さ九〇センチほどで、智拳印を結び、宝冠は無く、高い髻が結ばれていた。全体に古色がかった姿で、暗い堂内で目だけが輝いていたというので、玉眼が嵌入されていたのであろう。流失後、有田市下中島のあたりで左肘先部のみが発見された。(26)なお近年、この像に親しく接していた尾中の大工・大橋清氏が、二六年の歳月をかけて自らの手で大日如来像を復興した。像は旧跡近くに再建された大日堂に安置され、在りし日を偲ぶよすがとなっている。

こうした証言に接して、気になるのは、この像のもつ条件が、浄教寺像とよく合致していることである。像高は八六センチの浄教寺像とほぼ同じである。浄教寺像は漆箔仕上げであるが、現状は黒く古色がかっており、玉眼が嵌め込まれている。宝冠は無く、高い髻が露出していることも浄教寺像の特徴と合う。異なるのは、浄教寺像が胎蔵界の禅定印を結ぶ像であるのに対して、中村大日堂の像が金剛界の智拳印を結んでいた点である。

想像をたくましくすれば、真言宗寺院・最勝寺には、かつて金剛界と胎蔵界の大日如来像が、そろって安置されていたのではないか。中村大日堂に移った像が、浄教寺に移った像と本来一対のかたちで製作されたものであれば、これほど興味深いことはないが、[27] もはやそれ以上の想像は許されないだろう。

本節では、浄教寺の大日如来坐像について、明恵と南都の慶派仏師とのかかわりから、最勝寺旧蔵品である可能性が高いことを確認した。さらに最勝寺から移されたと伝えられる大日如来像が他にも存在したとする伝承について紹介し、この像と浄教寺像との関連について考察した。[28]

五

以上にみてきた最勝寺旧蔵品は、もちろんその膨大な什物の一部が伝存したものにすぎないのだろう。しかしその中には、中世における神谷山最勝寺の中世寺院としての性格が、鮮明に反映されていた。その点をもう一度確認しながら、これまでの論旨を総括し、若干の考察を加え、筆を擱くことにする。

まず第一に、伝承の通り、最勝寺が真言密教の寺院であったことを示す什物が含まれていることである。密教の修法・道場を守護する十二天の像は、真言宗の寺院に備えられるにふさわしい仏画であるし、当麻曼荼羅図も、この地域においては、真言宗の中で流布した作品である可能性を指摘できる。また金剛・胎蔵両界の曼荼羅をあわせ拝する思想も、空海の真言密教の中で示されたものであり、最勝寺に安置されたのが両界の大日如来像であれば、これもまた真言の教義に基づくものといえよう。

第二に、明恵の個性と直接結びつく什物が含まれていることである。仏涅槃図は、羅漢の姿に自らを准えた明恵の自己投影の所産とみることができるし、十六羅漢像は、こうした明恵の思想とかかわりのある原本からの写本と位置づけることができよう。さらに大日如来像は、明恵と慶派仏師との交流を前提に作者が選定されたものと想像せざるをえない。

つまりこうした什物の構成は、院政期に創設され地域の信仰に深く根ざした真言密教の中核寺院が、鎌倉前期に、明恵の個性や思想を前面に押し出すかたちで興隆されたことを意味している。その事業の主体となったのは、明恵の支援者であり、田殿荘を含む有田郡を支配した在地領主・湯浅氏だったはずである。最勝寺の草庵地を「八所遺跡」の内に「神谷後峰遺跡」として組み入れ、石水院の名をもつ子院を山内に建立する動きとも、一体の事業であったのだろう。

正確な年次は伝わらないが元久年中（一二〇四～〇六）のこと、有田郡はひどい旱魃に襲われる。郡内の人々は雨が降ることを祈るが、一向にその気配はない。それを見た明恵は、大仏頂法により、祈雨の祈禱を行い、みごとに大雨を降らせることに成功する。この時の雨雲は「神谷山寺」すなわち最勝寺の上にあらわれたという。またある僧は、この時、最勝寺から龍が天に昇る夢をみたという。郡内の人々は、雨は明恵の祈禱によるものだと口々に讃えたという[29]。たまたま明恵が神谷後峰に草庵を構えていたこともあろうが、有田一郡に平安や恵みをもたらすパフォーマンスを行うのに、神谷山最勝寺がふさわしい場所と認識されていたことを確認できる。

湯浅氏が、最勝寺を、支援する一門出身の高僧・明恵の寺として興隆することは、一郡における公共的な機能を自らが担うことの表明でもあったのである。

〔注〕

（1）『紀伊続風土記』（歴史図書社）。

（2）『金屋町誌』上。

（3）明恵と最勝寺とのかかわりについては、「漢文行状」や「明恵上人歌集」（久保田淳・山口明穂校注『明恵上人集』岩波文庫）などにみえる。

（4）明恵紀州遺跡卒堵婆銘注文（「施無畏寺文書」三『和歌山県史』中世史料二）。

（5）法福寺蔵「大般若経（成道寺経）」巻二百八十一奥書（『金屋町誌』上）。

（6）浄教寺蔵「歴代諸上人尊霊」。

（7）図版は第六章に掲載。

（8）詳細は『明恵 故郷でみた夢』参照。

（9）「和歌山・浄教寺蔵涅槃図考―明恵上人との関係をめぐって―」（『ＭＵＳＥＵＭ』四九〇、一九九二年）。

（10）「仏涅槃図の研究―高山寺本・浄教寺本を中心として―」（『鹿島美術研究』年報一七別冊、二〇〇〇年）。

（11）この点については、武田和昭氏の御教示を得た。同じ系統に属する作例としては、長野県教念寺（鎌倉時代、第五尊者図・第十五尊者図のみ）と京都府大心院（第十六尊者図のみ）の作品が知られるが、完全な十六尊揃いの写本は、浄教寺のものが唯一の作例ではなかろうか。

（12）「浄教寺当麻曼荼羅について」（吉備町教育委員会編『浄教寺当麻曼荼羅修理報告書―吉備町・住友財団補助事業―』、二〇〇五年）。

（13）真言宗における当麻曼荼羅信仰の受容については、岩城隆利「当麻曼荼羅の歴史とその縁起説話」（坂本要編『極楽の世界』北辰堂、一九九七年）参照。また石川知彦は清浄心院の当麻曼荼羅縁起が禅林寺のものと内容的に一致していることから、鎌倉末期におけるその成立に、西山派の関与を想定している（「西山派と浄土教絵画」「京都・永観堂禅林寺の名宝」展図録作成委員会編『京都・永観堂禅林寺の名宝』一九九六年）。

（14）清浄心院には、他にも当麻曼荼羅図（九品曼荼羅図）が所蔵され、客坊曼荼羅院から移されたものと考えられるが、これは、保存箱蓋裏の修理銘から、享保一三年（一七二八）の時点で武蔵国児玉郡勝輪寺に所蔵されていたことがわかる（京都国立博物館他編『弘法大師入唐一二〇〇年記念 空海と高野山』二〇〇三年）。

（15）最勝寺は明恵所縁の寺として、湯浅一族の後援により興隆された可能性が高いが、真言密教の寺院としての本質は変わらなかったはずである。付け加えるならば、明恵はもともと真言僧であり、密教をその思想の中に取り入れ「厳密の祖」とみなされている。

(16) 得生寺は中将姫や雲雀山の伝承をもつ浄土宗西山派の寺であるが、明秀以後、そうした伝承が創り出されたとみなすよりも、すでに下地があった場所（寺）に、明秀の西山派が基盤を形成したと考えたほうがよい。なお『紀伊続風土記』有田郡中番村得生寺の項によると、同寺の当麻曼荼羅図は最勝寺から移されたものという。

(17) 紀伊国における当麻曼荼羅縁起、当麻曼荼羅図の伝来事例については体系的な調査がなされていないが、高野山―有田川筋のラインに古い作例が見られることは特徴的である。ちなみに紀伊における浄土宗西山派の本山・梶取総持寺に所蔵される当麻曼荼羅図は、室町期、明秀が下向した時期に下る作例である。

(18) 解説は『明恵　故郷でみた夢』参照。

(19) 図版と解説は、奈良国立博物館編『運慶・快慶とその弟子たち』（図録、一九九四年）参照。

(20) 毛利久「運慶・快慶と高山寺・十輪院」（一九六四年初出、明恵上人と高山寺編集委員会編『明恵上人と高山寺』同朋舎）。

(21) 京都国立博物館編『明恵上人没後七五〇年　高山寺展』（図録、一九八一年）。

(22) 施無畏寺蔵。崎山家に伝来した「崎山家文書」以外の文書・記録類を指す。

(23) 『紀伊続風土記』、高橋「中世武士団の内部構造―『崎山家文書』の再検討から―」（高橋『地域社会』）・本書第七章付論参照。

(24) 『和歌山県史』中世史料二所収。

(25) 明治末年の調査により旧国宝指定の打診を受けたともいうが、確認できていない。

(26) 発見された肘先部は、復興像の胎内に納められ、現在は見ることができない。

(27) 金胎両界の大日如来像が一対で製作されている作例としては、高知県恵日寺所蔵像（平安時代）、島根県若桜町長砂地区所蔵像（平安時代）、三重県菰野町竹成区所蔵像（室町時代）などが知られている。

(28) 浄教寺では、客仏として安置される十一面観音立像(平安後期)・釈迦如来坐像(室町期)等についても、最勝寺旧蔵と伝えている(図版や解説は、いずれも『明恵 故郷でみた夢』参照)。なお大河内智之は、浄教寺蔵大日如来像が、承元二年(一二〇八)に明恵に施与された崎山伽藍に収められた仏像の一躯である可能性を指摘するが(大河内編『浄土寺の文化財』)、根拠はなく、想像の域を出ない。

(29) 「漢文行状」。

〔付記一〕 本稿を作成するに当たって、吉備町の嶋田壽宏氏、同町教育委員会の関真一氏(当時)・川口修実氏には、現地をたびたびご案内いただいた。また同じく吉備町の大橋清氏・平畑規氏にも貴重な情報を提供していただいた。厚く御礼申し上げたい。また貴重な文化財の図版掲載を快諾いただいた浄教寺住職・若宮秀朋氏、「崎山家資料」の翻刻の機会を与えていただいた施無畏寺住職・中島昭憲氏にも、末尾ながら謝意を表したい。

〔付記二〕 本稿の原形となる論文を発表した後の二〇〇六年、和歌山県立博物館で、企画展「浄教寺の文化財」が開催され、同名の図録も浄教寺から刊行された。一点一点の作品について、鮮明な図版とともに、詳細な解説が加えられているので、あわせて参照いただきたい。

第七章　崎山屋敷の伽藍化と「崎山遺跡」

はじめに

信仰が人の生活の不可欠な構成要素であった中世、地域社会に宗教をもたらし、信仰の場としての寺社を興隆することは、在地領主が公的な権力として承認を受ける上で必要条件であった。本章は、中世前期の地域社会における在地領主の宗教・信仰への関与の仕方を、その支配拠点となった「屋敷」の特質と変遷について検討することから、政治史的に考察しようとする試みである。近年の在地領主研究では、地域統合や収奪の主体としてだけ領主像を描くのではなく、生産を成り立たせ、流通を保証するなど、地域社会における領主としての役割を見極めようとする成果がみられるようになっている(1)。ここでの考察も、そうした研究動向の中で、武士団を構成する在地領主の権力的特質の一面に光を当てようとするものである。

具体的には、紀伊湯浅氏の一族・崎山氏の屋敷に注目し、それが寺院として、あるいは高僧の「遺跡」として興隆される過程を復元することにより、在地領主、武士団の宗教・信仰への関与が、どのようなかたちをとり、いかなる意味を持っていたのか、考えてみたいと思う。

崎山氏は、湯浅氏と姻戚関係をもつ、紀伊国有田郡田殿荘の在地領主である。崎山良貞夫妻が、後に華厳宗を復興し京に栂尾高山寺を開くことになる甥の明恵の養父母となったことは有名であるが、この一族について取り上げた本格的な研究はない。崎山氏の屋敷地は、明恵の没後、その弟子喜海の手で卒塔婆が建てられることにより「明恵上人紀州八所遺跡」に選定され、「崎山遺跡」となった。

ここでは、まず有田郡内において、あるいは湯浅一族の中で、崎山氏とはいかなる位置にある領主だったのか、明恵との所縁はどのようなものであったのかを確認する。次に崎山氏の屋敷（以下「崎山屋敷」と記す）が備えていた機能について考え、それが「八所遺跡」の一つに選定される過程を復元し、その政治史的な意味を明らかにする。そして最後に現地景観の中に「崎山屋敷」の場所を推定する試みを行いたい。

一　崎山氏と田殿荘

ここでは、崎山氏の系譜と、その所領・紀伊国有田郡田殿荘について、概観しておく。

「上山系図」のように湯浅氏側から作られた系図によると、(2)崎山氏は湯浅氏の庶流ということになる。湯浅氏の始祖と位置づけられる宗重の祖父師重の弟貞頼の傍注に「崎山次郎」とあり、彼の子が良貞とされている。やがて湯浅宗重の女子の一人が、崎山良貞の妻となる。彼女は、明恵の母の妹にあたり、「崎山ノ女房」、良貞没後は出家して「崎山の尼公」「和尚姨禅尼」「崎山尼信性」と呼ばれている。(3)鎌倉末期には、湯浅氏の族縁結合において、崎山氏のように、始祖・宗重と女系でつながる家を、「他門」と呼ぶようになった。(4)

湯浅宗重・崎山良貞は、ともに平安末期から鎌倉初期に活動した同世代人である。「権守」を称した宗重に対して、良貞は「兵衛尉」の官職を持っていた。[6]「上山系図」は、湯浅氏を嫡流、崎山氏を庶流のように位置づけるが、これは後世の、湯浅氏側からの解釈であり、必ずしもそのように決めつけることはできない。後に崎山氏は、湯浅氏（保田氏）の中に吸収され消滅するものと考えられるが、宗重・良貞の時代には、拮抗する在地領主勢力として並存し、姻戚関係による連携を深めながら、有田郡に並び立っていたと考えるほうが、現実に近いだろう。

崎山氏が本拠としたのは、有田郡田殿荘である。田殿荘は、近世の地誌『紀伊続風土記』によると、大賀畑、田口、大谷、井口、賢、田角、船坂、長谷、中島（上中島）、長田、角、中（尾中）、出の諸村を含む荘域を占めたようである（図1参照）。有田川の上流と下流で、上方と下方とに分かれていた。現在の和歌山県有田郡有田川町の一部にあたる。主な集落地は、①有田川北岸の台地と沖積平野、②有田川南岸の沖積平野とに分けられ、主に①の谷筋に集落が発達した。古代寺院跡の田殿廃寺や、湯浅氏や明恵との所縁の深い神谷山最勝寺も、こうした谷筋に所在した。かつての有田川流路は、今より南にあり、①の平野部の面積はもう少し大きかったはずである。また②にも古くから人々の生活痕跡がみられる。[7]

「崎山」という苗字は、早くから開けていた①の地域に含まれる、この荘の有力な村の名に由来するものと思われるが、近世には、すでに「崎山」の地名は失われていた。[8]

荘内の領主的勢力としては、『中右記』天仁二年（一一〇九）一一月五日条に、熊野へ向かう中御門宗忠のもとに「儲物」を進めた「田殿五郎」なる人物が登場する。摂関家領となっていたと思われる田殿荘の荘官を勤める有力者であろう。この人物と崎山氏との系譜的関係は不明である。ただ崎山氏は、鎌倉初期、田殿荘地頭となっているので、平安後期には摂関家領の下司を勤めていた可能性がある。『中右記』の田殿五郎と崎山氏とは、血縁的にも直接繋がるかもしれない。

以上、本節では、崎山氏は、平安後期の有田郡において湯浅氏と並び立つ有力な領主的勢力であり、両者は姻戚関係により連携を深めていたこと、崎山氏の本拠は、有田郡田殿荘にあり、同荘には一二世紀の初め、すでに領主的存在が成長しつつあったことなどを確認した。

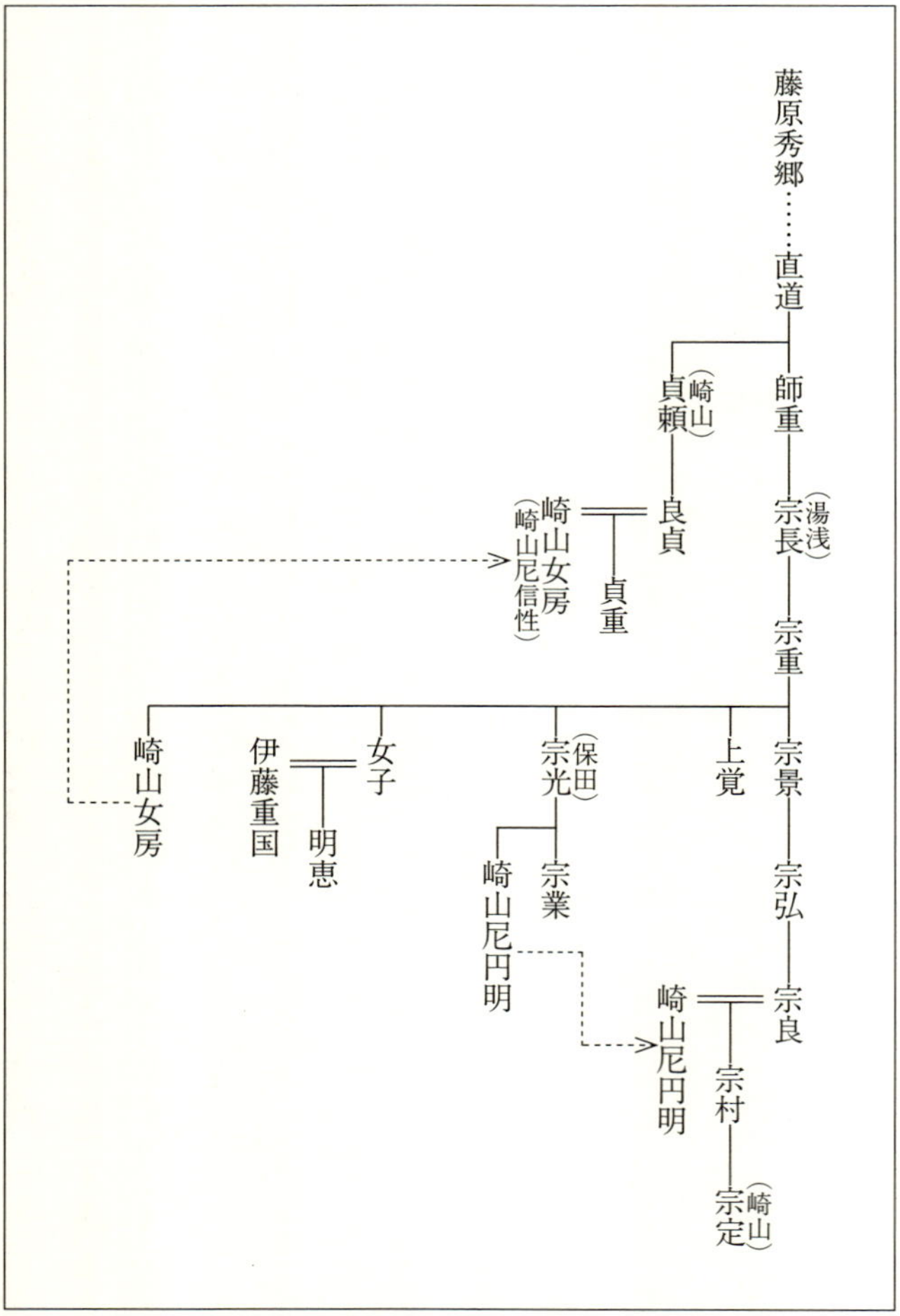

湯浅氏・崎山氏略系図

［補注］　この略系図は「上山系図」「崎山系図」を参考にして作成した。

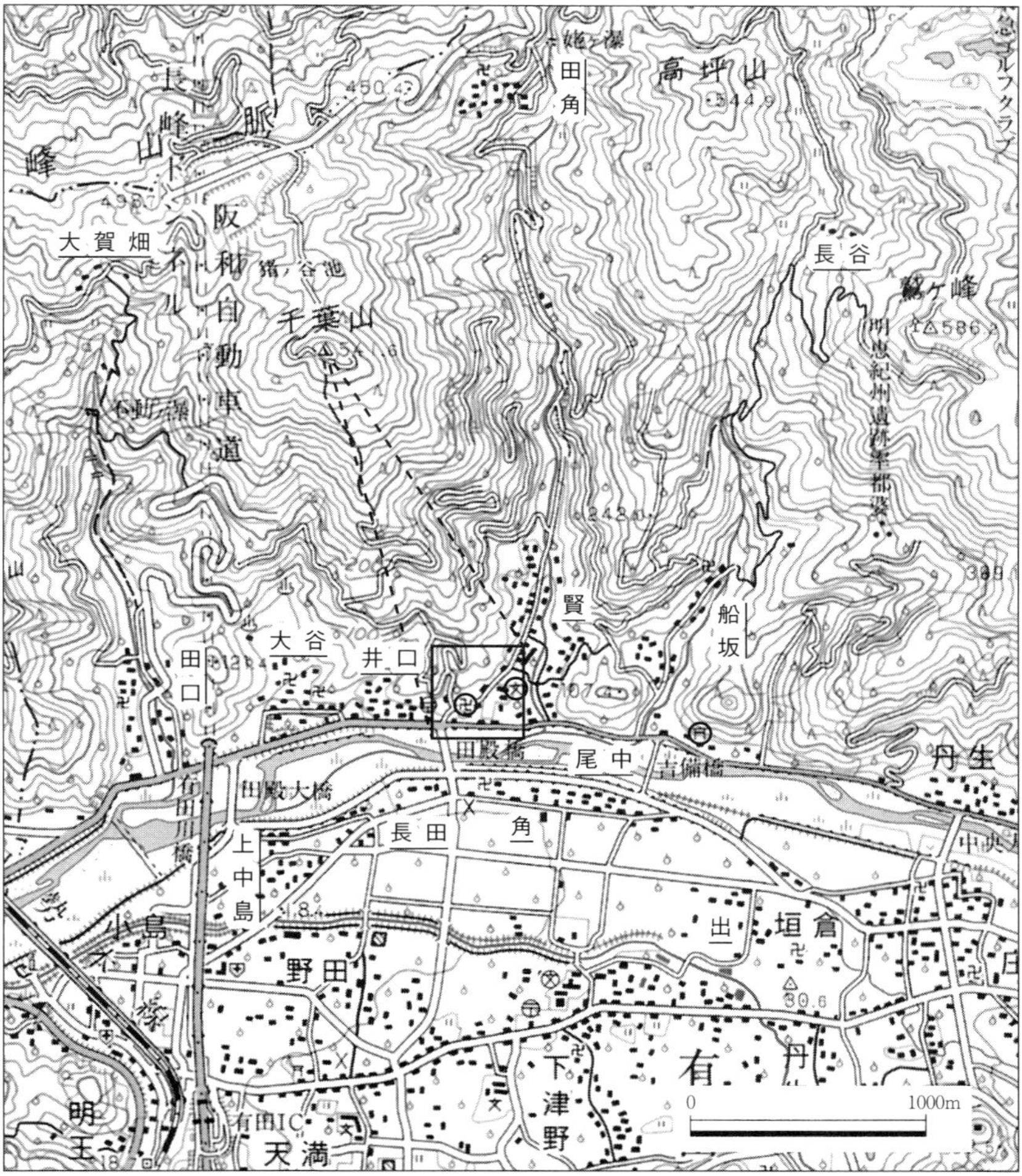

図１　田殿荘

田殿荘を構成した村名には、下線または傍線を引き井口のように示した。罫線で囲んだ範囲は、210頁に「図３「崎山遺跡」比定地の周辺」として掲載している。

原図：国土地理院発行地形図「海南」１：50,000

二　崎山良貞夫妻と明恵

平家に仕えた湯浅宗重は、女子の一人を平家の有力家人・伊藤重国のもとに嫁がせた。二人の間に生まれた男子が明恵である。治承四年（一一八〇）、騒然とした世情の中で両親を相次いで失った明恵にとって、養父母として、八歳の彼を迎え入れてくれた崎山良貞夫妻は、特別な存在であった。

「行状」によれば、明恵の母となる宗重女子が、京の高倉の宿所で、妹の崎山女房（崎山良貞の妻）と枕を並べて休んだ夜のこと、二人は符合する夢を同時にみた。崎山女房は大きな柑子を得ようとして奪われた夢、姉は柑子を奪った夢。その後、姉が懐妊し、明恵を授かったという。(9)

明恵が七歳の時、崎山女房は、白服を着けた明恵を白布で柱に縛り付けたが、西を指して去っていったという、後の明恵の上京・出家を暗示する夢もみている。(10)誕生から幼年期にかけての明恵と、叔母にあたる崎山女房がすでに深いかかわりをもっていたことをうかがわせる。

やがて両親を失った明恵は、養父母となった崎山良貞夫妻に引き取られるが、「親類の後生」を助けるために京に上り、伯父の上覚を頼って神護寺に入った。(11)上覚は湯浅宗重の男子で、神護寺復興が緒につく以前から文覚に仕えていた。宗重は、早い時期から文覚を支援し、やがて多くの一族子弟を神護寺に送り込んでいる。(12)「行状」には、明恵が自ら入寺を希望したように記されているが、政治史的にみれば、宗重が、父母を失った外孫・明恵を神護寺に送り込んだものと解釈すべきであろう。

文治四年（一一八八）には、上覚を師として出家した明恵であったが、次第に寺院での生活に疑問を感じるようになり、建久六年（一一九五）、神護寺を抜け出して故郷の紀州に帰り、湯浅荘白上峰での修行に入る。この修行を支援したのが、崎山良貞であった。周辺に知人が多いため乞食修行を諦めざるをえなかった明恵は、良貞に五日に一度の食事の提供を依頼している。[13]若き明恵に宗教者としての覚醒をもたらした白上峰での修行は、その後、足かけ三年ほど続くが、おそらくこの間の彼を主に支えたのは、養父母・崎山良貞夫妻だったのだろう。外祖父・湯浅宗重はすでに他界していたようであり、後に有力な外護者となる保田宗光が明恵を石垣荘筏立に迎えるのは建久九年（一一九八）のことである。

元久元年（一二〇四）一二月一〇日、崎山良貞が没する。明恵は、死の床にある養父のもとに京から駆けつけ、見舞っている。[14]出家の導師を勧めたのも明恵自身であろう。

それから四年を経て、承元二年（一二〇八）冬、崎山良貞後家尼（崎山女房）は、「崎山屋敷」を伽藍となし、明恵に施与している。ここに仏像・聖教を安置し、「同行等」を住まわせ、明恵は背後の山脚に小庵を結び、「例時等恒例勤」を行った。「華厳大疏演義抄」を講義し、藤原長房の求めに応え「金師子章光顕鈔」一部二巻を撰集するなど、明恵はこの小庵で、同四年冬まで充実した日々を過ごしている。[15]明恵とその弟子たち、いわば明恵教団の主たる活動の場が、二年間、ここに置かれていたことになる。

明恵は、自らの夢を書き継いだ「夢記」の中にも、崎山一族をしばしば登場させている。建仁四年（一二〇四）正月、元久二年一〇月一九日の夢の「崎山兵衛殿」は良貞である。承元三年九月一二日の夢にも「良貞」が登場する。承元二年一〇月二六日、承元三年五月二〇日の夢の「崎山の尼公」は良貞の後家・崎山女房のことである。後者の夢には彼女の子として「崎山三郎貞重」もみえる。他にも断簡の中に、「崎山の処」がみえる。夫妻はもちろん、夫妻の男子・貞重や、土地としての崎山が現れ、崎山氏と明恵との関係が、精神的にも深いものであったことを示している。

さらに貞永元年（一二三二）一月一九日の明恵臨終前後の様子を詳述する「最後臨終行儀事」には、崎山尼が一月四日か五日頃、明恵の示寂を暗示する夢をみたことが書き留められている。彼女の夢が、この記録の筆者であり高山寺寺主を継ぐことになる定真のもとに即座に伝えられていることは、尼が明恵にとって重要な近親者であると、周囲からも認識されていたことをうかがわせる。

以上のように、明恵にとって、養父母・崎山良貞夫妻は、実の父母に匹敵するほどの存在であった。史料から確認できるだけでも、父母を失った幼少期、良貞没時、崎山伽藍興隆の時期と、明恵は三回にわたって崎山に止住している。特に三度目は、同法とともに、壮年期の二年間をこの地に過ごし、講義と著述に打ち込んでいる。明恵にとって、良貞夫妻と崎山の地は、有田郡においても特別な所縁のある人・土地だったのである。

三　伽藍となった「崎山屋敷」

前節でも触れたとおり、承元二年（一二〇八）の冬、崎山尼（崎山女房）は、夫の菩提を弔うため田殿荘内の「崎山屋敷」を「伽藍」となし、紀州に下向してきた明恵に施与している。「漢文行状」から引用しよう。

承元二年冬比、梅（栂）尾聊依有其煩、又下向紀州、良貞入道後家尼田殿庄内崎山屋敷為彼入道菩提施与上人、仍占彼処成伽藍為仏像・聖教安置所、上人占後山脚、構三間一面小庵、同行等住彼旧宅、例時等恒例勤始行之、

田殿荘の在地領主・崎山氏の屋敷が、伽藍すなわち寺院として興隆され、仏像・聖教が納められている。明恵はその背後の「山脚」に小庵を構え、同行等は、「旧宅」すなわち「崎山屋敷」に住んだという。そしてこの後二年

高山寺典籍類奥書にみえる崎山関係記事

番号	典　籍　名	収録巻・頁	年　月　日	書写・校正場所	執筆者
1	無畏三蔵禅要	4—365	建久1（1190）.9.8	崎山住処	——
2	相応経灌頂事	2—544、2—545	建久5（1194）.6.19	崎山住処	定真
3	華厳経章　一	1—116	建久8（1197）.9.21	崎山新家	成弁（明恵）
4	受菩提心戒儀	4—547	建仁1（1201）.8.29	崎山住所	——
5	金剛界念誦次第	1—395	元久1（1204）.7.10	崎山之家	——
6	作壇法	3—290	元久1（1204）.7.16	崎山家	——
7	金獅子章光顕鈔　下	3—952	承元4（1210）.7.5	崎山草庵	高弁（明恵）
8	大宝広博楼閣善住秘密陀羅尼念誦次第	1—109、4—139	承元4（1210）.9.24	崎山草庵	高弁（明恵）
9	内護摩事	4—960	建保5（1217）.2.19	崎山	（明恵）

※「収録巻・頁」には、『高山寺経蔵典籍文書目録』（高山寺資料叢書、東京大学出版会）の巻と頁で、掲載箇所を示した。

間、崎山は、明恵とその弟子たちの修行と学問の場となった。

しかしながら「崎山屋敷」が寺院や僧坊としての機能を備えるようになったのは、この時点に始まることではない。上の表は、高山寺典籍類の奥書にみえる崎山関係の記事を整理したものである。「崎山住処」「崎山新家」「崎山家」などはすべて「崎山屋敷」かそれにかかわる施設と考えられる。1から6までは、「崎山屋敷」が伽藍として興隆される前の記事である。つまり伽藍として興隆されるより以前、すでに「崎山屋敷」には僧が滞在し、経典が畜えられ、そこで写経が行われることがあったのである。

1から6をさらに詳しくみていくと、1・2は、建久六年（一一九五）からの、明恵の白上峰での修行にさえ先行する記事であることに気づく。白上峰での修行は、神護寺入寺後の明恵が初めて紀州に帰って行った修行である。つまり明恵が紀州で活動を始めるよりも前に、「崎山屋敷」では聖教の書写が行われていたのである。2にあらわれる定真は、後に明恵の弟子となり、明恵の死後、高山寺寺主に指名される学僧である。このころは神護寺に籍を置いていた(16)。

前述したように、湯浅宗重は早くから文覚を支援し、上覚を始め多くの湯浅一族の僧を、彼のもとに送り込んでいた。京の神護寺と湯浅一族、およびそれと連携する崎山氏との間には相互交流があり、一二世紀の末までに「崎山屋敷」は、紀伊有田郡における神護寺僧の活動拠点の一つとなっていたのだろう。つまり田殿荘の在地領主・崎山氏の「崎山屋敷」は、伽藍として興隆される以前から、京都神護寺の系列に属する寺院としての機能をもっていたことになる。

次に引用する史料は、湯浅一族の惣領となり、父宗重の後をうけ明恵の有力な支援者となった保田浄心（宗光）が、高山寺の霊典を通じて明恵に宛てた書状である。[17] 年未詳だが、宗光は貞応三年（一二二四）までは俗名で呼ばれているので、[18] それ以降、明恵が没する貞永元年（一二三二）までの間の書状ということになる。

かしこまり候て申候、たとのゝちとう《田殿地頭》をゆつり《譲》たひて候へとも、さも候ぬへきやしき《屋敷》の候はゝて《衍》、なけき《嘆》候へハ、たうし《当時》あまうへ《尼上》の候ところ《所》を、ひしり《聖》の御房へまいらせ《進》たるを、申たまハり《賜》て候へかし、たうし《当時》はこようなる事も候はすと、まうされ《申》候へハ、さも候ハはあつかり《預》候て、御よう《用》なとの候はん時ハ、おほせ《仰》にしたかい《従》て、まいらせ《進》候はんとそんし《存》候、ひんよく《便良》候はん時、しかるへきやうに御ひろう《披露》候て、おほせ《仰》をかり候はんとそむし《存》候、御はから《ひ脱》候へく候、あなかしく、——、

六月廿日　しやみ《沙弥》浄心上

きえむ《義淵》御房

まず田殿荘地頭職が、これ以前に崎山尼から宗光に譲られていることが注目される。この地の在地領主として、有田郡では湯浅氏と並ぶ勢力を培ってきた崎山氏も、良貞亡き後、崎山尼の兄（あるいは弟）でもある、湯浅一族の惣領・保田宗光を頼らざるをえなくなり、地頭職の譲渡に至ったものと推測される。「当時尼上の候所」とは、

崎山尼が伽藍として興隆した「崎山屋敷」である。この文書は、地頭職を手に入れた宗光が、地頭館としてふさわしい施設として、崎山尼から明恵に施与された「崎山屋敷」を提供してほしい旨、高山寺の明恵に依頼したものである。必要となった時には、明恵に返還することも申し添えられている。

つまり「崎山屋敷」は、伽藍として興隆された後も、地頭館として利用することが想定されており、在地領主の支配拠点としての機能を失ってはいないのである。そして必要に応じて、明恵とその弟子たちの活動の場として、返還することもまた可能であった。崎山氏の屋敷は、ある時点で伽藍に姿を変えたのではなく、寺院にも地頭館にも互換可能な施設として存在していたことになる。

以上、この節では、「崎山屋敷」が伽藍として興隆された経緯と、この屋敷のもつ両義的性格についてみてきた。在地領主・崎山氏の屋敷は、地頭館であると同時に、本来的に宗教施設としての機能を備えていた。伽藍としての興隆は、屋敷の宗教的機能の拡充ととらえるべきであり、それにより地域の支配拠点としての地頭館の機能が失われたわけではなかった。

有田郡において、宗教的機能を備えた領主屋敷は、一定の条件のもと、信仰の場として広く開放されていた。保田宗光の星尾屋敷では、明恵が「上下貴賤七八十人」の前で、宗光妻に憑依した春日明神の降託を受けた(19)。同じく宗光の糸野館では、その傍らで「一郡ノ諸人貴賤長幼道俗男女数百人」とともに、釈迦の入滅を悲しむ涅槃会を明恵が挙行している(20)。崎山に止住した期間にも、星尾や糸野に留まった時期と同じように、明恵は住民の目の前で数々の奇瑞を起こし、祈禱を行い、周辺住民を屋敷に呼び込む役割を担ったことであろう。湯浅一族の屋敷は、本来的に宗教的機能を備えていたのであり、崎山屋敷の場合は、その上に、明恵の存在を媒介として、領主と地域住民とを精神的に結びつける場となっていたのである。

四 「崎山遺跡」の成立

貞永元年（一二三二）正月一九日、明恵は京の栂尾高山寺で入寂する。その四年後の嘉禎二年（一二三六）、高弟・喜海は、明恵が止住し修行した故地に、華厳経八会表法教主を尊主とした木造卒塔婆を建立する。[21]今日に伝えられる「明恵上人紀州八所遺跡」である。「崎山屋敷」（「崎山伽藍」）もそのうちの一つとして選定され、「崎山遺跡」が成立した。

喜海による「八所遺跡」の選定には、湯浅一族を主導するようになった保田宗光の意志が強く働いていたことが推測できる。有田郡の祈禱師としての役割を果たし、この地で次々と奇瑞を起こしてきた明恵の姿を、保田氏所縁の施設の傍らで永続的に保存し、地域の住民支配と一族結合の象徴としようとする政治的意図がみえてくる。[22]そして保田氏以外の領主が関与する明恵の遺跡、例えば宮原氏の屋敷や湯浅本宗家の石崎屋敷、同じく白方宿所等は、明恵が止住し足跡を残した施設でありながら、「八所遺跡」からは落選することになる。[23]保田氏は、有田郡における領主支配を象徴的に示す宗教的装置である明恵の遺跡を、自らの価値観で選別し、独占的に管理しようとしたのである。

では崎山氏という、湯浅一族の中でも「他門」に位置づけられる在地領主の拠点空間であった「崎山遺跡」は、なぜ排除されなかったのか。一つには、前節でみたように、田殿荘地頭職とともに「崎山屋敷」（「崎山伽藍」）が宗光の手に落ち、保田氏の田殿荘支配の拠点となっていたからであろう。「崎山屋敷」にまつわる数々の明恵の事績は、「八所遺跡」選定の時点では、すでに保田氏のもとに管理されていたのである。

もう一つには、保田宗光が、「崎山遺跡」のあり方そのものを「八所遺跡」整備の雛形とした可能性が考えられる。「崎山屋敷」は、「八所遺跡」選定の二八年前、承元二年（一二〇八）に、前節までにみたような明恵と崎山氏との特別な関係を前提に、地頭館としての性格を保ったまま、伽藍として興隆されていた。「八所遺跡」に先行してすでに存在した、「崎山伽藍」のあり方が、嘉禎二年に選定される「八所遺跡」の原型となったのではなかろうか。

「糸野遺跡」は、保田宗光の糸野館と保田家の寺としての性格をもつ成道寺の傍らに営まれた明恵庵室の旧跡で、「八所遺跡」選定の後、成道寺内には明恵を想起させる坊院（「十無尽院」「仏母院」等）が整備されていった。「星尾遺跡」は、明恵が春日明神の託宣を受けた保田宗光屋敷が「八所遺跡」に選定されたもので、宗光の嫡男・宗業が伽藍を整え、星尾寺として興隆している。(24)「八所遺跡」の中には、崎山氏による「崎山屋敷」の「崎山伽藍」への興隆を雛形としている遺跡地が確実に存在する。

五　「崎山遺跡」を尋ねて

「明恵上人紀州八所遺跡」は、昭和六年（一九三一）、国の史跡に指定された。しかし「崎山遺跡」は、康永三年（一三四四）に湯浅一族の弁迁の手で木造卒塔婆に代わって再建された石造卒塔婆が早くに失われていて旧地を確定できないため、「八所遺跡」の中で唯一指定からは漏れている。

その旧地を、有田川町井口の「内崎山」と呼ばれる小山に比定する説が、すでに江戸時代のうちから広まっている。山上には、昭和八年に復興された模造卒塔婆も建てられており（図2）、この地が「崎山遺跡」すなわち「崎山屋敷」「崎山伽藍」の旧址と信じる人は、今も多い。

この旧井口村のあたりは、田殿荘のほぼ中央に位置し、耕地面積からみても荘の中心村落の一つであったことは間違いなかろう。ただし内崎山のような小山の上は、鎌倉期の在地領主・崎山氏の屋敷地としては不自然であるし、明恵が小庵を構えた場所としても、先に引用した「漢文行状」やこの後に掲げる史料の描写などと合致しない。私は、「崎山遺跡」を旧井口村の内崎山に比定する説は、紀州藩の地士となった崎山氏（湯浅氏本宗家の末裔）が、自らの血筋を明恵と崎山良貞夫妻に結びつけるため、一七世紀に創作したものとみている。(25)

次の史料は、「高山寺縁起」のうち、「崎山遺跡」についての記述である。

一、田殿庄崎山

右、此処者、崎山兵衛尉貞良（良貞）之旧宅也、而貞良後室尼公上人姨母、以此処奉施与三宝乃興造伽藍・経蔵、安置仏像・聖教、其後構草室奉上人、庵後有高峯、号那虞耶之峯、前遠望在田河、（後略）

喜海の手で卒塔婆が建立された「崎山屋敷」の背後の「山脚」（山麓）に明恵の小庵が置かれた。さらにその背後には「那虞耶之峯」が聳えていた。「那虞耶之峯」とは那虞耶山のことで、この山は、現在は、通常、千葉山と呼ばれている。標高五四一メートルの独立峰で、この地域のランドマークとなっており、有田川北岸の田口村・大谷村・井口村・賢村を南山麓に収める（図1参照）。現地踏査の結果、この千葉山南麓の一角に、在地領主の屋敷や伽藍を連想させる地名や遺跡が稠密に分布するエリアが存在することを確認できた。それは、近世、地士・崎山家が「崎山遺跡」の旧地と主張した「内崎山」に、北東に接するあたりである（以下、図3参照）。

まず小字「赤井（アカイ）」は、仏前に供える水をくむ井戸「閼伽井」を連想させる。ここに含まれる谷筋の一つに、「御屋敷（オヤシキ）」「三昧谷（サンマイダニ）」の俗称地名を検出できる。三昧谷は近代まで地区の火葬場となっていたが、現在は共同墓地が造成されている。その一隅に積まれた無縁墓には、室町期を中心とする中世の石塔類が含まれる。五輪塔一二基分、宝篋印塔（笠部）三基分の部材が確認できる。谷筋の西側尾根には、「上人の休場（ショウニンノヤスンバ）」と呼ばれる岩が南に張り出している。

ここから東北方向、賢谷川に沿って北に伸びる谷筋（県道海南吉備線）を進むと、「西御堂（ニシミドウ）」と俗称される台地が広がる。またその北東の台地上の平場は、「城跡」とも「寺跡」とも言われ、かつて大量の瓦片や土器、石塔類が散布していたという。瓦片・土器の中には中世の遺物も含まれている。石塔類は、有田川対岸の浄教寺に移され、現在、本堂南側の無縁墓地に納められている。五輪塔九基分以上の部材、宝篋印塔（相輪）一基が確認できる。このあたりから北は小字「小殿（コトノ）」、東は小字「五反田（ゴタンダ）」の地名で呼ばれている。

図２　内崎山に復興された模造卒塔婆

（写真提供 和歌山県立博物館）

伽藍として興隆された「崎山屋敷」、すなわち「崎山遺跡」の所在地は、この一角に比定してよいのではないかと思う。「糸野遺跡」「星尾遺跡」ともよく似た立

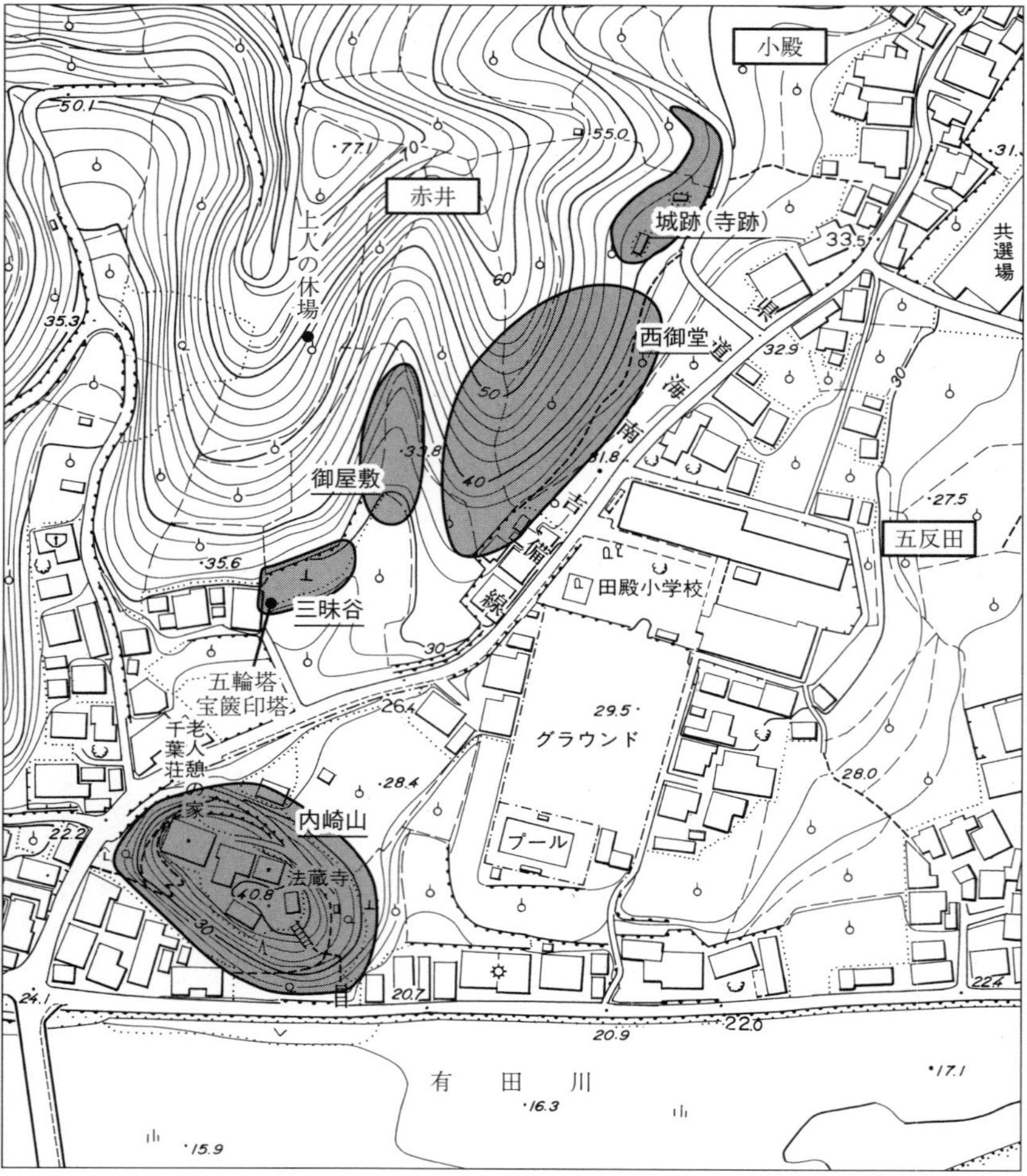

図3　「崎山遺跡」比定地の周辺

「崎山遺跡」との関連が推測される小字名は、赤井のように示した。同じく俗称地名は、西御堂のように示し、その範囲を囲みで表した。

原図：吉備町役場発行「吉備町都市計画図」10　1：2, 500

地となる。また「崎山屋敷」の背後の「山脚」に設けられたという明恵の小庵の位置も、おおよその見当はつけられる。この一角と千葉山（那虞耶山）の山頂とを結ぶ放射線の内側、「山脚」というのだから、あまり斜面を高くは登らないあたりに小庵は立地していたはずである（図1参照）。

以上、「崎山遺跡」の故地を、文献史料の記述に、現地踏査を踏まえて得た知見を加え考証してきた。今後、調査が進展することにより、弁迂の石造卒塔婆が発見され、「崎山遺跡」の場所が確定されることを期待したい。

おわりに

以上、本章は、紀州崎山氏の「崎山屋敷」を素材に、在地領主の屋敷のもつ宗教的機能を指摘し、それが充実されていく過程を政治史的に考察してきた。その具体像を復元するため、さらに「崎山屋敷」（「崎山伽藍」）の現地比定を試みた。

最後に、ここでの考察成果をまとめ、若干の補足を加えて筆を擱きたいと思う。

(1)　田殿荘の在地領主・崎山良貞の屋敷は、明恵が関与する以前から寺院としての機能を備え、神護寺僧等の活動の場となっていた。また良貞亡き後、崎山尼は、「崎山屋敷」を伽藍となして明恵に施与したが、それ以後も領主支配の拠点としての機能を失うことはなかった。「崎山伽藍」の成立は、在地領主の屋敷が本来的に備えた宗教的機能の拡充・発展と評価することができる。

(2)　明恵示寂の後、保田氏のもとで、「崎山屋敷」は「八所遺跡」の一つに選定される。「八所遺跡」選定には、領主と住民とを結びつける上で重要な役割を果たしてきた明恵所縁の地を、自らの管理のもとに置くという、一族結合の主導権を握った保田氏の政治的意図をみいだすことができる。「八所遺跡」選定に先行して「明恵遺跡」として興隆されていた「崎山遺跡」は、その先駆形態として、これに取り込まれたものと考えられる。

(3) 卒塔婆が失われた「崎山遺跡」の場所は、従来言われてきた内崎山ではなく、この小山の北東、千葉山(那虞耶山)南麓の一角に比定できる。

「崎山屋敷」が崎山尼から明恵に施与され、田殿荘地頭職が保田宗光に伝えられた後、崎山氏はそのまま史料上から消えてしまう。その後、田殿荘地頭職は、宗光から女子円明に譲られている。[26] 円明は、「崎山尼」とも呼ばれているので、[27]「崎山遺跡」となった「崎山屋敷」に居住していたものと考えられる。釈尊の母にちなんだ「麻耶」の俗名をもつ彼女は、[28] 明恵に春日明神の託宣を伝えた宗光妻・橘氏の女子である可能性もあり、「崎山遺跡」において「明恵伝説」を管理する存在としてふさわしい。

円明の後、田殿荘地頭職は、彼女を通じて婚家の湯浅本宗家に伝えられた。同家は、南北朝期の宗定の代に、本領湯浅荘を捨てて、この田殿荘崎山に移住し、以後、「崎山」を苗字とすることとなる。[29] 保田氏が、紀北全域に勢力を広げていく一方で、伝統豪族崎山氏はその中に吸収されるかのように消滅し、保田宗光の血を受け継ぐ、新たな崎山氏が成立したわけである。

〔注〕

(1) 高橋「中世前期の在地領主と『町場』」(『歴史学研究』七六八、二〇〇二年)・「海辺の水軍領主、山間の水軍領主―紀州安宅氏・小山氏の成立とその基盤―」(『鎌倉遺文研究』一六、二〇〇五年)・「武蔵国における在地領主の成立とその基盤―熊谷氏と大道〔旧東山道武蔵路〕―」(浅野晴樹・齋藤慎一編『中世東国の世界』1北関東、二〇〇三年、高志書院）などは、こうした問題関心からまとめた論稿である。

（2）金屋町誌編集委員会編『金屋町誌』上（一九七二年）。高橋『地域社会』に再録されている。

（3）「崎山ノ女房」は「仮名行状」に、「崎山の尼公」は「夢記」に、「和尚姨禅尼」は「最後臨終行儀事」に、「崎山尼信性」は「崎山系図」に、それぞれ所見する。ちなみに良貞妻となった宗重女子が「崎山女房」と呼ばれているのは、彼女が京のいずれかの権門に仕えた女性だったためだろう。

（4）「崎山家文書」（『和歌山県史』中世史料二）。

（5）「行状」、「平治物語」（『保元物語　平治物語　承久記』、新日本古典文学大系、岩波書店）、『愚管抄』（日本古典文学大系、岩波書店）、『平家物語』（新日本古典文学大系、岩波書店）等。

（6）「行状」、「夢記」等。

（7）吉備町誌編纂委員会編『吉備町誌』上・下（一九八〇年）。

（8）本章付論参照。

（9）「行状」。

（10）「行状」。

（11）「行状」。

（12）高橋「神護寺領桛田庄の成立—文覚と湯浅宗重の動向から—」（高橋『地域社会』）・「神護寺領桛田庄と湯浅氏」（同）。

（13）「行状」。

（14）「漢文行状」。

（15）「漢文行状」。

（16）奥田勲『明恵—遍歴と夢—』（東京大学出版会、一九七八年）。

（17）「高山寺古文書」七五（『高山寺古文書』高山寺資料叢書、東京大学出版会）。

(18)（貞応三年）五月二六日付覚観書状（「神護寺文書」二六、『史林』二五―一～二六―三）・（貞応三年）六月一六日付行慈書状（「同」二七）。
(19)「漢文行状」。
(20)「漢文行状」。
(21)明恵紀州遺跡卒塔婆銘注文（「施無畏寺文書」三、『和歌山県史』中世史料二）。
(22)本書総論。
(23)本書第一章・第二章・第八章参照。
(24)高橋「中世前期における武士居館と寺院―星尾寺の成立―」（高橋『地域社会』）参照。
(25)本章付論。
(26)正応二年一二月日付京都八条辻固湯浅御家人結番定文（「崎山家文書」一―ヨ）。
(27)「崎山系図」。
(28)同前。
(29)「続群書系図」。
〔付記〕　地元在住の嶋田壽宏氏・岩倉常寛氏、吉備町教育委員会の関真一氏（当時）、有田川町教育委員会の川口修実氏には、現地踏査や資料収集にあたり、多大な御支援をいただいた。末筆ながら厚く御礼申し上げたい。

付論 「崎山遺跡」伝承地の創出

一

中世前期の武家居館（史料の中では「屋敷」と表現されることが多い）は、大規模な土木工事をともなう明確な防御施設を伴わなかったことが指摘されている。そのため廃絶後に再利用されず埋もれてしまえば、その跡地は、発掘調査の成果にでも拠らない限り確かめることは難しい。一方で、われわれの身の回りには、中世前期にまで遡る人物名を付託された居館伝承地が数多く存在する。もちろんその中には歴史的事実を言い当てた貴重な伝承も含まれているであろうが、大半は後世になって生み出された伝説である。

そうした武家居館にかかわる伝承は、いつ誰が創り出したのか。郷土の武士、武士団に寄せる地域住民の憧れというような牧歌的な要因に起因するものなのであろうか。ここでは、平安末から鎌倉初期にかけて有田郡田殿荘に居を構えた在地領主・崎山氏の屋敷跡伝承地を事例に、居館に関する伝承が形成されるメカニズムを復元してみたい。

二

八歳で両親を失った明恵は、母の妹（後の崎山尼）とその夫崎山良貞のもとで養われた。崎山氏は、田殿荘の領主で、血縁的には湯浅氏と同族である。夫妻は明恵を実子のごとく撫育したといい、神護寺に入った後も、その故

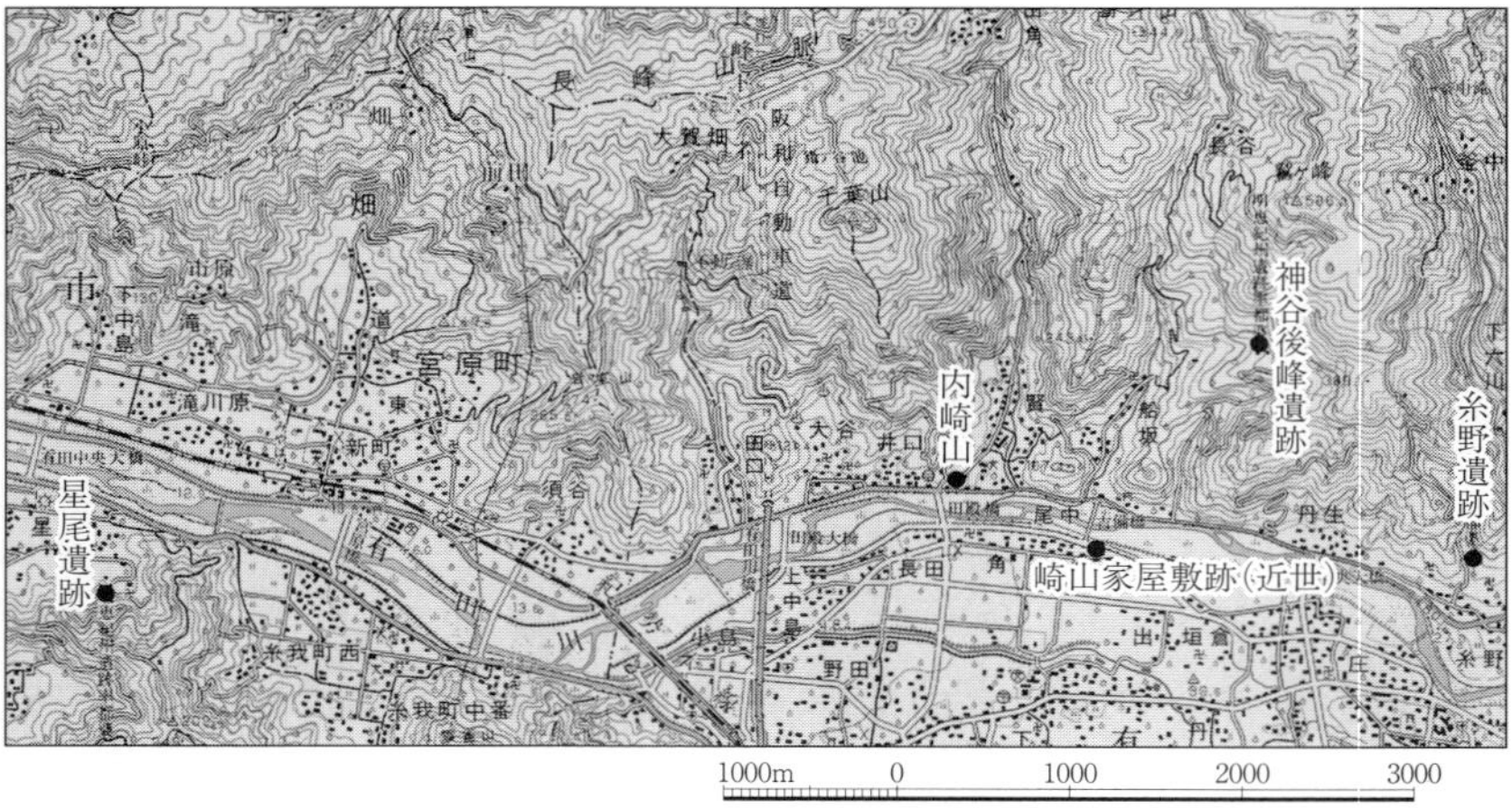

図１　「内崎山」とその周辺

原図：国土地理院発行地形図「海南」１：50,000

郷での修行に献身的な奉仕を惜しまなかった。良貞が没した後、崎山尼は屋敷を伽藍となして明恵に寄進し、仏像・聖教を安置する。承元二年（一二〇八）より同四年まで、明恵と同法はここに移り住み、明恵は後峰の山脚に庵を結び、弟子たちは崎山伽藍すなわち旧崎山屋敷に居住している（「漢文行状」「高山寺縁起」）。

　やがて明恵の手を経て、田殿荘地頭職とともに保田宗光の管理下に置かれることとなった崎山伽藍、元の崎山屋敷の地は、嘉禎二年（一二三六）、高弟喜海により「明恵上人紀州八所遺跡」の一つに選定され、卒塔婆が建立された（「施無畏寺文書」三『和歌山県史』中世史料二）。卒塔婆は康永三年（一三四四）に弁迁の手によって木製から石造に改められるが、不幸にして八ヶ所のうちこの「崎山遺跡」の卒塔婆のみが、早くに失われてしまう。「崎山」の地名そのものも中世のうちには使われなくなったようである。そしていつの頃からか、現吉備町井口の「内崎山」と呼ばれ、法蔵寺が建つ小山が、明恵の「崎山遺跡」すなわち崎山屋敷（崎山伽藍）跡とみなされるようになった。『紀伊続風土記』『紀伊名所図会』にも、そのように紹介さ

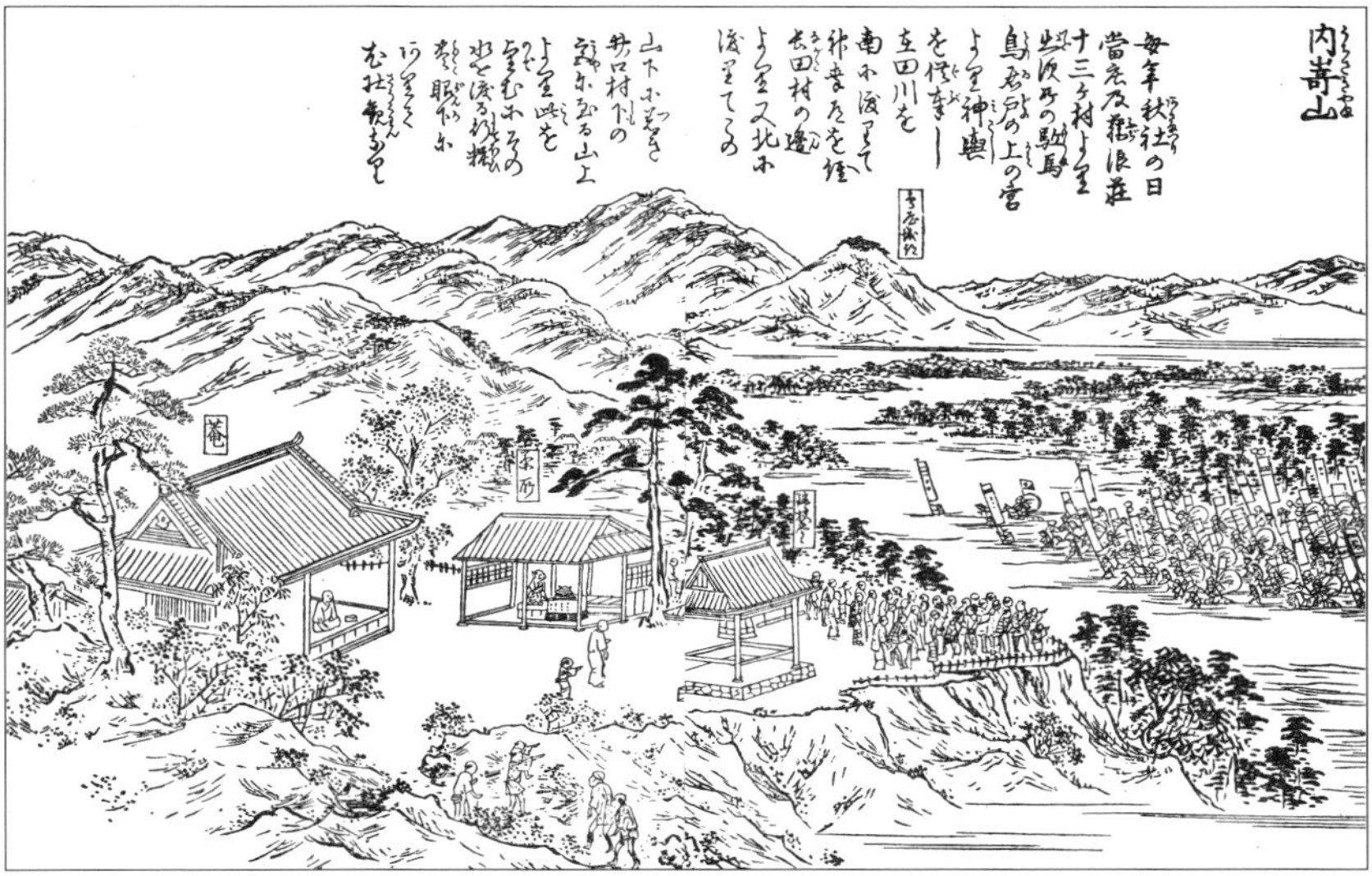

図２　江戸後期の内崎山　（『紀伊名所図会』より）

れている（図２）。昭和八年（一九三三）には、他の遺跡地のものを参考に模造復元された石造卒塔婆が建立されている。

しかしながらこうした独立する小山の上に、崎山氏のような平安・鎌倉期の在地領主が屋敷を構えていたとは到底考えられない。「八所遺跡」として選定された「糸野遺跡」と不可分の関係にある保田宗光の糸野館は、長嶺山脈から伸びる山脚が平地に至る地点に平坦地を切り出して形成されている（『金屋町誌』上）。「星尾遺跡」も同じく保田宗光の屋敷地であるが、やはり背後の山脚に乗り上げるようなかたちで平坦地を確保している（高橋『地域社会』）。

こうした立地条件と比較してみても、「内崎山」なる独立した小山を「崎山遺跡」すなわち崎山屋敷跡と考えることには違和感を覚える。私は当初喜海によって「崎山遺跡」として選定された崎山屋敷（崎山伽藍）の旧地は別にあると考えているが、その現地比定の作業は、別の機会に行っているので、ここでは再論しない（本書第七章参照)。

そもそもこの小山を「内崎山」の名で呼ぶことには、崎山良貞に結びつくような歴史的根拠があるのだろうか。

「漢文行状」から、崎山伽藍の成立、明恵とその同法の移住に関するくだりを引用しておこう。


承元二年(一二〇八)冬比、梅(栂)尾聊依有其煩、又下向紀州、良貞入道後家尼、田殿庄内崎山屋敷、為彼入道菩提施与上人、仍占彼処、成伽藍、為仏像・聖教安置所、上人占後山脚構三間一面小庵、同行等住彼旧宅、例時等恒例勤始行之、

「内崎山」の名称の由来は、このうちの「田殿庄内崎山屋敷」の部分について、「田殿庄内」の「崎山屋敷」と読むべきところを、「田殿荘」の「内崎山屋敷」と誤読したことによるものと考えられる。実はこの誤りの起源は、意外に古く、虎関師錬が著した『元亨釈書』(一三二二年の成立)にまで遡る。同書には、明恵が「承元二年還紀州、於内崎山創伽藍」めたことがみえる。そしてこの誤読が地元に逆輸入されることによって、山の名称として定着したものと考えられる(『吉備町誌』下)。

つまり「内崎山」の名は、史料の誤読によるものにすぎず、崎山良貞に結びつくものでも、崎山姓の由来でもある「崎山」の地名を伝えるものでもないのである。

三

では「内崎山」を、明恵の「崎山遺跡」すなわち崎山屋敷(崎山伽藍)の旧地とみなしたのは誰なのか。そしてそのことにはいかなる意味があったのか。

次に翻刻するのは、湯浅町施無畏寺に所蔵される「崎山家資料」のうち、この「内崎山」の崎山良貞屋敷(崎山

伽藍）の遺址伝承地についての記述である。いずれも近世の資料ではあるが、これまで知られていない貴重な文字情報である。

①「守本尊縁由」（正徳元年〔一七一一〕霜月五日　崎山宗忠・同宗教筆）

田殿中村崎山氏守本尊之縁由

（中略）

一田殿庄崎山法蔵寺本尊地蔵菩薩尊も高弁師之開基也、八箇精舎のうち第五之寺也、此処者崎山兵衛尉貞良（良貞）之旧宅也、貞良（良貞）之後室尼公者高弁上人之姨母也、以此処奉施与三宝ニ乃チ興造伽藍・経蔵安置仏像・聖教ヲ、其後構草室奉上人庵後有高峯号那虞耶カ之峯ト、前ニハ遠ク望ミ在田川ヲ、於此処自春ノ初至秋ノ末ニ華厳大疏并演義抄等披講したへり、其間義林房一人為其対揚、其より法流相続し、若干の星霜を経たり、然処天正年中此地蔵堂も退転尓及へり、依之崎山蔵人宗治右地蔵尊を大日堂へ一処ニ奉入者也、此本尊儀、寛文之頃、盗賊却取ル、依之宗治彼御尊像の御手・裳・台座残り候を取立再興し奉り、其後寛永廿一甲申年宗俊右ノ堂を奉修復者也、宝永三丙戌宗忠又堂を再興して同五年大日如来を奉修復者也、同七年宗教観音菩薩を造立し一処ニ奉居へ者也、家門数代之内、崎山蔵人宗治・其嫡男崎山九郎右衛門尉宗俊・其嫡男崎山九郎左衛門尉宗忠・其嫡男崎山九郎右衛門尉宗教、右御代内仏像・仏閣を再興する者也、右大日・地蔵・観音三尊崎山氏家門代々の守本尊也、依之固尓三尊乃因行果徳の有増を記し、家門繁盛永々の亀鏡とする者也、

②「御堂書付御公儀出し候控」（享保一〇年〔一七二五〕一〇月　崎山宗清筆）

有田郡中村

（中略）

一地蔵菩薩　弘法大師御作と申伝候、右者明恵上人八ヶ所之内第五内崎山法蔵寺之御本尊ニて御座候処、天正年中此法蔵寺朽損仕候ニ付、大日堂江一所ニ奉安置、仏像法蔵寺地蔵尊と奉拝候由申伝候、尤法蔵寺寺地山前々より于今所持仕候、崎山遺跡高信所記左書付申上候、

一右蔵人仕合御座候へハ、堂守リ等置候儀も難仕候ニ付、上人八ヶ所之内先祖湯浅権守宗重嫡男宗景・次男森九郎景基建立之地巣原村施無畏寺へ申談霜月五日法事行申候、尤為古例于今毎年霜月五日法事取行申候、

③「崎山氏古書写シ」（年代不明、崎山九左衛門筆）

有田郡遺跡

（中略）

一田殿内崎山法蔵寺建仁三亥年明恵聖人開基有田八ヶ所之内第五之寺ニ而御座候、本尊地蔵尊天長十年弘法大師御作、依由緒代々崎山家ニ支配仕候処、私より先代ニ花光勘左衛門江寺山共売渡、右本尊地蔵尊ハ代々崎山家守本尊ニ而、中村大日堂江引取奉安置御座候、

（中略）

一崎山家之儀、其昔より御国ニ住居仕明恵聖人之親族と申旧記等御座候、則春日龍神之咄にも出、元亨釈書ニも出御座候而、諸国より沙門等尋来候事、毎度ニ御座候、

①～③から、近世、一族の花光氏に売却される以前、「内崎山」と呼ばれた小山を所持していたのが田殿荘中村（現有田川町尾中）の地士・崎山氏であったことがわかる。崎山氏は、これらの記録の中で、自家が明恵とかかわりをもつ家系であったこと、明恵の遺跡としての「内崎山」法蔵寺を管理してきたことなどを主張している。そして③には、崎山氏が『元亨釈書』を受容していたことをうかがわせる記述もある。この小山を「内崎山」と命名し、

明恵の「崎山遺跡」すなわち崎山屋敷跡に比定したのは、地士・崎山氏とみて誤りないだろう。なお「内崎山宝蔵寺」の寺名は、栂尾高山寺蔵「今回所奉授之密教儀軌目」の元文四年（一七三九）の奥書にも確認できる（「奥書」4―196）。

ところで「内崎山」を明恵遺跡として管理した田殿荘中村の地士・崎山氏は、実際には明恵の養父母・崎山良貞夫妻の子孫ではない。田殿荘地頭職を崎山尼から譲られた保田宗光はこれを女子円明に譲与し、その後円明が湯浅宗良（本宗家）に嫁したことから、同荘地頭職はこの系統に伝えられることになった。後にこの一族が田殿荘崎山に移住して新たに崎山氏を称し、やがて中村の土豪化したものである（高橋『地域社会』）。

この崎山氏は、近世、明恵親族の後裔であることを、自家の由緒の中で強調することになる。紀州藩の六十人地士に取り立てられたのも、一つには、この地域を代々支配してきた領主として、ふさわしい血筋を受け継ぐことが、評価されたものと思われる。明恵の遺跡地を自らの所持山として管理することは、その由緒を飾る上で重要な意味をもっていたのである。

以上の通り、卒塔婆が失われ所在が不明となっていた明恵の「崎山遺跡」すなわち崎山屋敷の遺址を、「内崎山」に比定したのは、この小山を所持する中村の土豪・崎山氏と推定することができた。紀州藩の地士身分を保持するため、田殿荘の正当な支配者としての系譜を主張する必要が生じたことが、こうした伝承を生み出した要因とみることができる。

四

中世前期の在地領主の居館は、一門の家系や事績への憧憬から、地域社会の中で史跡として大切に伝えられる場合があった。しかしその一方では、後世、政治的な装置として重要な機能を期待され、伝承が改変・創出される場合もあった。ここでみたのは、後者の一事例である。

中世前期の在地領主・崎山氏の屋敷地は、後に伽藍として明恵に寄進されるが、卒塔婆とともに地名さえ消滅したことにより、正確な所在地は伝わらなかった。紀州徳川家が入封すると、地士身分を確保しようとする土豪・崎山氏は、そのステイタス・シンボルとして「崎山遺跡」を政治的に創出し、管理した可能性が高い。

なお「内崎山」は、花光氏の所有となった後の文化一二年（一八一五）には、四国八十八所霊場として整備された。それまで崎山氏が管理してきた法蔵寺に、大日堂に移された地蔵菩薩像に換わって、現在のように弘法大師像（明恵作と伝承される近世の像）や十一面観音像（大師作と伝承される近世の像）が安置されるようになったのも、この段階においてのことであろう。安政二年（一八五五）には、長田村の有力寺院浄教寺が、この小山を買得し、同寺の奥の院となして今日に至っている（『吉備町誌』下）。

〔付記〕　貴重な資料の翻刻を御許可いただいた施無畏寺住職・中島昭憲氏に、末尾ながら厚く御礼申し上げたい。

第八章　忘れられた「遺跡」――宮原氏館――

はじめに

今日、和歌山県有田市に含まれる宮原地区を、明恵ゆかりの地として認識している人はほとんどないだろう。そうした歴史を示す史跡や寺社が、現地に存在しないのだから、それは致し方ないことである。

しかしながら京都栂尾高山寺に残る古文書・典籍類の中には、明恵およびその教団とこの地との深い因縁を示す記事や文言が、数多くみられる。なぜ宮原の明恵ゆかりの場所には「明恵上人紀州八所遺跡」として卒塔婆が建てられなかったのか。所縁の寺院や神社が存在しないのはなぜなのだろうか。

ここでは、明恵と深い関係を持ちながら「八所遺跡」から落選し、そうした歴史の痕跡さえ消し去られている宮原氏館について追究していく。宮原氏館に関する史料を整理し、その実像を明らかにする作業を通じて、「八所遺跡」落選の意味を考え、逆に「八所遺跡」成立の政治史的意味について考察したい。しかる後に、あえて史料的限界に挑み、宮原氏館の復元を試みることにする。

一　宮原荘の位置

宮原荘は、有田川の北岸に所在する勧学院領荘園である。ここでは、有田郡における宮原荘の位置と、同荘を基盤とした宮原氏の存在形態について、明らかにしたい。

この地の歴史の古さについて語ろうとするとき、円満寺に所蔵される木造十一面観音立像を見逃すわけにはいかない。この像については、小田誠太郎による詳しい報告がある(1)。また他に小田による簡潔な解説もあるので、ここではそちらを引用しておこう(2)。

重要文化財　十一面観音立像（円満寺蔵　一軀　奈良時代　像高一一三・八　一木造）

創建以来の本尊と考えられる。盛唐様式を忠実に踏襲した細かな装身具や、薄い衣の端々にいたるまで、本体と同一の材から丁寧に刻み出している。像容は、張りのある肉身部、均斉な衣文、無駄な動きのない直立姿勢など、必要以上に装飾的、誇張的な表現、あるいは量産化にともなう類型的な表現を、微塵も含まない。造立年代は八世紀中頃で、数少ない天平期の木彫像であることは言うに及ばず、観音信仰の当地への波及をものがたる点で貴重この上もない像である。

宮原の滝川原に所在する多喜寺からは奈良時代の瓦が採集されており、さらに白鳳寺院・田殿廃寺跡も近隣にある。この辺りが、古くから開けた土地であったことがわかる。この和歌山県下最古級の木彫像は、造立当初から宮原の地を動いていない可能性が高いだろう。宮原周辺は、文化的、政治的に古代有田郡の中核的な場所だったのである。

次に宮原荘と熊野街道との関係を概観しておきたい。

雄山峠を越えて紀伊国に入った熊野街道は、さらに藤代峠、拝ノ峠を越えて有田郡に至る。蕪坂を下ると、そこが勧学院領宮原荘である。つまり熊野参詣ルートに即していえば、宮原荘こそが有田郡の表玄関なのである。参詣記の中から宮原荘に関して比較的詳しい記述のあるものを拾い出してみよう。(3)

『大御記』永保元年（一〇八一）九月二七日条（往路）

　廿七日庚戌

中剋、著有田郡勧学院宮原庄、宿土民宅本庄等石垣庄送粮料等、

『同』同年一〇月一〇日条（復路）

　十日癸亥

自夜雨降、酉剋、着有田郡宮原庄、住人吉用儲饗饌、与駑駘了、

『中右記』天仁二年（一一〇九）一〇月一八日条（往路）

十八日、鶏鳴之後出宿、残月之前漸行路、先渡有田河仮橋、

　※前日条以前を欠くが、「宿」は宮原庄の宿所と思われる。

『同』同年一一月五日条（復路）

五日、天晴、（中略）天明之後出宿所、辰刻留日高重方宅昼養、重方表丁寧、仍給小禄、巳時出此所、秉燭之後宿宮原俊平宅、行程三百卅町云々、

『熊野道之間愚記』建仁元年（一二〇一）一〇月九日条（往路）

九日、天晴、

朝出立頗遅々間、已於王子御前有御経供養等云々、（中略）参カフラサカ《（蕪坂）》ノタウ《（塔）》下王子又崔嵬、次参カフラサカ

山口王子、次入昼養所宮原云々、過、御所、入小家

『修明門院熊野御幸記』承元四年（一二一〇）四月二五日条（往路）

廿五日壬午、（中略）次於当下《（峠）》有御禊、其儀如例、次道塚・橘下・蕪坂・一坪・蕪坂・宮原等王子御参如例、

次入御宮原御所有昼御養、兼定、朝臣参会■、

『頼資卿熊野詣記』寛喜元年（一二二九）一〇月二九日条（往路）

廿九日癸亥、天晴、於宮原昼養、前右馬助家国送酒肴、

これらの記事の中で重要なのは、上皇や貴族が、しばしばこの地において宿泊・休憩している点である。宿泊地・休憩地の設定は、もちろん行程の都合にもよるが、一行の宿泊・休憩にともなう物資の確保が重要な条件となっていたはずである。熊野街道の有田川渡河地点を荘内に含む宮原荘は、有田郡の交通・流通の大動脈でもあった有田川と熊野街道とが交差する地点に立地しているわけである。こうした地理的条件から、院政期以来の院や皇族、貴族の熊野参詣の盛況にともなって、町場的な発展を遂げていたのではなかろうか。

もう一点確認しておかなければならないことは、院や貴族の一行を、この地の在地勢力が積極的に受け入れ奉仕している点である。『大御記』には宮原荘の住人があらわれ藤原為房を饗応し、駑駘を与えられている。また『中右記』では、中御門宗忠が「宮原俊平宅」に宿泊している。藤原頼資に酒肴を献じた「前右馬助家国」も、この地の土豪であろうか。彼らは、京から参詣に訪れる院や皇族、貴族の宿泊等に奉仕し、それにより中央との関係を培い、在地に勢力を伸張していったものと想像される。宮原氏はこうした階層の中から成長したものと思われ、あるいは俊平、家国等に直接血縁的に繋がる可能性もあるだろう。

以上にみてきたように、宮原の地は、古代以来、有田郡における文化・政治の中心地であり、また院や皇族、貴族の宿泊地・休憩地として、町場的な発展を遂げていたようである。そしてこの地の土豪の中には、中央の政治勢力と早くから接触を持ち、力をつける者があらわれたのである。

二　宮原宗貞とその一族

安貞二年（一二二八）から翌寛喜元年にわたる明恵の事績を、弟子の禅浄房が書き留めた覚書「上人之事」には、次のような興味深い記事が採られている。

宮原左衛門尉宗貞云、或夕ニ上人来テ令語給ニ、語了帰去ル時、有光来照宗貞之居所、傍ニ有可愛之女人ト見シ、ヲヒエタリ、遠シメ給ニシタカヒテ光漸薄ニテ消云々、

ここには、明恵が宮原宗貞の「居所」すなわち宮原氏館を訪れ、宗貞と面談した際に起った奇瑞が語られている。まず注目したいのは、宗貞が左衛門尉の官職を帯びている点である。湯浅氏発展の基を築いた湯浅宗重が紀伊権守を称したにすぎなかったこととは対照的である。二人はほぼ同世代の人である。宮原荘と東に境を接する田殿荘には、湯浅氏と同じ出自を持つ崎山氏があり、明恵の養父となった当主の良貞は、兵衛尉の官職を所持していた(4)。良貞の父は貞頼といい、良貞の子には貞重がある(5)。崎山氏の一族は、いずれも実名に「貞」の字を用いており、宮原宗貞もその同族である可能性が高い。湯浅氏の圧倒的な勢力が形成される以前においては、この一族こそが、有田郡における領主連合の領袖だったのではなかろうか。

二点めは、明恵が宗貞の館に出入りし、そこが奇瑞の場となっている点である。宮原氏館も明恵の遺跡の一つ

だったのである。このことと関連して、明恵が京に開いた栂尾高山寺に伝わる聖教類の中には、興味深い奥書をもつものがある。(6)

「大方広仏華厳経」二十二（「奥書」3―733）

正治二年（一二〇〇）三月十九日、一校了、成弁　此日従宮□（原）送此経云々、

「仏母愛染明王最勝真言法」（「奥書」4―409）

元久元年九月八日、於紀州宮原家書了、一校了、

「愛染秘密大心要」上（「奥書」4―409）

元久元年十月八日、於紀州在田郡宮原草室書写了、

「不動護摩次第」（別筆墨書、「奥書」1―236）

（前略）元久二年二月廿九日、於同国宮原庄阿弥陀堂、同焼八千枚了、前如行間護摩九ケ日持齋、次十萬遍間護摩六ケ日菜食、正焼日断食、已上三ケ度作法皆如次第、依無暇前加行略之、求法沙門永真年卅六

「氷掲羅天童子経」（「奥書」4―791）

元久二年（一二〇四）三月五日、於宮□（原）書了、永真

「題未詳」（「奥書」4―790）

元久二年七月八日、巳終許於紀州宮原之家書写了、（後略）

「温病加持法」（「奥書」1―101・4―697）

（前略）建永元年（一二〇六）五月十一日午後、於宮原家抄之、于時温病天下流行以此法治之効験掲焉云々、真言宗沙門成弁記之、（後略）

これらの奥書から、明恵とその弟子たちが、「宮原家」すなわち宮原氏の館やそれとの関連を思わせる草室（草庵）・阿弥陀堂において、著述や仏典の書写等を継続的に行っていることがわかる。宮原氏の館は、明恵教団の紀州での活動拠点の一つであり、明恵とその弟子たちが頻繁に出入りしていたのである。さらに「夢記」の中に「宮原尼御前」（宗貞の妻か）が登場し、(7) 栂尾高山寺に伝来した明恵所持の「四十経四十巻」は「宮原殿」（宗貞であろう）が寄進したものであった。(8) 宮原氏と明恵との親密な関係が偲ばれる。宮原宗貞は、崎山良貞や保田宗光とともに、紀州における明恵教団の重要な支援者の一人だったのである。

以上のように、宮原氏は、崎山氏と同族であり、湯浅氏以前からこの地域に勢力を伸ばしていた伝統的豪族と思われる。宮原宗貞は、明恵の支援者であり、その教団に自身の館を活動拠点として提供していたのであった。

三　明恵と宮原氏館

実は、宮原宗貞の館は、さらに重要な明恵の奇瑞とかかわっている可能性が高い。やや長文になるが、「漢文行状」から、関連する部分を引用してみよう。

元久元年（一二〇四）甲子秋比自紀州上洛、九月三日始移住槇尾、同十一月崎山兵衛尉良貞上人養父所労之間為相訪下向紀州、
良貞遂出家、同十二月十日逝去了、彼中陰間居住宮原宗貞宅、同二年春為療治加灸、一郡親族地頭違乱之後、
未還補其職之間、諸人不安堵、高尾又中絶之比也、不及還住、因茲聖教披覧無其住処、然間西天修行又思企之、
五六人同行同以出立、或図絵本尊、或書写持経、又従大唐長安城、至中天王舎城、路次里数勘注之
彼里数記文入経袋猶被持之云々、数日之間経営評定、爰上人忽有煩重病事、但其病躰非普通儀、飲食不異例、起居敢無煩、

仍春日大明神猶有御制止欤之由有其疑（先年欲企修行之時有制止）、雖然其条又難治也、仏道修行既有其障、一生空過雖留無益抂（枉）称賜暇出立猶不休、其間病気弥興盛、令同行等誦仏地論聴聞之、聞説列四智清浄法界有為無為功徳悲歎涕泣語云、如来无量僧祇劫中為衆生難行苦行、得不思議難得之法、以一大事因縁出興于世、説三乗一乗教法、令衆生修行証入、今得値遇、宿善誠有憑、年来学之修之心甚所勇、今其事有障导、非可留跡於此国、又護法諸天雖令留置給有何要哉、縦雖捨身命此心不可退転、其次種々述懐云、我従幼稚之昔、学顕密聖教本意者於尺（釈）尊御事、凝慇懃恋慕、望西天遺跡、為遂雲遊之志也、誓願之趣三宝諸天定垂照覧、有何本意可留此所乎云々、而此病之為躰、傍有一人、眼雖不見之其姿浮心、今聞述懇懐之趣、垂涙有傷嗟之気、粗議西土修行之時、以片手拳片腹評議興盛之剋以左右手拳左右腹、至決定不可改変之位、昇身上以左右手抑胸之間、殆及悶絶、然而非普通苦痛、如此経五六ケ日、此事匪直事也、猶春日大明神霊託欤、仍為決実否欲取孔子賦、本尊尺迦、善逝、善財五十五善知識、春日大明神御形像、於三所御前、書二竿（一者可渡日天哉、一者不可渡哉）、可取之、此三所中雖一所若得渡竿者、雖捨身命可遂其志、若三所皆為不可渡之竿可思止云々、即致精誠祈請之、善知識大明神両竿令他人取之、於本尊御前上人自取之、写二竿於壇上之処、一竿運転堕壇下、求之不得、遂不知所去、取所残竿見之不可渡竿也、余二所竿皆同前也、仍彼修行思止了、其後所労気即時平復、可謂不思議、其前夜上人夢云、二白鷺飛空著白服一俗人在其上、取弓箭射落一鷺云々、此一竿可失先兆欤云々、

元久元年一二月一〇日、養父崎山良貞の末期を看取った明恵は、その中陰の間、宮原宗貞の館に移った。「有田一郡親族地頭違乱」「高尾又中絶」という厳しい状況の中、明恵は、一度は諦めた天竺渡航を再び志す。「従大唐長安城至中天王舎城路次里数」まで算出し、同行する弟子たちと評定を重ねていたところ、明恵は重病に陥り、苦痛に喘ぐことになった。これを春日明神による制止の霊託かと疑った明恵は、「竿」（籤）をとったが、ここでも奇瑞

が起こり、結局明恵は天竺渡航を思い止まるのであった。

少なくとも中陰が明ける同二年一月末まで、明恵は宮原氏館に留まったはずである。さらに言えば、先に取り上げた栂尾高山寺の聖教類の奥書に明らかなように、この年の前半期、明恵教団は宮原を主な活動の場としており、明恵自身も夏に槇尾に帰るまで、この地に引き続き留まっていたことが推測される。従って元久「二年春」に起こったこの一連の経過は、宮原氏館を舞台とするものであった可能性が高いのである。(9) ちなみにこの時作成され、事件の後には明恵が経袋に入れて常に所持していたという「従大唐長安城至中天王舎城路次里数」を記した注文は、明恵ゆかりの品として高山寺で宝物として大切に保管され、現在に伝えられている。(10) この事件が、明恵とその教団にとっていかに重要な奇瑞であったかを物語っている。

明恵が初めて天竺渡航を計画したのは、建仁二年（一二〇二）、保田荘星尾の保田宗光屋敷においてのことであった。翌年、宗光の妻に春日明神が憑依し、計画を制止した情景は、『春日権現験記絵』等に描かれ、きわめて有名である。この事件に次いで起こった宮原氏館での一件は、明恵の第二次天竺渡航計画にともなう春日明神再度の降託であった。

星尾屋敷での事件と宮原氏館での事件とを比べると、場面等の条件が非常によく似ていることに気付く。ともに明恵とその弟子たちが活動の拠点としていた、支援者の館において発生しているわけである。

異なるのは、その人物が、前者では湯浅一族の惣領の地位にある保田宗光であるのに対して、後者では、湯浅一族と競合する伝統勢力の流れを汲む宮原宗貞である点だけである。そして後に星尾屋敷が春日明神降託の霊跡として「八所遺跡」に選定されるのに対して、宮原氏館は選から漏れ、その後、興隆されることが無かったという点である。次にこの相違点の意味を問わねばならない。

四　宮原氏館落選の意味

明恵が寂してから四年後の嘉禎二年（一二三六）、その高弟喜海は、有田郡における亡き師ゆかりの地八ヶ所に、華厳八会表法教主からとった本尊および年記・由緒等を記した木造の卒塔婆を建立した。[11] 今に伝わる「明恵上人紀州八所遺跡」である。この「八所遺跡」は、明恵の誕生地や修行・止宿の場所を、その遺徳とともに後世に伝えようとする、〈郷土ゆかりの高僧顕彰のための史跡〉という外観をもっている。

しかし私には「八所遺跡」の選定が、純粋な信仰心のみにもとづき、中立的な立場からなされたようには思われない。そこには武士団の地域支配をめぐる政治的な思惑が見え隠れしている。

承久の乱後、湯浅本宗家を抑えて湯浅一族の惣領の地位を占めるようになったのは、湯浅宗重の七男・保田宗光である。[12] 「八所遺跡」に選定されたのは、その宗光が地頭職を握る所領の中にあるか、彼と密接にかかわる特別な要素をもつ場であった。私は、「八所遺跡」を、湯浅一族結合の紐帯となり、また湯浅氏と地域住民とを儀式や法会の場で結びつけてきた明恵の存在を永続化し、再確認させるための政治的な装置ととらえている。そして保田宗光にとって、「八所遺跡」を独占的に管理・経営することは、自らとその子孫の地域支配におけるヘゲモニー確立に重要な意味をもっていたのではないかと推測する。[13]

保田宗光は、こうした性格を持つ明恵の遺跡を、競合する勢力の管理・興隆に任せることを許さなかった。そのため宮原氏館は、明恵およびその教団と深い因縁を持ち、保田宗光の星尾屋敷に匹敵するほど重要な奇瑞の場でありながら、「八所遺跡」からは落選しているのである。

五　宮原氏の末路

ではその後宮原氏はいかなる末路をたどったであろうか。宗貞の後、宮原氏の名が史料上にみえるのは、「崎山家文書」所収の嘉禎四年（一二三八）一〇月日付京都八条辻固湯浅御家人結番定文である。[14]この文書は、湯浅氏に任せられていた八条辻篝屋の警固を勤める翌年二月の人員に関する、幕府執権北条泰時からの指令である。その内の一番に、藤並、六十谷、得田、田中の諸氏とともに、宮原次郎寸恵が組み込まれている。

同じく「崎山家文書」の中に含まれる正応二年（一二八九）一二月日付湯浅宗重跡本在京結番定文にも、宮原氏の存在をうかがわせる箇条がある。[15]この文書も、翌年の湯浅氏の篝屋警固についての番編成の内容を示すものであるが、その中の六番に宮原荘が編成され、「他門」という注記が付けられている。湯浅党に所属するが「一門」ではない宮原宗貞の末裔が、この段階においても宮原荘に健在であることを示唆している。

しかし宗貞の子孫と推定される人物が確認されるのは、この史料が最後となる。かわって保田宗光の四男梓田宗算の子孫が「宮原」の苗字を名乗り、史料にみえるようになる。[16]

「上山系図」には、宗算の嫡孫に宗平なる人物を採り、その肩に「号宮原入道、彦三郎」と注を付けている。その父宗義（宗能）が文永八年（一二七一）の文書に所見することから、[17]宗平は、一三世紀末頃が活動期だと推定できる。

同系図によれば、宗平の子には孫三郎宗通があった。彼の名は「楠木合戦注文」の「為楠木被取篭湯浅党交名」の中に所見する。[18]この事件は正慶元年（一三三二）のことである。なお「上山系図」は、宗通に「於田殿討死了」

と注記している。

宗貞以後の宮原氏の動向については、以上のような断片的な史料しか残されていない。ここから類推すれば、宮原宗貞とその子孫は、湯浅党に「他門」として加わり、篝屋警固等の諸役を果たしてきたが、鎌倉末期にはすでに勢力を失い、宮原荘を離れるか、あるいは埋もれた存在となってしまったのであろう。かわって湯浅一族の惣領保田宗光の子孫の一流が宮原荘に拠点を移し、南北朝期にかけて、同荘を支配したものと考えられる。保田宗光による「八所遺跡」からの宮原氏館排除に象徴される伝統豪族押さえ込み策により、この地方随一の名族であった宮原氏は、鎌倉期を生き残ることができずに、ついに滅び去ったのであった。

六　宮原氏館の復元

保田宗光の施策により「八所遺跡」から除外された宮原氏館は、何処に所在したのだろうか。今日、それを明確に示す指標は、何も残されていない。最後に宮原荘の故地を訪ね、現景観の中に刻み込まれた痕跡を拾い集める作業を行い、宮原氏館とその周辺の景観を復元してみよう。以下、図1をあわせて参照いただきたい。

当時の宮原荘の中心部は、熊野街道が蕪坂を下り平野部に出たあたりから円満寺の周辺にかけてであろう。近世の道村、東村がそれにあたる。まずこの辺りの中世まで遡る伝承を持つ寺社、史跡・旧跡、あるいは地名等を拾い出し、現在の地形図上にプロットしてみよう。なお以下に取り上げた伝承・地名に関する情報は、江戸後期の地誌である『紀伊続風土記』『紀伊国名所図会』や、有田市宮原愛郷会発行の『今昔 宮原の里』（一九九三年）、および地元在住の郷土史家久喜和夫氏（一九一一年生）からの聞取りデータ等に拠っている。

宮原地区は、近代に入ってからだけでも、明治二二年（一八八九）、昭和二八年（一九五三）と、二度の大きな水害被害を受けており、平野部の現区画は、災害復興にともない整備されたものである。水害の際、濁流が流れた流路は、いずれかの時期における有田川旧河道の可能性が高いので、矢印を入れておく。なお宮原地区の明治地籍図（旧公図）は、昭和二八年の水害の際に、宮原村役場もろとも流失した。平野部の現地形復元にあたっては、和歌山地方法務局湯浅出張所に所蔵される地籍図、および昭和二二年の米軍による空撮写真が参考になる。

①宮原神社は、嵯峨天皇の弘仁七年（八一六）の創建と伝えられる。宮原荘六ヶ村（滝村、滝川原村、道村、畑村、南村、東村）の産土神として信仰を集めてきた。

⑪円満寺は、前述の通り、県下最古級の木彫仏である十一面観音像を伝える古刹である。縁起によれば、北条時宗を開基として、法灯国師覚心の開山により草創されたというが、観音像や出土した平安後期の瓦、十一面観音懸仏等が、より古い寺の由緒を語る。その後畠山政国や浅野幸長の保護を受けている[19]。

⑥観音壇と呼ばれている区画には、明治期まで正住尼寺という尼寺が存在した。この寺はかつて一二坊あったといわれる円満寺塔頭のうちの一ヶ寺であった。今は円満寺に客仏として安置される本尊の聖観音像は、平安中期（一〇世紀末）まで遡る一木造の木彫仏である[20]。③観音堂跡も近年まで観音像を祀っていた堂跡であり（像は盗難にあい今はない）、この地に古くからの観音霊場が密集していることが改めて注目される。

⑪と⑥に挟まれた山懐に、⑧春日神社跡と⑦御所井とがある。⑧は、明治四〇年に宮原神社に合祀された春日神社があった場所で、現在は荒畑となっている。テラス状に整地された区画が確認でき、近年まで大木の切り株が残っていたという。春日原の小字が残る。なお宮原神社境内の現春日社社頭の石灯篭には「春日神前　享保十四（一七二五）酉天　九月吉日」と刻銘されており、旧社地から神体とともに移されたものであることがわかる。

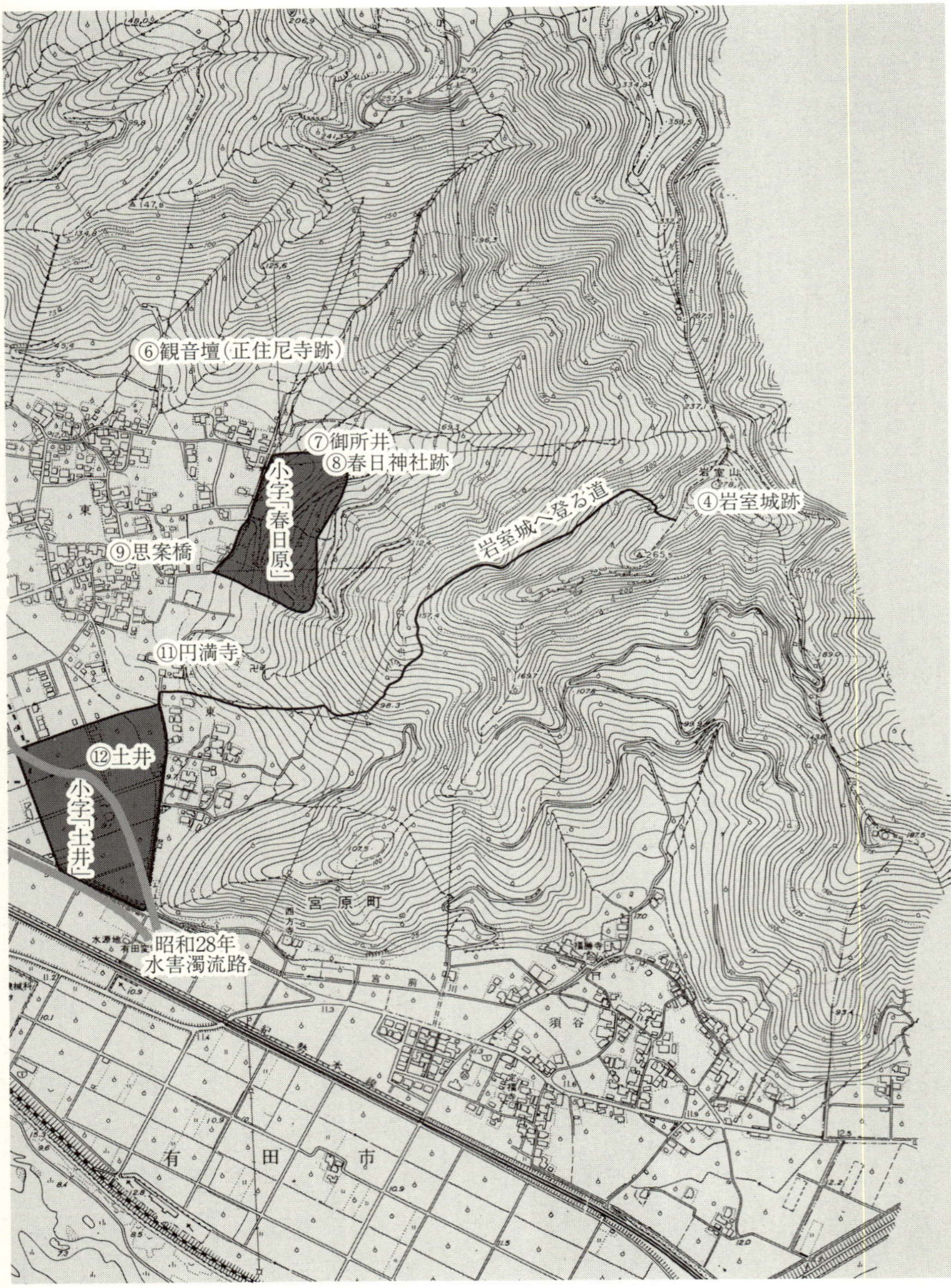

図1　宮原荘故地に残る寺社・地名・伝承地等

原図：有田市役所発行「有田市全図」　1：10,000

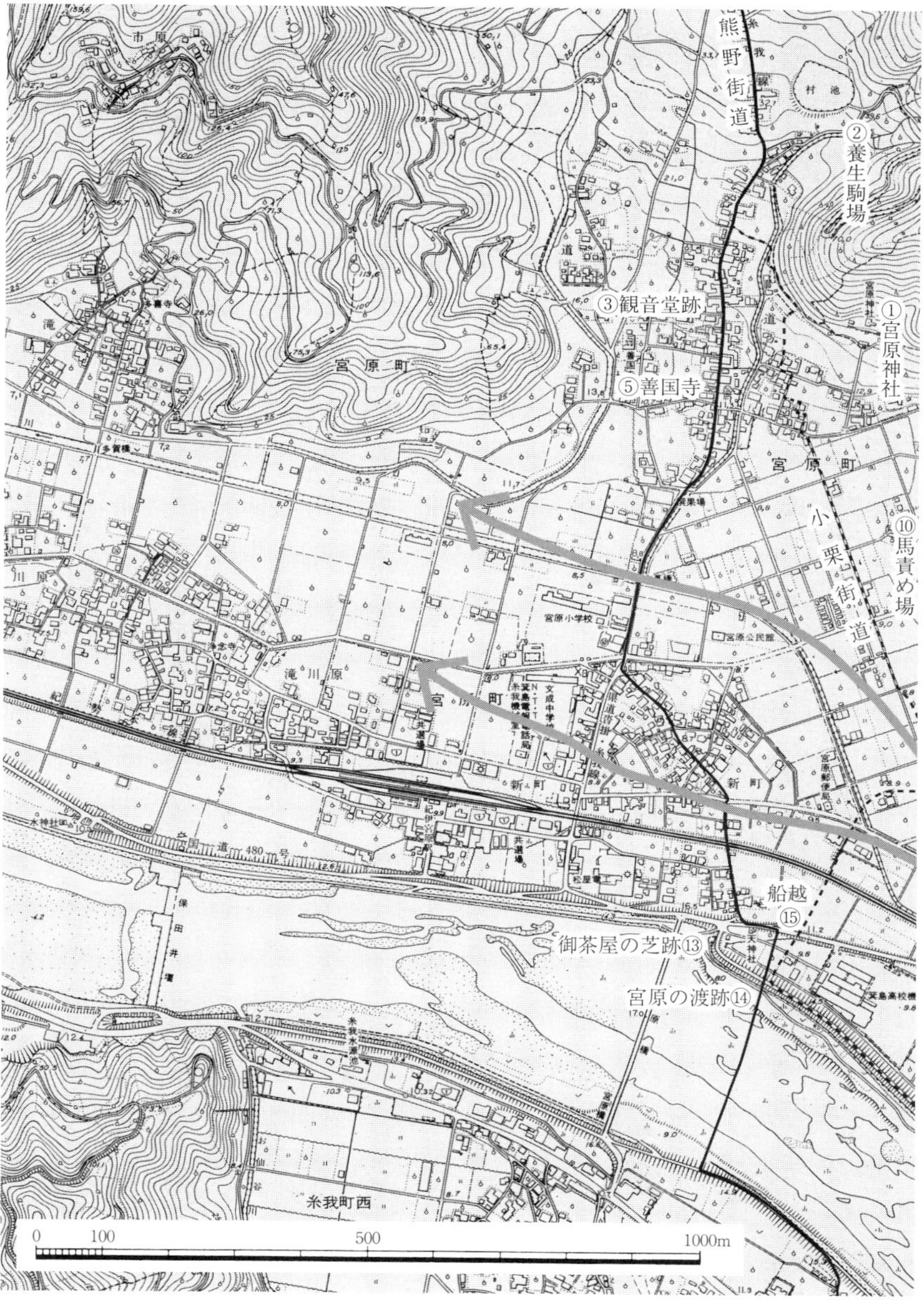
熊野街道
②養生駒場
③観音堂跡
①宮原神社
⑤善国寺
宮原町
⑩馬責め場
小栗街道
宮原小学校
滝川原
新町
国道480号
船越
⑮
御茶屋の芝跡⑬
宮原の渡跡⑭
糸我町西
0
100
500
1000m

⑦御所井は、旱魃にも涸れたことのない名井とされる。院の熊野御幸の時、後述する⑬御茶屋の芝で一行が休息した際に、この井から献上茶の水を汲んだと伝承される。『古事記』『日本書紀』にあらわれる荒田皇女が使っていた井戸ともいう。

④岩室城跡は、宮原荘と田殿荘とを東西に境する岩室山山頂部に築かれた山城である。壇ノ浦の戦いの後、湯浅宗重以下が平忠房を守って篭城した「岩村の城」は、この城のことかと思われる[21]。室町時代、紀伊国守護畠山尚順の手で改修され、現在に残る遺構は、この時期のものである[22]。宮原側から岩室城に登るには、円満寺境内の南に入口をもつ山道を使っていたようである。

東村と道村の平野部には、城郭関連の地名や伝承地がいくつか残されている。これらは、宮原氏館と関連づけて考えるよりも、岩室城に関係すると考えた方がいいだろう。⑨の思案橋は、畠山家の家来が、今宵どの遊女を買うか、思案した場所と伝える。⑩の馬責め場は、去勢していない当時の馬を飼い慣らすために、舌を焼き腰に灸を据えた場所だという。②養生駒場（よじょこば）は、働いて脛に熱をもった馬を漬けた水場の跡と伝えられる。④善国寺は、岩室城主で紀伊国守護だった畠山政国の建立とされ、もと滝川原村にあったものを、この地に移したといわれる。墓地の一角には中世まで遡る宝篋印塔や五輪塔が集められている。その中には「為妙善禅尼　至徳三年（一三八六）八月念二日」の銘を持つ宝篋印塔、「景光六十六年　応永十年（一四〇三）三月八日」と刻まれた板碑も含まれる（ともに有田市指定文化財[23]）。⑫土井は小字として残る。昭和二八年の水害後の区画整理で字界は曖昧になっているが、岩室城への登り道の入口にもほど近く、山上の城に対応する平地居館があった可能性が高い。「紀伊国旧家地士覚書」に「畠山殿ハ、河内国の屋形にて御座候処ニ、中比公方より越中国并紀伊国之守護共仰付候ニ付、紀州在田郡宮原の庄に屋形を立、六七代以前之畠山此所に隠居被仕、紀州奥三郡の侍共したかへ居被申候」とあり、この「屋形」の置かれた場所が⑫土井ではなかろうか(24)。

院政期、この地に繁栄をもたらした熊野街道は、蕪坂を下った後、平野部を蛇行しながら⑭宮原の渡へと向かう。外側の土手を越える辺りを⑮船越といった。天神社の辺りから現在の宮原橋の北詰め付近にかけて自然堤防上に平坦地が広がっていた。これを⑬御茶屋の芝といった。先の院の熊野詣での時は、ここで昼養をとったと伝えられてきた。寛政二年（一七九〇）の洪水で流失したという。

なおこの辺りの熊野街道は、かなり低い土地を通っていることが気になる。昭和二八年の水害で濁流が通った辺りを避けるように山際に沿って回り込み外側の堤に出る小栗街道の方が、中世の道としてはふさわしいようにも感じる。こちらが本道だった可能性を指摘しておきたい。

ではこうした宮原地区の歴史的景観の中で、この地域随一の伝統豪族である宮原宗貞の居館であり、明恵とその教団の活動拠点でもあった宮原氏館は復元できるのであろうか。

その所在地を推定する上で、

図2　春日神社跡（⑧）

図3　御所井（⑦）

図４　宮原の渡跡（⑭）

図５　宮原神社に合祀されている春日神社

もっとも重要な手掛かりとなるのは、やはり⑧春日神社跡であろう。この春日神社は、明治四〇年に宮原神社に合祀されるまでは、五六八坪の境内地を所有し、三二〇人の氏子を持つ神社として存在していた。東村の集落を見下ろす谷の裾を開削して社地を形成していた。この辺りは緩やかな傾斜地であり、この社の下方にもテラス状の台地が広がっている。

春日明神を守護神とした明恵の遺跡には、春日社をともなう場合が多い。まして宮原氏館は第二次天竺渡航計画に際して春日明神の降託があった重要な霊跡である。さらに平素においても明恵とその弟子たちが学問・修行を行った宮原氏館には、当時、必ず春日社が設けられていたはずである。

春日神社跡の下段には、先述の通り、⑦御所井がある。この辺りから西方に広がる台地上に宮原氏の居館や「宮原草庵」等と呼ばれた修行のための施設が建ち並んでいたのではなかろうか。御所井の「御所」は、伝説では熊野詣での院の御所や神話上の荒田皇女の御所とみなされているが、宮原氏館と結びつけて解釈することもできそうである。在地領主の館が「御所」と呼ばれた事例も知られている。

第一次天竺渡航計画で春日明神が降託した「星尾遺跡」では、保田宗光・宗業の屋敷がそのまま星尾寺として興隆され、その境内に含まれる丘陵に春日社が祀られている。(25)「糸野遺跡」でも、成道寺の伽藍が並ぶ最奥に春日社が鎮座し、その手前の台地の先端部に保田宗光が館を構えていたようである。(26)山裾に敷地を占め、そこに館と寺院が共存し、春日社をともなう、両遺跡の空間構成は、宮原の場合によく共通している。

以上、現地調査により得られたデータをもとに、宮原荘中心部の歴史的景観を概観する中から、宮原氏館の所在地についての推測を行った。

おわりに

本章は、明恵と深い因縁を持ちながら「八所遺跡」から落選した宮原氏館について復元的に分析し、「八所遺跡」の政治的意味を問い直そうとする試論である。最後に論点を整理し、稿を閉じることにする。

(1)宮原荘は、熊野街道上の要地であり、院や皇族、貴族の休憩・宿泊地点となっていた。院政期には、彼らを歓待することによって京と結びつきをもち、在地領主化する者があらわれた。宮原氏は、そうした階層の中から成立したものと考えられる。

(2)宮原氏は、崎山氏と同族である可能性が高く、湯浅氏台頭以前においては、この地方随一の有力領主であったと推測される。宮原宗貞の居館は、明恵が奇瑞を起こした遺跡であり、その教団の活動拠点でもあった。第二次天竺渡航計画に際して春日明神が降託した場所も、この宮原氏館と考えられる。

(3)湯浅一族の惣領となった保田宗光は、「八所遺跡」を設定し、自らの意志のもと、明恵所縁の場所を武士団結合の紐帯、住民統合のシンボルとして機能させようとした。そのため競合関係にある宮原氏館を「八所遺跡」から排除したのである。その後、宮原氏は、鎌倉時代を生き残ることはできずに、この地から姿を消している。

(4)宮原荘の故地には、今日、宮原氏や明恵との因縁を語る史跡や伝承は残されていない。しかし春日神社の存在が、宮原氏館の所在地を暗示しており、その場所は、そこから西に広がる台地のあたりではないかと考えられる。

〔注〕

(1) 小田誠太郎「円満寺の木造十一面観音立像について」(『和歌山県立博物館研究紀要』一、一九九六年)。
(2) 和歌山県立博物館編『有田川下流域の仏像』(一九九七年)。
(3) この時代の熊野参詣記は、『田辺市史』四に網羅されている。
(4) 例えば「夢記」第四篇。
(5) 「夢記」第一〇篇。
(6) 栂尾高山寺所蔵の聖教類の奥書は、『高山寺経蔵典籍文書目録』一~四(高山寺資料叢書)に網羅されている。
(7) 「夢記」第七篇。
(8) 『高山寺経蔵古目録』(高山寺資料叢書)。
(9) このことについては、すでに田中久夫『明恵』(吉川弘文館、一九六一年)が指摘している。
(10) 京都国立博物館編『高山寺展』(一九八一年)、和歌山県立博物館編『明恵 故郷でみた夢』(一九九六年)等に、

図版が掲載されている。また野村卓美「明恵上人の経袋」（『ぐんしょ』四二、一九九八年）参照。
(11) 明恵紀州遺跡卒塔婆銘注文（「施無畏寺文書」三〔『和歌山県史』中世史料二〕）。
(12) 保田氏の湯浅党における地位については、高橋『地域社会』（二〇〇〇年）第I部の諸論文参照。
(13) 本書総論。
(14) 『和歌山県史』中世史料二。
(15) 同前。
(16) 桛田氏については、拙稿「神護寺領桛田庄と湯浅氏」・「神護寺領桛田庄の成立―文覚と湯浅宗重の動向から―」（いずれも高橋『地域社会』）参照。
(17) 桛田西荘預所職安堵下文（「大東急記念文庫所蔵文書」〔『鎌倉遺文』一〇九一〇〕）。
(18) 「尊経閣所蔵文書」（仲村研編『紀伊国阿氏河荘史料』三二七）。
(19) （1）小田論文で翻刻されている「霊岩山円満禅寺由来書控」参照。
(20) （2）に同じ。
(21) 『長門本平家物語』巻二〇。本書第二章付論参照。
(22) 和歌山県教育庁文化財課編『和歌山県中世城郭跡詳細分布調査報告書』に実測図が添付されている。
(23) 有田地方文化財保護審議委員連絡協議会編『有田地方文化財目録』。
(24) 『角川日本地名大辞典』三〇和歌山県。なお「古今年代記」（『和歌山県史』近世史料五）にも同じような記述がある。
(25) 高橋「中世前期における武家居館と寺院―星尾寺の成立―」・「中世の星尾寺」（いずれも高橋『地域社会』）。
(26) 『金屋町誌』上。

〔付記〕本稿を準備するにあたり、有田市宮原町東の久喜和夫氏、有田市郷土資料館の小賀直樹氏・西岡巌氏、有田市教育委員会の成川満氏（すべて当時）に、多大な御配慮をいただいた。その他にも宮原地区の多くの方々に、現地調査に御協力いただいている。末尾ながら、心より感謝の意を表したい。

総論　武士団・湯浅一族と「明恵上人紀州八所遺跡」

はじめに

近年、武士をめぐる議論が盛んである。武芸という職能の社会的な有用性により、朝廷からその身分を認められた都の武士（軍事貴族、京武者等）について、成立・展開過程やその身分的特質が明らかにされてきた。

しかしながら、地域社会の中では、都で正式な身分を持つ武士だけが、武力を独占していたわけではない。「武に堪能な在地領主」や「単なる武的存在」が幅広く結集し、武士団として存在しているのである。[1] 地域社会論の観点からとらえようとするならば、都と繋がりを持つような武士だけに視野を狭めることはできない。むしろ、彼らを核とする武的集団を総体として把握し、その存在形態や社会的役割等を明らかにしてゆくことが重要であろう。[2] 武士（身分）論的にではなく、地域権力論として、武士（およびその周辺の武装集団）についての研究が深化されなければならない。[3]

課題とすべきは、《権力は、どのように作られ浸透していくのか》ということである。権力は、いかなる治者認識を持ち、自身を公的にみせるための支配実践に臨んだのか。そして公権の成立過程で形成される「歴史物語」は、いかなる論理によって、諸階層による権力受容に役割を果たしていたのだろうか。

こうした課題に対して、私は、a盟主的な武士が、周囲の領主層を武士団に吸収し、統制・抑圧するための論理とその諸装置、b在地の武的勢力の結集としての武士団が、地域住民に支配を受け入れさせる（受け入れてもらう）ための論理とその諸装置、cおよびそれらの形成過程、以上三つの論点に即して、武士団・湯浅一族の存在形態を追究することとする。

一　湯浅一族と明恵

本節では、湯浅一族出身の僧明恵が、武士団の地域支配にいかなる役割を果たしていたかを、武士団結合の側面と住民支配の側面との二つに分けて論じてみたい。

(1)　武士団結合における明恵の役割

前述の通り、湯浅氏は、院政期頃より急速に勢力を伸ばした湯浅宗重のもとに編成された武士団であり、承久の乱を契機に、保田宗光が、家督の湯浅本宗家にかわり、惣領としてこれを統率するようになった。拙著『中世武士団と地域社会』で分析したように、湯浅一族（湯浅党）結合においては、主従制原理とともに、衆議原理が貫徹していた。衆議の場（「一門評定」）におけるヘゲモニーの掌握というかたちをとって、宗光とその子孫が諸氏に対する統制を実現するという形態は、利害競合をともないながらも武士団を構成する勢力を納得させるための形式であったかと思われる。

建仁二年（一二〇二）、「石垣荘地頭職違乱」なる事件が起こり、明恵は、宗光によってあつらえられた同荘内糸野の庵室を退去することを余儀なくされている。[4] 次いで元久元年（一二〇四）には、「有田一郡地頭職違乱」と呼ばれる事件が生起し、有田郡は、「此郡無人」「諸人不安堵」という状況に陥っている。[5] こうした事態は、少なくとも二年間にわたって継続した。[6] 事件の直接の契機は、湯浅氏が支援する文覚が京で失脚したことにあると思われるが、「伝記」は「地頭職掠め申す人在りて」と説明し、競合する在地勢力の策動があったことを匂わせている。

弘長四年（一二六四）に書かれた「星尾寺縁起」では、宗光の死直後のこととして、「一族ひきわくる事なむといてきたりて、みたれかましかりし」という状況を、その嫡男宗業が告白している。[7] 競合関係にある勢力は、武士団結合の内部にも存在したわけである。

元久元年の「有田一郡地頭職違乱」の際に見た明恵の夢（「夢記」六篇）は、こうした武士団結合の危機における彼の立場を象徴的に示している。

有一如野処、而非野、如古家跡、以外広、其四方有大師（獅）子形像、而行動シテ如生身也、成弁彼ヒケ（髭）ナントトノト、ノ（整）ヲラサルヲキリソロフ（切揃）、怖畏無極ケレトモ、之ヲト、ノフ、小犬等アマタ有テ、此師子之腹下ノ毛中聚伏、心思ハク、此小犬等以此師子思我母ヘリ、二方ヲソロヘテ今二方ヲハ同事也ト思テ思止云々、案曰文殊守護此郡給也、小犬者此殿原也、古家跡ノ如ナルハ、当時此郡無人故也、

「殿原」とは、ここでは湯浅一族を指す。「有田一郡地頭職違乱」という危機的状況にあって、文殊菩薩は有田郡と湯浅一族とを守護し、その文殊に（直接は使である獅子に対して）、明恵が奉仕するという構図が、この夢の中にあらわれている。

同じく「有田一郡地頭職違乱」の際に、明恵は、有田郡における湯浅氏の支配権回復のために、たびたび加持祈

禱を行ったようである。

在田一郡地頭職悉以違乱、（中略）其後一郡不安堵之間、移住神谷山寺名也、為諸人祈禱、於大明神御形像宝前、毎日上人自啓白、令同行転読不断華厳経、上人又修三時行法、又以大仏頂咒、加持香水、以其水向施主方灑之、又雄黄加持・白芥子加持等作法修之、

この「漢文行状」巻中の記事によると、「一郡不安堵」という事態にあって、明恵は、郡内の古刹最勝寺のある神谷山の後峰に居所を移し、そこで弟子僧とともに、「為諸人祈禱」を行ったという。この場合の「諸人」とは、湯浅一族を意味する。

建永元年、五月廿日ヨリ為在田群（郡）立直祈禱始行法、二時修宝楼（閣）各法、証於見本書云々 并二時仏眼念誦、大仏頂等始之、
於神護寺

この「夢記」第七篇の記事からは、同趣旨の祈禱が、京の神護寺においても行われていたことがわかる。内外に競合する勢力を抱えた湯浅一族は、そのために繰り返し訪れる武士団による支配体制の危機に際し、明恵とその弟子僧等に対して、秩序の回復のための行法・祈禱を行うことを期待し、明恵等もそれに応えていたのである。

次に、明恵に結縁するため、湯浅（栖原）景基が開基となって、その所領・栖原村の白上峰（かつて明恵が草庵を構えた場所）の麓に建てた施無畏寺の成立過程について、武士団結合の場としての側面に注目しながらみてみよう。

施無畏寺は、寛喜三年（一二三一）、明恵が本堂供養に下向し、施主湯浅景基の寄進状に外題を加え、高山寺の別所として成立する。この寄進状には、さらに宗光を筆頭に、湯浅一族諸氏四九名が連署し、「寺敷地殺生禁断」を犯す者を「一家同心而早可放其氏」ことが規定されている。(8)

ここに名を連ねる者たちこそが、湯浅氏の武士団構成員たる「親族」「郡内一家」であると宣言されている（実際には、他姓の者、その出身地や所領が有田郡に含まれない者も数多く連署に加わっている）。そしてこの明恵と結縁する寺を犯す者に対しては、湯浅氏から「放」つことが取り決められている。つまりここで、武士団・湯浅一族の範囲が、明恵との関係でイデオロギー的に再確認されているのである。

以上みてきた通り、常に内外に競合勢力を抱える武士団結合に、明恵とその弟子たちは、祈禱や修法によって安定をもたらす役割を負っていた。また施無畏寺の成立に際して、明恵はその結合紐帯として迎えられており、武士団・湯浅一族の成員であるかどうかは、彼との関係において確認されていたといってもよいだろう。

(2)　地域住民と明恵

紀伊国は、村落共同体の政治的自律性が高いことが、様々な事例に即して早くから指摘されてきた。湯浅一族が支配基盤とした有田郡についても、阿弖川荘上村百姓等片仮名書申状に象徴される民衆運動が展開され、その指導者である公文層や有力百姓層の成長が注目されている[9]。

こうした有田郡の住民諸層を、湯浅氏が領主として支配するにあたって、明恵はどんな役割を担っていただろうか。明恵と有田郡の住民との関係について、史料に即して考えてみたい。

まず「漢文行状」巻中にみえる次のような記事に注目したい。

紀州保田荘内須佐明神使者、忽顕歎訴住処不浄、或霊物託人望伝受一尊法、其身依非受法器、固辞之間、泣受阿弥陀印明、観（歓）喜悦予而去、如斯霊異其数惟多、不能委記、

須佐明神は、有田郡唯一の式内社で、中世、一郡規模の地主神としての格式を持っていたものと考えられる。ま

た並んで登場する「霊物」は、村落共同体レベルで祀られる鎮守神、土俗神であろう。こうした神格を明恵が救済するという説話の構図は、明恵が地域住民の「救済者」として存在したことを暗示しているのではなかろうか。

続いて明恵が行った雨乞いに関する「漢文行状」巻中の記事をみてみよう。

元久年中夏比、有大旱魃、雖及五六旬雨脚不降、一郡諸人悉雖祈雨不得其験、爰上人依大仏頂法、手自図一龍、加持之入海、又図一龍加持之、於其前祈請二龍銘々毘盧舎那大龍王、又依彼法加持浄水昇高山峯灑之、限三ケ日為其期、其間令同法両三転読別訳華厳世主妙厳品、至第三日未刻少雲忽聳神谷山寺上、須臾遍大虚自未半至申終大雨降澍、（中略）一郡諸人此雨依上人祈禱之由謳歌、

元久元年（一二〇四）のことと思われるが、明恵は、有田郡を襲った大旱魃に際し加持祈禱を行い、降雨に成功して有田郡の住民を救っている。郡内住民の「救済者」としての明恵の立場を象徴的にあらわす事件といえよう。

次に明恵が行った宗教的儀式やそれに伴う奇瑞に、住民はどうかかわっていたのかを、みておきたい。

明恵は「四座講式」を定め、中世涅槃会の一定型を作ったことでも知られているが、次の「仮名行状」巻下の記事は、その起源について説明したものである。

先年上人縁事アルニヨテ紀州移住ノ比、糸野奥ノ谷成道寺ノ庵室ニ居ヲシメシ時、其庵室ノ傍ニ大樹アリ、彼ノ木ヲモテ菩提ノ称ヲタテヽ、下ニ石ヲカサネツミテ（重積）、金剛座ノヨソヲヒ（装）ヲマナ（学）ヘリ、其傍ニ一丈許ナル卒堵波（婆）ヲ立テ、其銘ニ上人自筆ヲモテ、南无摩竭提国伽耶城辺菩提樹下成仏宝塔ト書ス、其下ニシテ一群（郡）諸人貴賤長幼道俗男女数百余人、樹ノ下ニ集会シテ、彼西天菩提樹下金剛座上ノ今夜ノ儀式ヲウツス、（中略）如此シテ数年ヲ送ル間、

「先年」とは、建仁元年（一二〇一）か翌二年のことと思われる。明恵が涅槃会を行った庵室がその傍らにあっ

た糸野成道寺は、「兵衛宗光館内」といわれ、保田宗光の館に包摂されていた。傍点部に明らかなように、明恵は、湯浅一族の他に有田郡の住民を多数集めて、釈迦入滅の場を再現する儀式を執り行ったのである。こうした儀式は、数年にわたって行われたという。

建仁二年の冬、釈尊を深く思慕する明恵は、天竺（インド）に渡航し、その遺跡を巡拝することを思い立つ。その際、保田宗光の星尾屋敷で起こった春日明神降託の奇瑞について、まず明恵自身の手になる「秘密勧進帳」の中からみてみよう(10)。

愚僧去建仁二年冬比、依有別願、専欲企入唐之刻、明神忽降於小室、慇重制止、（中略）貴賤上下皆見形流涙、道俗男女悉聞音増信矣、

次の引用は、その場にあった弟子僧喜海がまとめた「神現伝記」の一節である。

カノ御降臨ノトキ《（時）》、上下貴賤七八十人ヲナシク《（同）》ソノ会座ニ列テ見聞セシ事ナレハ、

表現は若干異なるものの、春日明神が保田宗光の妻に憑依し、渡航中止を求める場面には、湯浅一族の他に一般住民が居合わせている（「貴賤上下」「上下貴賤七八十人」）。彼らが宗光の屋敷において明恵の奇瑞の証人となったのである。

さらに「神現伝記」には、この段の末尾に、次のような興味深い話が付載されている。

然ルニ或人コノ事ヲ信セスシテ、諸人ニ対シテ曰ク、我レコノ事ニヲイテ、一切ニ信セス、実ニ大明神ノ御降託アルヲ我レ信セスシテ、カクノ如ク申スナラハ、大明神我ヲ治罰セシメ給へ、我レイカナラムメニモアヒタラム時、人々モ信セシメ給ヘナント、サマ〳〵ソシリアサムク《（誹欺）》、其後イマタ七日ヲミタサル《（満）》ニ、人ヲ殺害セムトスルニ、不慮ニ自ラ還テ害ヲカフリ《（蒙）》畢ヌ、

春日明神降託という明恵の奇瑞を信じようとしない者には、宗教的な懲罰が与えられているのである。

以上みてきたように、明恵は、有田郡内の住民諸層に対して救済者としてあらわれ、地域社会の公共的な利益にかかわる祈禱を行っていた。住民参加の儀式が執り行われ、時には住民がその奇瑞の証人になる場合さえあった。そしてその舞台には、しばしば明恵の有力な庇護者でもあった保田宗光がかかわる寺院やその屋敷が選ばれた。宗光が祈禱や儀式のスポンサーとなっていたことも想像される。あたかも武士団と地域住民とが一体であるかのような、「一郡皆親類」(『仮名行状』巻上)の言葉に象徴される如き共同体的幻想が、明恵とその弟子等のパフォーマンスによって再生産されていたのである。

二 「八所遺跡」の成立

貞永元年(一二三二)一月一九日、明恵は栂尾高山寺において入寂する。その四年後の嘉禎二年(一二三六)、その高弟義林房喜海は、明恵が紀州で修行し、或いは止住した故地八ヶ所に卒塔婆を建立した。(11) 今日に伝わる「明恵上人紀州八所遺跡」である。

「八所遺跡」の制定は、明恵が武士団結合と住民支配とに果たした役割を、その所縁の場に即して永続化しようとするもくろみと評価することができるだろう。ここでは、「八所遺跡」成立の背景を、武士団の地域支配をめぐる政治史の展開の中から、分析・究明していきたい。

(1)「八所遺跡」の選定

遺跡地に建てられた卒塔婆は、「華厳経八会表法教主」の八躰の仏尊を種子としたものである。つまり明恵の紀州での所縁の地が八ヶ所であったために「八所遺跡」となったわけではなく、華厳宗の主要法会の本尊にちなんで、遺跡の数が決められているのである。とすれば「八所遺跡」成立には、必然的に取捨選択をともなったはずである。まず選定された遺跡地について概観しておこう(12)。

①**吉原遺跡**　承安三年(一一七三)、明恵が誕生した場所。保田宗光が地頭職を所持する石垣荘河北にある。建長七年(一二五五)、喜海を開山として歓喜寺という寺院がこの地に建立(復興)されているが、その際「土木之功」を宗光の三男宗氏が担っている。

②**西白上遺跡**・③**東白上遺跡**　建久六年(一一九五)より、高雄入山後始めて紀州での修行を敢行した際の草庵の跡。湯浅本宗家の傍流・湯浅景基の所領湯浅荘内栖原村にあり、景基はその山麓に施無畏寺を建立し、明恵に寄進する。住職には景基の弟の宗弁が入るが、彼はその養子に保田宗光の三男宗氏の子浄林房を迎え、後生を託している。

④**筏立遺跡**　保田宗光が明恵のために用意した庵室で、建久九年(一一九八)から一年半ほどの間、弟子とともに教学に励んだ旧跡である。石垣荘河北に所在する。

⑤**糸野遺跡**　建仁元年(一二〇一)、宗光が自身の館に包摂する成道寺の背後にあつらえ明恵に進めた草庵の跡。涅槃会を創始した記念すべき場所でもある。同じく石垣荘河北に属す。

⑥**星尾遺跡**　宗光が地頭職を持つ保田荘星尾に所在した宗光屋敷は、建仁二年、春日明神が降託し、天竺渡航の中止を明恵に諭した霊跡でもある。保田氏の本拠保田荘の屋敷そのものが、遺跡に加えられているわけである。

⑦**崎山遺跡**　田殿荘内にあった、明恵の乳父であり庇護者でもあった崎山良貞の屋敷である。元久元年（一二〇四）、明恵は、ここに臨終の床の良貞を見舞い、彼の死後、伽藍に改められた崎山屋敷背後の山裾に営んだ草庵で、承元二年（一二〇八）より講義や著述を行っている。この崎山屋敷と良貞が所持していたと思われる田殿荘地頭職は、後に宗光の手に移っている（後述）。

⑧**神谷後峰遺跡**　元久元年、郡内の古刹神谷山最勝寺が建つ神谷山の背後に営まれた草庵の跡。前述の通り、一郡のための雨乞いや湯浅一族のための加持祈禱を行った場所でもある。「崎山遺跡」と同じく、宗光が地頭職を握ることになる田殿荘に属する。

以上、「八所遺跡」を概観した結果、これらの遺跡地すべてが、承久の乱後、湯浅氏の惣領となった保田宗光の所領内にあるか、その存在と密接にかかわっていた事実を確認することができた。

遺跡地の選定を行った喜海は、常に明恵の傍らにあり、湯浅一族による庇護を師とともに享受してきた。彼は今日に伝わる多くの明恵伝の作者でもあるが、その中で、喜海は宗光のことを「壇越」「施主」と表現している。喜海を「吉原遺跡」に造営された歓喜寺の開山に迎えたのも宗光であろう。こうしたことから、喜海の遺跡地選定には、宗光の意向が強く反映される結果となったと推測される。

(2)　落選地の存在

次に、明恵が重要な儀式を挙行したり、奇瑞を起こした遺跡であるにもかかわらず、「八所遺跡」からは落選している場所が存在することに注目したい。

承元四年（一二一〇）四月、熊野参詣の帰途にあった、明恵の有力な支援者の一人藤原長房は、白方宿所において明恵と会談し、「花厳金師子章」の注釈を重ねて懇望した。明恵は、その求めに応えて、すぐに「金師子章光顕鈔」を撰述している。明恵の代表的著作が執筆される機縁となった会談がもたれた白方宿所は、一族の苗字の地であり、湯浅本宗家の本拠地でもある湯浅荘内の別所村に所在したと考えられるが、「八所遺跡」に選定されることはなかった。

前節では、糸野における涅槃会の創始について紹介したが、明恵の涅槃会の起源について考える場合、紀州におけるもう一つの涅槃会にも注目しておく必要がある。「漢文行状」巻中から引用しておく。

元久元年二月十五日、於紀州湯浅石崎親類宗景、入道宅修涅槃会、上人自読舎利講式上人製、作十无尽院舎利講式是也奉対涅槃像、泣述滅後愁歎、

元久元年（一二〇四）、湯浅本宗家の当主・宗景の湯浅荘石崎屋敷で挙行されたこの涅槃会は、涅槃像の前で講式を読み上げるなど、糸野での涅槃会と比べ、より形式を整えている。明恵涅槃会の形成過程における重要な一段階を示すものといえよう。石崎屋敷は、建永元年（一二〇六）六月六日の夢にも登場しており（「夢記」七篇）、明恵にとっては縁の深い施設だったことが想像される。それにもかかわらず、糸野とは対照的に、「八所遺跡」から落選しているのである。

明恵は、元久二年（一二〇五）、再び天竺渡航計画を実行に移そうと企てる。ここでも春日明神の制止があり、断念することになるが、明恵が弟子とともに計画を練り霊託を受けたのは、宮原氏館においてのことだったようである。ちなみに栂尾高山寺に残る「大唐長安里程書」は、この時作成したものである。第一次の天竺渡航計画にともない春日明神の託宣があった星尾屋敷は「八所遺跡」に選定されているにもかかわらず、ほぼ同じ条件を持つ第二次計画・明神降託の舞台となった宮原氏館は落選しているわけである。

明恵の弟子禅浄房の聞書「上人之事」に、宮原氏館での奇瑞に関する次のような記述がある。

宮原左衛門尉宗貞云、或夕ニ上人来テ令語給ニ、語了帰去ル時、有光来照宗貞之居所、傍ニ有可愛之女人ト見シ、ヲヒエタリ、遠シメ給ニシタカヒテ、光漸薄ニテ消云々、

このように宮原宗貞の館は、少なくとも二度の奇瑞の舞台となった、重要な明恵霊跡であった。

以上みてきたところに明らかなように、保田宗光の所領、所縁の施設に直接かかわらない明恵の霊跡は、明恵と因縁の深い重要な奇瑞の場所であっても、「八所遺跡」からは排除されているのである。

(3)「八所遺跡」選定の意味

「八所遺跡」が宗光所縁の遺跡に限定され、それ以外の明恵遺跡が落選している以上、選定の背景には、やはり宗光の意思を感じざるをえない。ここでは、「八所遺跡」選定の政治的意図とは何かを考察する。

まず落選地の周辺を、もう一度洗いなおしてみよう。

白方宿所は、建保四年(一二一六)三月一四日に熊野詣での往路にあった藤原頼資が宿所とした「湯浅白形堂僧坊」[13]や、下阿田木神社蔵「五部大乗経」のうち宝治二年(一二四八)書写の「華厳経」巻五十八にみえる「白方寺」[14]と、同一の寺院、あるいはそれに付属する施設であろう。

この白方宿所あるいは白形堂、白方寺の後身とみなされるのが、湯浅町別所の地に寺地を占める白方山(白鳳山)勝楽寺である。同寺は、近世に衰退したため、現在の堂宇から往時を偲ぶことは難しいが、中世に遡る八躯の仏像群を、今も安置している。また京都山科の醍醐寺金堂(およびその本尊薬師三尊像・四天王像のうち二躰)、和歌山県広川町法蔵寺の鐘楼は、いずれも勝楽寺から移建された鎌倉・室町期の建造物であり、この寺の盛時における威容をうかがうことができる。[15]

湯浅荘の中心付近に所在することからも、この寺と湯浅氏との浅からぬ関係は想像できる。承安四年（一一七四）九月二五日に熊野に向かう吉田経房が宿泊した「湯浅入道堂」[16]は、当時「白形堂」とも呼ばれていたこの寺院を指すものと思われ、湯浅宗重以来の関与を暗示している。

勝楽寺が立地する場所は、熊野道に沿って、湯浅の町場の南端と広川河口部とを押さえる位置にあたる。一方、元久元年に明恵が涅槃会を執り行った石崎屋敷は、町場の北端と山田川河口部を押さえるのに適した場所に立地している。つまり白方と石崎は、湯浅荘の中心部を南北から挟み込む地点を占め、あわせて両川河口部の湊をも掌握する場所でもあったのである。

湯浅荘を本拠地とした湯浅本宗家は、惣領の地位は宗光に譲らざるをえなかったが、家督として、形式的には一族の中核にあり続けた。湯浅一族を統制しようとする保田宗光にとって、もっとも手ごわい競合勢力であった。その湯浅本宗家の重要拠点でもあった二つの施設は、明恵の霊跡であるにもかかわらず、「八所遺跡」からは落選しているのである。

宮原荘の故地にある円満寺には、和歌山県内最古級の仏像とみられている奈良時代の十一面観音立像が伝来し、この地の古い由緒を語る[17]。勧学院領宮原荘は、熊野道の要地として知られ、平安期には上皇の宿泊地となっていた。『中右記』によると、天仁二年（一一〇九）一一月五日、熊野からの復路にあった中御門宗忠は、この地の土豪と思われる宮原俊平なる者の宅に宿泊している。湯浅荘が町場的な発展を遂げる以前においては、宮原を一郡の中心とみなすこともできよう。

宮原氏の系譜ははっきりしないが、湯浅党には「他門」の資格で参加していた。宗貞は、左衛門尉の官職を持つ。宮原氏は、伝統豪族として、湯浅一族の武士団結合には参加していても、独立性の強い存在であったと考えられる。

所領の立地の重要性からいっても、身分的にみても、湯浅一族の惣領となった保田氏とは、競合する関係にあったはずである。

明恵の弟子や同法等が「宮原家」で、たびたび仏典の書写を行っていたことが、栂尾高山寺の典籍類の奥書から判明する。[18]前述した第二次の天竺渡航計画、および春日明神の霊託によるその中止など、重要な奇瑞の舞台となった宮原宗貞の館は、明恵教団の有田郡における一つの拠点だったのである。にもかかわらず、「八所遺跡」から宮原氏館が落選しているのは、こうした宮原氏にかかわる明恵の遺跡を意図的に排除した結果としか考えられない。

また選定地の中にも、落選地と同様な視角から、位置付けをしなおす必要があるものもある。「崎山遺跡」、すなわち明恵の乳父崎山良貞屋敷の場合である。

崎山は、田殿荘の村名ないし字名と考えられる。田殿荘は、宮原荘の東に隣接し、やはり古くから開けた土地だったようである。白鳳寺院の痕跡が発見されており、「田殿廃寺」と呼ばれている。『中右記』には、天仁二年一一月五日条に田殿五郎なる在地土豪の名がみえ、宗忠に「御儲物」を進めている。

「上山系図」は、崎山氏を湯浅氏と共通の祖先から出る一族としている。[19]田殿荘下司（地頭）の職を所持し、湯浅氏の一族結合には「他門」として参加している。良貞は、兵衛尉の官職を持ち、宮原氏同様、正式な武士身分を保持していたようである。

崎山氏の家系は、湯浅氏の祖紀伊守師重の弟貞頼からわかれ、良貞―貞重と続く。[20]「貞」の字を通字としており、所領の隣接する宮原宗貞も同じ一族である可能性が高い。湯浅氏を発展させた宗重が中央での官職を持たず「紀伊権守」を名乗ったに過ぎないことを想起すれば、この一族こそ、湯浅氏勃興以前、この地の領主連合の領袖であった可能性さえあるだろう。

この崎山氏の屋敷が「八所遺跡」に選定されるのとほぼ同時期のものと思われる、次の浄心（保田宗光）書状の記述は、大変興味深い。(21)

たとの《田殿》、ちとう《地頭》をゆつり《譲》たひ《給》て候へとも、さも候ぬへきやしき《屋敷》の候はて、なけき《嘆》候へハ、たうし《当時》あまう《尼上》への候ところを、ひしり《聖》の御房へまいらせ《進》たるを、申たま《賜》ハりて候へかし、

田殿荘地頭職が、崎山氏から宗光へと譲渡されているのである。さらに良貞亡き後その妻の手で伽藍に改められ、明恵に寄進された崎山屋敷が、ここで再び宗光の地頭屋敷として利用されようとしている。つまり湯浅一族と競合する地位にあった崎山氏の本拠である田殿荘と崎山屋敷は、「八所遺跡」に選定される過程で、保田宗光の手に落ちているのである。

以上みてきたように、「八所遺跡」からは、湯浅氏の一族結合の主導権をめぐって保田氏と対抗関係にあった湯浅氏本宗家や、伝統豪族宮原氏にかかわる明恵の遺跡は、意図的に排除されていた。そして湯浅一族勃興以前からこの地に勢威を培ってきた崎山氏の場合は、「八所遺跡」に選定される過程で、田殿荘地頭職とその屋敷とが宗光に掌握されることとなった。「八所遺跡」の選定は、遺跡の担う地域支配における重要な機能を保田氏が独占すると同時に、競合する勢力を抑圧する手段にもなったのである。

三　「八所遺跡」の興隆

こうして成立した「八所遺跡」は、その後どのように整備されていったのだろうか。遺跡地の空間構成上の特徴に留意しながらみていくことにしよう。

「糸野遺跡」は、建仁元年（一二〇一）、明恵が「宗光糸野館内成道寺後、結両三草庵召請之、依移住彼所」したことに起源する。[22]保田宗光の糸野館と成道寺と明恵草庵とが、当初よりセットで構成されていたことに注目しておきたい。「成道寺経」と呼ばれる大般若経（有田川町法福寺蔵）の奥書によれば、中世の成道寺には、栂尾高山寺草創期の中心的住房と同じ名をもつ「十無尽院」、明恵が母と慕った仏眼仏母尊にちなんだ寺名と考えられる「仏母院」、明恵の守護神春日明神を祀る「春日社」等の堂宇・社殿が立ち並んでいた。[23]また採集された古瓦からも、鎌倉時代を通じて何度か造営が繰り返されていたことがうかがえる。[24]つまり保田氏の館に包摂される成道寺には、伽藍という目に見える形で、明恵的世界が再構成されていた。卒塔婆の建つ明恵草庵跡も、その一角を構成する要素だったのである。

「神谷後峰遺跡」をともなう最勝寺にも、栂尾高山寺の庵室と同じ「石水院」という名の堂が置かれており、[25]またかつて最勝寺に備えられた什物の中には、明恵の信仰と密接にかかわる「仏涅槃図」や「十六羅漢像」、明恵と所縁の深い慶派仏師の手になる大日如来坐像等が含まれている。[26]ここでも、具体的な形をともなって、明恵的世界が再構成されていたのである。

「吉原遺跡」は、承安三年（一一七三）、明恵が生まれた場所である。当時から、湯浅氏にかかわる何らかの施設が、この場所にあったのであろう。栂尾高山寺の典籍類には「吉原庵室」「石垣庄吉原村草庵」で書写されているものがあり、この地に草庵が設けられ、明恵教団の活動拠点となっていたことがわかる。[27]建長七年（一二五五）、喜海は、宣陽門院に申し入れ、吉原村を別納不輸の地となし、ここに歓喜寺を建立する。[28]この造営を保田宗光の三男宗氏が行ったことは先に指摘した通りである。右の吉原草庵が、発展したものと考えることもできよう。

ところで一九九二年、「吉原遺跡」卒塔婆西側の「明恵胎衣塚」の辺りから、一三世紀頃の領主クラスのものと思われる居館跡の一部が発掘された[29]。「吉原遺跡」における歓喜寺の建立とは、湯浅氏（恐らく石垣荘河北地頭でもある保田氏）の居館と一体のかたちで、遺跡地の卒塔婆を取り込んだ空間として構想されたものだったことを示している。

「崎山遺跡」は、乳父崎山良貞の屋敷跡である。承元二年（一二〇八）、崎山尼が亡き夫良貞の屋敷を伽藍となし、仏像・聖教を安置して、明恵に施与したわけだが、先述の通り、その後宗光の地頭屋敷となった可能性が高い。崎山屋敷が崎山伽藍となり、宗光の地頭屋敷となっているわけであるから、屋敷と寺院とが互換性を保っているのである。両者はそもそも両立しうる性格を持っているのであろう。崎山屋敷は、崎山伽藍として興隆され明恵に進められた段階で整えられた外観のまま、宗光の地頭屋敷として受け継がれることになったのであろう。

「星尾遺跡」は、建仁二年、明恵の第一次天竺渡航計画に際し、春日明神の託宣が降りた霊跡である。事件の舞台は、保田宗光の星尾屋敷である。文暦元年（一二三四）頃、宗光の嫡男宗業は、父から受け継いだ屋敷を三宝に寄進し、星尾寺が成立する。嘉禎二年（一二三六）、その一角に卒塔婆が建てられたわけである。その後、弘長二年（一二六二）、栂尾の池房で、伽藍と春日・住吉両明神を祀る宝殿を星尾に建てたいと願う明恵の「秘密勧進帳」を見出した宗業は、一念発起し、伽藍と春日・住吉宝殿の本格的な造営を開始する。この間の経緯については、宗業の「星尾寺縁起」に詳しい[30]。

重要なのは、寺院化される過程においても、宗業一族が、その敷地から退去していないという事実である。宗業らは、「仏法興隆」のための道場の運営を武力でもって保証する使命を自覚し、寺内の一角を占める「宿所」に居住していた。「星尾遺跡」も、糸野や吉原・崎山と同じ様に、寺院でもあり武士居館でもある空間として存在していたのである。またこの寺の長官は、栂尾高山寺の明恵法系に属する僧が勤め、同寺僧と星尾寺僧とは、人的な交流をもっていた。星尾寺には多くの湯浅氏出身の僧が入っていたようだが、彼らは、この寺を媒介に高山寺へ上る場合もあった。「星尾遺跡」は、伽藍や卒塔婆によって明恵的世界が再現されたにとどまらず、寺僧集団のあり方においても、明恵の存在を意識させる構造になっていたのである。

以上みてきたように、保田宗光の意思を反映して選定された「八所遺跡」は、保田氏の拠点施設と密接に結びついている場合が多い。その場合、遺跡地は、居館としての性格を止揚しないまま、栂尾高山寺に連なる寺院として整備され、伽藍や什物、或いは寺僧組織等を通じて、明恵的世界を可視的に表現する空間として、興隆されたのである。

おわりに

こうして整備・興隆された「八所遺跡」は、南北朝期に湯浅一族が没落するまで、明恵という物語を媒介に、保田氏を惣領とする武士団結合の場、武士団と地域住民とを結ぶシンボルとして機能していたようである(31)。この間、保田氏と競合する勢力であった湯浅本宗家は一族の苗字の地・湯浅荘を追われ、宮原氏・崎山氏は程なくこの地から姿を消している。また諸々の矛盾をはらみながらも、保田氏は惣領としての地位を保ち、有田郡内諸荘は湯浅党諸氏の所領として存続している。

動乱の渦中にあって、南朝方に立った湯浅氏は、康暦元年(一三七九)、山名義理の攻撃をうけ、有田郡から駆逐される。本来の役割を終えた「八所遺跡」は、その後は高僧明恵の旧跡として、地域の人々の手で守られていくことになる。

昭和六年（一九三一）、「八所遺跡」は、文部省により、「明恵上人紀州遺跡卒塔婆」の名称で、国の史跡指定を受ける。「崎山遺跡」の卒塔婆は早く紛失していたため、遺跡地の特定が困難であり、指定からは外されているが、他の七ヶ所が指定を受け整備された。その陰で、白方や石崎、宮原の地が、明恵ゆかりの遺跡として認識されることは無い。宗光と喜海の構想した「八所遺跡」の枠組そのものは、七五〇年の時を超えて、現代人の歴史意識や文化財行政をも縛り続けているわけである。

〔注〕

（1）衆議的（一揆的）原理による、幅広い地域と階層への、武士団結合の広がりを重視しなければならないであろう。鈴木国弘（『在地領主制』、雄山閣、一九八〇年他）による族縁的結合の広がりとその機能に関する研究や、小林一岳の鎌倉期に遡る「一門評定」の存在についての指摘（「一揆の法の形成」小林『日本中世の一揆と戦争』校倉書房、初出一九八七年）が、参考になる。

（2）こうした観点から、川合康が明らかにした戦時における「軍事的テリトリー」も、見通すことができるだろう（「治承寿永の内乱と地域社会」〔『歴史学研究』七三〇、一九九九年〕）。

（3）筆者は、このような問題関心から、『地域社会』をまとめた。

（4）「漢文行状」巻中等。

（5）「夢記」六篇、「漢文行状」巻中。

（6）「夢記」七篇。

（7）『高山寺典籍文書の研究』（高山寺資料叢書）。

（8）寛喜三年四月日付湯浅景基寄進状（「施無畏寺文書」一〔『和歌山県史』中世史料二〕）。

(9) 河野通明「阿氏河荘の百姓・公文・地頭」(『ヒストリア』一一九、一九八八年)、黒田弘子『ミミヲキリ　ハナヲソギ』(吉川弘文館、一九九五年)等。
(10) 法恩院本「漢文行状」別記。
(11) 明恵紀州遺跡卒堵婆銘注文(「施無畏寺文書」三)、「高山寺縁起」。
(12) 各遺跡の概要については、中西正雄『明恵上人紀州八所遺蹟』(明恵上人讃仰会、一九六六年)、松本保千代『湯浅党と明恵』(宇治書店、一九七九年)、拙稿「概観　明恵上人紀州八所遺跡と鷹島・苅藻島」(高橋『地域社会』)等参照。
(13) 「頼資卿熊野詣記」(『神道大系』文学篇五　参詣記)。
(14) 『美山村史』史料編。
(15) 勝楽寺の旧観については、本書第二章参照。
(16) 『吉記』同日条。
(17) 小田誠太郎「円満寺の木造十一面観音立像について」(『和歌山県立博物館研究紀要』一、一九九六年)参照。
(18) 例えば「仏母愛染明王最勝真言法」は、その奥書によれば、元久元年(一二〇四)に「宮原家」で書写されている(「奥書」4―409)。
(19) 『金屋町誌』上。『地域社会』にも再録。
(20) 「上山系図」、「夢記」十篇。
(21) 『高山寺古文書』(高山寺資料叢書)。
(22) 「漢文行状」巻中。
(23) 『金屋町誌』上。和歌山県立博物館編『明恵　故郷でみた夢』(図録、一九九六年)に再録。
(24) 『明恵　故郷でみた夢』。
(25) 「成道寺経」奥書。

(26) 武田和昭「和歌山・浄教寺蔵涅槃図考」(『MUSEUM』四九〇、一九九二年)、『明恵　故郷でみた夢』。
(27) 「底哩三昧耶嚩動使者念誦法」(「奥書」3—899)・「聖経断簡」(「奥書」3—727)。
(28) 「高山寺縁起」。
(29) 『明恵上人遺跡発掘調査概報』(財)和歌山県文化財センター発行)。
(30) 拙稿「中世前期における武士居館と寺院」・「中世の星尾寺」(いずれも『地域社会』)参照。
(31) その後の「八所遺跡」のあり方について、具体的に示す史料は少ない。康永三年(一三四四)には、遺跡地の卒塔婆の朽損が進んだため、弁迁が「上人(明恵)之引導」に結縁することを勧めて湯浅一族を勧進し、卒塔婆を石造に改めている(卒塔婆銘文)。この時期においても、明恵と結縁することが、湯浅党諸氏にとって必要とされているのであり、「八所遺跡」の機能も、依然発揮されていたものと想像できる。

初出一覧

序論　信仰の中世武士団（新稿）

二・三には、『日本史文献事典』（弘文堂、二〇〇三年）所収の「奥田真啓『中世武士団と信仰』」および「高橋修『中世武士団と地域社会』」を、改訂の上、収録した。

第一章　湯浅荘における「町場」の成立と湯浅氏の石崎屋敷

原題「中世前期の「町場」と在地領主の館―紀伊国湯浅氏の石崎館とその周辺―」（『地方史研究』三一一、二〇〇四年）

第二章　湯浅荘別所勝楽寺考

原題同じ（『和歌山地方史研究』四五、二〇〇三年）

付論　幻の「湯浅城合戦」

原題「幻の「湯浅城合戦」―湯浅城（青木城）起源伝承再考―」（『和歌山城郭研究』一二、二〇一三年）

第三章　保田宗光と明恵（新稿）

付論　湯浅本宗家のその後（新稿）

第四章　施無畏寺の成立と「施無畏寺伽藍古絵図」の世界　―「西白上遺跡」「東白上遺跡」の興隆―（新稿）

付論「筏立遺跡」について（新稿）

第五章　糸野の明恵と「糸野遺跡」（新稿）

付論一　明恵の父と「吉原遺跡」（新稿）

付論二　保田宗光・宗業と「星尾遺跡」（新稿）
第六章　最勝寺と「神谷後峰遺跡」
原題「最勝寺の歴史とその遺跡」（大河内智之編『浄教寺の文化財』清流山浄教寺、二〇〇六年）
付論　最勝寺什物の行方
原題同じ（『和歌山地方史研究』五一、二〇〇六年）
第七章　崎山屋敷の伽藍化と「崎山遺跡」
原題「伽藍となった在地領主の屋敷―明恵「崎山遺跡」の成立―」（『日本歴史』七四七、二〇一〇年）
付論「崎山遺跡」伝承地の創出
原題「紀伊国中世武家居館伝承の形成に関する一事例」（『和歌山城郭研究』五、二〇〇六年）
第八章　忘れられた「遺跡」―宮原氏館―
原題「忘れられた霊跡―「明恵八所遺跡」に撰定されなかった宮原氏館―」（『和歌山県立博物館研究紀要』六、二〇〇一年）
総論　武士団・湯浅一族と「明恵上人紀州八所遺跡」
原題「武士団の支配論理とその表象―「明恵八所遺跡」の成立―」（『歴史評論』六一一、二〇〇一年）

おわりに

本書の大半は、湯浅一族との関係における紀州での明恵の足跡と「明恵上人紀州八所遺跡」の復元的作業に費やしている。本書の総括としては、終章に「武士団・湯浅一族と「明恵上人紀州八所遺跡」」を収め、地域支配と一族結合という要請から、湯浅一族の関与のもとでの「八所遺跡」が成立する過程を概括している。最後に、もう一度、武士団結合と惣領制、幕府との関係なども補足しながら、本書で提示した論点について、論理的に整理しなおして本書のまとめに替えたい。

町場を開き所領を形成し、さらにそれを越えた地域社会を支配する領主一族として、湯浅氏が地域住民に承認されるため、地域に安寧をもたらす祈禱を行い、神仏と結縁する空間を管理することは果たすべき機能であった。承久の乱後、幕府との関係で一族結合を主導するようになった保田氏は、一族出身の高僧・明恵をイデオロギー的紐帯とし、やがて自ら前記の機能を主導するため「八所遺跡」という装置を創り出した。地域の領主としての成り立ちにかかわる「八所遺跡」の選択・整備には、当然、個々の領主間の競合関係が反映されることになった。

明恵との結縁を紐帯とし「八所遺跡」を中核とする、湯浅一族という武士団結合は、地域支配や保田氏による統制といった内的な要因からのみ促進されたわけではない。鎌倉幕府体制のもとで、恒例・臨時の御家人役を管理するため、惣領制的に再編成されることとよって、湯浅一族は中世武士団として確立する。承久の乱を機に、幕府との関係において、家督・湯浅本宗家を完全に凌ぐことになった保田氏は、惣領として一族の御家人役を差配し、鎌倉後期に至れば「紀伊国上使」の地位が認められ、そのもとに率いられた一族をともない紀伊国北部の警察権を担うことになる（この点は『地域社会』で論証した）。この段階においても、武士団結合の範囲と保田氏の主導権を明示する役割を、明恵と「八所遺跡」は担っている。

地域社会において領主支配や一族統制の要請から形成された武士団結合が、幕府体制下で惣領制的に再編されることにより、中世武士団として確立する。それは政治的に創り出された擬制的な一族結合であるため、こうしたイデオロギー的な外皮を必要としたのである。

＊

本書を書き終えた今の率直な感想は、「ようやく一つ宿題を片付けることができた」といったところだろうか。一九九一年に和歌山県立博物館の学芸員として就職することになったため、大学院生時代の研究課題であった湯浅一族について、引き続き時間をかけて追究していくことが可能になった。この対象について公務の中で集中的に取り組むことができたのは、一九九六年度に開催された同館特別展「明恵　故郷でみた夢」、同じく「有田川下流域の仏像」の企画・準備の過程に限られるが、その他にも、旧有田郡に属する各自治体からの要請をうけての文化財調査において、あるいは余暇を利用した調査活動の機会において、湯浅一族と明恵に関する研究に、継続的に取り組むことができた。

湯浅一族の政治的な活動や結合形態、領主的な基盤に関する研究成果は、二〇〇〇年に『中世武士団と地域社会』としてまとめる機会を得て、同書により神戸大学から博士（文学）の学位を受けることができた。ただその翌年には、茨城大学に職場を転じたため、湯浅一族や明恵についての研究成果を、そのまま発表し続けるわけにはいかなくなった。この素材から中世武士団と宗教とのかかわりについて論じる構想を温め、調査成果を蓄積しながら、それをなかなか公表できないことは忸怩たる思いであったが、それでも機会を見つけては、少しずつ学術論文を仕上げ、この課題について、ほぼ全体的見通しが提示できる段階を迎えることができた。そして今回も前著と同じく清文堂出版の御好意により、研究成果を学界に問うことができることは、望外の幸せである。

*

武士団と信仰という大きなテーマを掲げ、長い時間をかけてまとめ上げた成果ではあるが、研究史上、有意義な問題提起ができたかどうか、はなはだ心もとない。ただ冒頭にも述べたが、前著において「我々は、研究で取り上げた人物や事件を、現実の地域社会の中に落とし込み、遺跡や史料を守ってきた人々に、わかりやすく示し、彼らが実感しうる歴史像として提供する」という課題には、本書で不十分ながらも応えることができたのではないかと思っている。南北朝の内乱の中で湯浅一族が去り、その後たびたび新たな支配者を迎え入れることとなった有田郡の住民たちは、その生活の中で、神仏への祈りの場を守り、明恵の遺跡地を今日まで伝えてきた。本書の編集にあたり、そのことの重さを改めてかみしめている。

地元には、今も明恵上人に親しみをもち、敬愛の念を抱く方は多い。それがこうした文化遺産を後世に伝える大きな原動力になったことも間違いなかろう。本書では、上人の意思とは別に、それを受け入れた側の武士団の論理を政治史的に解明しようとした。そのため上人の存在については、武士団と地域住民をつなぎ、その一族結合を円滑に成り立たせる機能を果たした点のみをクローズアップすることとなった。近年注目されているように、豊かで大きな世界観や釈尊への純粋な信仰、父母への強い思慕の念、女性や弱者への思いやりなど、明恵上人の生き方には、現代人にも通じるものがあると私も感じている。ただそれらは本書の研究課題ではなかったということであり、その点はどうかご理解をいただきたい。

＊

学芸員時代にまとめた前著『中世武士団と地域社会』は、本文を編集するだけで力尽き、索引を作るには至らなかった。野口実氏の書評（『日本史研究』四七一、二〇〇一年）において、その不備が指摘されたこともあり、本書において、ようやくその責めを果たすことができた。本書の分と合わせて掲載した前著索引も、利用していただきたい。その実際の作業は、すべて茨城大学大学院生の上岡史拓氏に担っていただいた。また同じく市川大暉氏には、本書の校正をお手伝いいただいた。二人の若き研究者の御支援に改めて御礼申し上げたい。

図版などの掲載について御許可いただいた各位にも、この場を借りて、深甚なる謝意を表したい。また今回も編集にあたっていただいた清文堂出版の前田正道さんは、熟成までの時間をお付き合いいただいた。あわせて御礼申し上げたい。

本書のもととなる調査や論文執筆の過程において、有田地方の郷土史家、地元の多くの方々に、たびたび現地をご案内いただき、たくさんの貴重な御教示をいただくことができた。残念ながらすでに鬼籍に入られた方も多いが、彼らの地元の文化に寄せる力強い思いがなければ、本書は成り立たなかったであろう。檶柑山でスプリンクラーの放水にずぶぬれになりながらの現地踏査や、村の「よろずや」のサロンに加えていただいた聞き取り調査など、楽しい思い出である。和歌山を離れて一五年以上の歳月が流れたが、いまだに私の研究に期待し、いつも温かい激励の言葉をかけてくれる有田地方の皆さんに、感謝の思いをこめて本書をささげたいと思う。

二〇一六年七月

高橋　修

華厳唯心義上	3—679	建仁元(1201).2.21	糸野之前兵衛尉藤原ノ宗光ノ家	明恵
受菩提心戒儀	4—547	建仁元(1201).8.29	崎山住所	——
不動護摩次第	1—236	建仁元(1201).12.28	上谷別所	——
施餓鬼次第	4—953	建仁2(1202).5.9	紀州	——
大般涅槃経	1—245	建仁2(1202).8.15	紀州	——
華厳入法界頓証毘盧遮那字輪瑜伽念誦次第	1—125、1—390	建仁2(1202).9.1	糸野草洞	明恵
華厳入法界頓証毘盧遮那字輪瑜伽念誦次第	1—390	建仁2(1202).9.4	糸野房	——
華厳入法界四十二字輪瑜伽法	4—132	建仁2(1202).9.4	糸野房	——
華厳入法界頓証毘盧遮那字輪瑜伽念誦次第	1—390、4—143	建仁2(1202).9.18	糸野林中下池辺庵室	顕印
華厳入法界四十二字輪瑜伽法	4—132	建仁2(1202).9.18	糸野林中下池辺庵室	顕印
華厳入法界頓証毘盧遮那字輪瑜伽念誦次第	1—125	建仁2(1202).10.1	糸野山中	——
聖教断簡	3—727	建仁2(1201).閏10.25	石垣庄吉原村草庵	——
仏眼仏母念誦次第	3—877	建仁3(1203).7.2	安田草庵	明恵
十無尽院舎利講式	1—335	建仁3(1203).8.8	安田家	明恵
善財善知識念誦次第	1—344	建仁3(1203).9.4	糸野成道寺	——
大仏頂大陀羅尼	4—156	元久元(1204).4.14	神谷別処	明恵
金剛界念誦次第	1—395	元久元(1204).7.10	崎山之家	——
作壇法	3—290	元久元(1204).7.16	崎山家	——
仏母愛染明王最勝真言法	4—409	元久元(1204).9.8	宮原家	——
愛染王随時観法記	4—790	元久元(1204).9.10	紀州有田	——
愛染秘密大心要上	4—409	元久元(1204).10.8	宮原草室	——
不動護摩次第	1—236	元久2(1205).2.29	宮原庄阿弥陀堂	永真
氷掲羅天童子経	4—791	元久2(1205).3.5	宮□(原ヵ)	永真
題未詳	4—790	元久2(1205).7.8	宮原之家	——
温病加持法	1—101、4—697	建永元(1206).5.11	宮原家	明恵
法華経義疏	1—133	建永元(1206).7.30	保田庄星尾近辺方家	喜海
金師子章光顕鈔下	3—952	承元4(1210).7.5	崎山草庵	明恵
薬師如来次第	4—793	承元4(1210).8.6	糸野成道寺庵室	永真
大宝広博楼閣善住秘密陀羅尼念誦次第	1—109、4—139、4—141	承元4(1210).9.24	崎山草庵	明恵
題未詳	4—793	承元4(1210).11.6	成道寺	——
施餓鬼	4—370	承元4(1210).11.14	糸野庵室	——
不動護摩	3—142	建保2(1214).1.6	糸野成道寺春日拝殿	隆弁
内護摩事	4—960	建保5(1217).2.19	崎山	——
今回所奉授之密経儀軌目	4—196	元文4(1739).6.11	内崎山宝蔵寺	沙門証阿

※「収録巻・頁」欄には、『高山寺経蔵典籍文書目録』(高山寺資料叢書、東京大学出版会)の巻次と頁数とを略示している。

高山寺典籍類奥書の紀州関係記事一覧

典　籍　名	収録巻・頁	年.月.日	場　　所	執筆者等
明星天子法	3—231	久安2(1146).8.25	伊都郡笠田郷源二千石宅	——
金輪王仏頂念誦次第	3—837	久寿2(1155).4.27	藤波別処	——
無畏三蔵禅要	4—365	建久元(1190).9.8	崎山住処	——
相応経灌頂事	2—544、2—545	建久5(1194).6.19	崎山	定真
華厳一乗教文記上	1—116	建久8(1197).閏6.5	紀州山中巖上庵室	明恵
華厳経章一	1—116	建久8(1197).9.—	神谷別所	(神谷) 住僧
華厳経章二	1—116	建久8(1197).9.21	崎山新家	明恵
釈迦如来大願文	1—248、4—597	建久9(1198).10.8	筏師草庵	明恵
明恵上人手鏡(探玄記二)	4—552	建久9(1198).□.□	筏師草庵	明恵ヵ
底哩三昧耶嚩動使者念誦法	3—899	建久9(1198).11.17	吉原庵室	——
五教指事	1—156	建久9(1198).12.26	筏師草庵	——
探玄	3—949	正治元(1199).9.5	筏師之草庵	明恵
華厳経探玄記八	4—756	□□□□.9.13	糸野成道寺	——
華厳経探玄記十	3—945	正治元(1199).10.21	石垣庄筏師之上庵室	英敏
華厳経探玄記十一	3—945	正治元(1199).10.21	筏地之禅室	——
華厳経探玄記九	4—756	正治元(1199).10.22	石垣庄山中筏師	——
華厳経探玄記十二	3—945	正治元(1199).10.24	石垣庄筏師之草庵	——
華厳経探玄記十四	3—945	正治元(1199).10.24	筏師之上庵室	英敏
華厳経探玄記二十	3—945	□□□□.4.21	筏地草庵	明恵
不動護摩次第	1—236	正治2(1200).2.15	筏地草庵	永真
聖如意輪観自在菩薩念誦次第	3—126	正治2(1200).閏2.24	筏立庵室	——
大方広仏華厳経七	4—306	正治2(1200).3.19	筏師之草庵	喜海
大方広仏華厳経十二	2—76	正治2(1200).3.19	筏師之草庵	喜海
大方広仏華厳経十四	2—76	正治2(1200).3.19	筏立上草庵	英敏
大方広仏華厳経二十一	4—968	正治2(1200).3.19	筏地草庵	明恵
大方広仏華厳経二十二	3—733	正治2(1200).3.19	宮□(原ヵ)	明恵
大方広仏華厳経二十四	3—733	正治2(1200).3.19	筏地草庵	明恵
大方広仏華厳経三十八	4—969	正治2(1200).3.19	筏師草庵	顕印
大方広仏華厳経三十九	2—55	正治2(1200).3.19	筏師草庵	顕下
大方広仏華厳経二十七	2—77	正治2(1200).3.20	筏立下草庵	英敏
大方広仏華厳経三十三・二十五	4—969	正治2(1200).3.20	筏師之禅室	顕真
大方広仏華厳経二十九	3—733	正治2(1200).3.23	筏立草庵	——
華厳経探玄記五	3—945	正治2(1200).3.23	筏地之草庵	——
明恵上人手鏡(探玄記十五)	4—552	正治2(1200).5.—	四条糸野兵衛尉宿所	明恵
明恵上人手鏡(探玄記十七)	4—552	正治2(1200).6.23	石垣兵衛殿宿所	——
皇帝降誕日於麟徳殿講大方広仏華厳経玄義	4—601	正治2(1200).9.12	石垣之荘秋安野草庵	英敏
阿毘達磨倶舎論十九	4—257	正治2(1200).9.22	糸野	顕印

【タ　行】

【ナ　行】

【サ　行】

【カ　行】

2 地名・寺社名索引

【ア　行】

【ヤ　行】

【ラ　行】

『中世武士団と地域社会』索引

1 人名(実名・法名)索引

【ラ　行】

【ワ　行】

【タ 行】

【ナ 行】

【サ 行】

2　地名・寺社名索引

【ヤ　行】

『信仰の中世武士団―湯浅一族と明恵―』索引

1 人名(実名・法名)索引

【ア 行】

【カ 行】

高 橋　修（たかはし　おさむ）

〔略 歴〕
1964年　埼玉県熊谷市生まれ
1987年　立命館大学文学部卒業
1990年　神戸大学大学院文化学研究科博士課程後期中退
現　在　茨城大学人文学部教授

〔主要著書〕
『中世武士団と地域社会』（清文堂出版、2000年）
『熊野水軍のさと』（編著・清文堂出版、2009年）
『熊谷直実—中世武士の生き方—』（歴史文化ライブラリー・吉川弘文館、2014年）
など

信仰の中世武士団　湯浅一族と明恵

2016年 8 月31日　初版発行

著　者　高 橋　修
発行者　前 田 博 雄
発行所　清文堂出版株式会社
〒542-0082 大阪市中央区島之内 2－8－5
電話06-6211-6265　FAX06-6211-6492
http://www.seibundo-pb.co.jp
印刷：亜細亜印刷株式会社　製本：株式会社渋谷文泉閣
ISBN978-4-7924-1046-9　C3021